Müther   PraxisAusbildung Handelsrecht

Herausgegeben von
Richter am Landgericht Frank-Michael Goebel,
Koblenz

Handelsrecht

Von
Richter am Kammergericht
Dr. Peter-Hendrik Müther, Berlin

Copyright 2005 by Deutscher Anwaltverlag, Bonn
Satz: Cicero Computer GmbH, Bonn
Druck: Medienhaus Plump GmbH, Rheinbreitbach
ISBN 3-8240-0705-3

Bibliografische Information der Deutschen Bibliothek
Die Deutsche Bibliothek verzeichnet diese Publikation in der Deutschen
Nationalbibliografie; detaillierte bibliografische Daten sind im Internet über
http://dnb.ddb.de abrufbar.

Vorwort

Die stärkere Ausrichtung der juristischen Ausbildung an den Bedürfnissen der rechtsberatenden Berufe, insbesondere an der Tätigkeit des Rechtsanwalts, muss auch in Auswahl und Darstellung des Ausbildungsstoffs berücksichtigt werden. Diesen Anforderungen will die neue Ausbildungsreihe „PraxisAusbildung" des Deutschen Anwaltverlags gerecht werden.

Das vorliegende Arbeitsbuch, das das Handelsrecht sowohl im Pflicht- als auch im Wahlfachbereich erfasst, soll ein Begleiter für die Referendarin und den Referendar sowohl im **Vorbereitungsdienst** als auch in der **Examensvorbereitung** sein. Es ist nicht nur als Ergänzung zu der notwendigerweise meist oberflächlichen Stoffvermittlung in den Arbeitsgemeinschaften gedacht. Vielmehr ist es auch für das **Selbststudium** und damit als selbständiges Ausbildungsmaterial für die Zeiten auswärtiger Stationen konzipiert. Insoweit stehen neben der Wissensvermittlung vor allem die Schulung des Problembewusstseins und die Heranführung an eine sachgerechte Lösungsdarstellung im Vordergrund.

Das Handelsrecht, das überwiegend dem **materiellen Recht** angehört, wird hier in seinen **prozessualen** und **verfahrensrechtlichen Kontext** gestellt. Besonderer Wert wurde auf die Auswertung der **Rechtsprechung** gelegt. Literatur ist nur mit grundlegenden Werken herangezogen worden, bei der Darstellung von Rechtsproblemen wurde jeweils die praktische Relevanz berücksichtigt. Nach Möglichkeit wurden aber die **im Examen zugelassenen Kommentare ausgewertet**, um für die Examensvorbereitung aufzuzeigen, ob, wo und wie ein dargestelltes Problem im Examen mehr oder weniger aufbereitet zur Verfügung steht.

Um die praxis- und examensrelevante Bedeutung des Werkes zu verbessern, finden sich textlich hervorgehobene **Hinweise**, die nach der Erfahrung des Verfassers für die Stoffvermittlung von besonderer Bedeutung sind. Soweit möglich, enthält das Buch auch Hinweise auf Mustertexte, so dass eine Hilfe während der praktischen Stationen zur Verfügung steht. Bei alledem wird der Stoff, soweit es angebracht ist, auch aus richterlicher Sicht dargestellt.

Wendet sich das Werk seiner Zielsetzung nach in erster Linie an Referendare, dürften die praktischen Hinweise und die Auswertung der Rechtsprechung auch für den **Rechtsanwalt**, insbesondere den **Berufsanfänger**, von Bedeutung sein. So kann das Buch auch als Begleiter für die ersten Schritte im Berufsleben verstanden werden.

Die Darstellung orientiert sich am Aufbau des HGB, das selbst schon Hinweise für einen Lösungsaufbau enthält. Sodann werden die handelsrechtlichen Bezüge der einschlägigen Verfahrensordnungen behandelt. Der hier behandelte Stoff wurde den **Ausbildungsplänen** entnommen und darüber hinaus den praktischen Bedürfnissen angepasst. Auf eine Darstellung des Seefrachtrechts ist dabei ganz verzichtet worden. Auch das Wertpapierrecht muss insoweit der Spezialliteratur vorbehalten bleiben.

Mein Dank gilt zunächst dem Deutschen Anwaltverlag, der mir die Gelegenheit gegeben hat, dieses Arbeitsbuch zu erstellen, und der mich in jeder Hinsicht auf diesem Weg unterstützt hat. Unterstützung ist mir in besonderem Umfang auch von meiner Familie zuteil geworden, der ich an dieser Stelle ebenfalls danken möchte.

Vorwort

Ein Ausbildungswerk, insbesondere eines, das sich verstärkt an den praktischen Bedürfnissen orientieren will, lebt besonders davon, dass es einer kritischen Prüfung durch den Leser unterzogen wird. Mein Ziel, ein für das Referendariat hilfreiches Buch zu verfassen, kann daher nur dann erfüllt werden, wenn ich in diese Diskussion mit einbezogen werde. Ich freue mich daher über jeden Hinweis.

Berlin/Koblenz, im November 2004 *Peter-Hendrik Müther*
Peter-Hendrik.Muether@kg.verwalt-berlin.de

Frank-Michael Goebel
Herausgeber
frank@goebel-rhens.de

Inhaltsverzeichnis

Abkürzungsverzeichnis 15

Literaturverzeichnis 19

1. Kapitel: Einleitung 21
§ 1 Die Merkmale des Handelsrechts 21
    I. Die Bedeutung des Handelsrechts 21
    II. Die Besonderheiten des Handelsrechts 22
    III. Das Handelsrecht in den Prüfungsordnungen 23
§ 2 Prüfungsvorbereitung und Fallbearbeitung 24
    I. Die Prüfungsvorbereitung 24
    II. Die Fallbearbeitung 25

2. Kapitel: Der Anwendungsbereich des Handelsrechts 27
§ 3 Der Begriff des Kaufmanns 27
    I. Das subjektive System 27
    II. Der Kaufmann nach § 1 HGB 27
       1. Die Bedeutung der Vorschrift 27
       2. Der Gewerbebegriff 28
          a) Die Tatbestandsmerkmale 28
          b) Problemfälle 28
             aa) Überblick 28
             bb) Die Gewinnerzielungsabsicht 29
             cc) Erlaubte Tätigkeiten 29
             dd) Freiberufliche Tätigkeiten, einschließlich künstlerischer und wissenschaftlicher Betätigungen 30
             ee) Mischtätigkeiten 30
          c) Beispiele aus der Rechtsprechung 31
       3. Der kaufmännische Umfang 32
          a) Die Entscheidungskriterien 32
          b) Die Bedeutung der Merkmale 32
          c) Beispiele aus der Rechtsprechung 33
       4. Der Betreiber 35
       5. Mehrere Handelsgeschäfte eines Unternehmensträgers . . . 36
    III. Der Kaufmann nach §§ 2 und 3 HGB 36
       1. Der Kannkaufmann mit Rückfahrkarte (§ 2 HGB) 36
       2. Der Kannkaufmann ohne Rückfahrkarte (§ 3 HGB) . . . 37
          a) Der Betrieb der Land- und Forstwirtschaft 37
          b) Nebengewerbe 38
    IV. Der Kaufmann nach § 6 HGB 38
       1. Die Handelsgesellschaften und Formkaufleute 38

2. Die Geltung der Norm für Vorgesellschaften 39
  3. Die Kaufmannseigenschaft von Gesellschaftern und Geschäftsführern 40

§ 4 Die Erweiterung des Anwendungsbereichs des HGB 41
  I. Der Fiktivkaufmann nach § 5 HGB 41
  II. Der Scheinkaufmann und andere Rechtsscheinfälle 42
    1. Grundlagen 42
    2. Der Scheinkaufmann 43
        a) Die Lehre vom Scheinkaufmann 43
        b) Rechtsscheintatbestand 43
        c) Zurechnung 44
        d) Schutzbedürftiger Dritter 44
        e) Kausalität 45
        f) Rechtsfolgen 45
    3. Der Rechtsschein gegen die Registereintragung 46
  III. Die entsprechende Anwendung handelsrechtlicher Normen ... 47
  IV. Objektives System 48

§ 5 Die Prüfung der Kaufmanneigenschaft in der Klausur/im Aktenvortrag 50

3. Kapitel: Der Handelsstand 53

§ 6 Überblick 53

§ 7 Das Handelsregister 54
  I. Grundlagen 54
  II. Die Einzelheiten des Handelsregisters 55
    1. Zweck und Aufbau des Handelsregisters 55
        a) Eintragungsgegenstand 55
        b) Einsichtsrecht 55
        c) Publizitätsfunktion 56
        d) Zuständigkeit 56
        e) Organisation des Handelsregisters 56
    2. Anmeldungen und Eintragungen 57
    3. Eintragungswirkungen 58
  III. Die Regelungen des § 15 HGB 58
    1. Grundlagen 58
    2. Die Grundregel des § 15 Abs. 2 HGB 59
        a) Die Rechtslage bei richtiger Eintragung und Bekanntmachung 59
        b) Zur Sperrwirkung des § 15 Abs. 2 HGB gegenüber anderen Rechtsscheintatbeständen 59
        c) Die Schonfrist nach § 15 Abs. 2 S. 2 HGB 60
    3. Die negative Publizität nach § 15 Abs. 1 HGB 60
        a) Grundlagen 60
        b) Zur Notwendigkeit von Voreintragungen 61
        c) Die Rosinentheorie 62
        d) Der relevante Geschäftsverkehr 62
        e) Beispiele relevanter eintragungspflichtiger Umstände .. 63

    4. Die positive Publizität nach § 15 Abs. 3 HGB 64
       a) Grundlagen 64
       b) Voraussetzungen 65
       c) Rechtsfolgen 66
    5. Ergänzende Gewohnheitsrechtssätze 67

§ 8 Die Firma und ihr Schutz 68
  I. Überblick 68
    1. Der Begriff der Firma 68
    2. Fallgestaltungen 68
  II. Allgemeine Grundsätze und Abgrenzungen 69
    1. Der Grundsatz der Firmeneinheit 69
    2. Der Grundsatz der Untrennbarkeit 70
    3. Der Grundsatz der Firmenbeständigkeit und weitere
       Grundsätze 70
  III. Das Firmenbildungsrecht 71
    1. Überblick 71
    2. Die Namensfunktion (§ 18 Abs. 1 HGB) 71
    3. Das Irreführungsverbot (§ 18 Abs. 2 HGB) 72
       a) Der Grundsatz der Firmenwahrheit 72
       b) Die Irreführung im Handelsregisterverfahren 74
    4. Die Unterscheidbarkeit nach § 30 HGB 74
    5. Rechtsprechungsbeispiele zur Irreführung 75
  IV. Der Firmenschutz 76
    1. Grundlagen 76
    2. Ansprüche aus § 37 HGB 77
       a) Aufbau der Norm 77
       b) Das Registerverfahren wegen unzulässigen Firmen-
          gebrauchs 77
       c) Der Unterlassungsanspruch wegen unzulässigen
          Firmengebrauchs 79
    3. Ansprüche aus § 15 Abs. 4 und 5 MarkenG 80
       a) Die geschäftliche Bezeichnung 80
       b) Der Schutz vor Verwechslung 80
       c) Die Rufausbeutung und die Rufbeschädigung 81
       d) Prioritätsvorrang und Schadensersatz 81
       e) Anspruchsgegner 81
       f) Das Verhältnis zu anderen Vorschriften 81
    4. Ansprüche aus § 12 BGB 82
       a) Anwendungsbereich 82
       b) Verletzungshandlungen 82
       c) Einwendungen 82
       d) Konkurrenzen 83
    5. Ansprüche aus § 823 BGB, § 1 UWG 83

§ 9 Der Übergang des Handelsgeschäfts — 84
  I. Überblick — 84
  II. Der Übergang eines Handelsgeschäfts mit Firmenfortführung (§ 25 HGB) — 84
    1. Grundlagen — 84
    2. Übernahme eines Handelsgeschäfts — 85
      a) Das Handelsgeschäft — 85
      b) Der Erwerb — 86
    3. Fortführung des Geschäfts und der Firma — 87
    4. Rechtsfolgen — 88
      a) Haftung — 88
      b) Forderungsübergang — 89
      c) Anwendungsausschluss nach § 25 Abs. 2 HGB — 90
    5. Prozessuale Überlegungen — 91
    6. Die Haftung ohne Firmenfortführung nach § 25 Abs. 3 HGB — 92
  III. Der Übergang des Handelsgeschäfts von Todes wegen (§ 27 HGB) — 92
    1. Grundlagen — 92
    2. Voraussetzungen — 93
      a) Fortführung von Handelsgeschäft und Firma durch die Erben — 93
      b) Haftungsausschluss durch Einstellung in der Bedenkzeit — 93
      c) Haftungsausschluss nach § 25 Abs. 2 HGB — 94
    3. Prozessuale Überlegungen — 94
  IV. Die Einbringung des Handelsgeschäfts in eine Personengesellschaft (§ 28 HGB) — 95
    1. Grundlagen — 95
    2. Voraussetzungen — 95
    3. Rechtsfolgen — 96
    4. Prozessuale Überlegungen — 96
  V. Der Unternehmenskauf in Grundzügen — 96

§ 10 Die handelsrechtlichen Vollmachten — 98
  I. Grundlagen — 98
    1. Arten der handelsrechtlichen Vollmachten im Überblick — 98
    2. Die allgemeine zivilrechtliche Vollmacht und das unternehmensbezogene Geschäft — 98
    3. Die rechtsgeschäftliche und die organschaftliche Vertretung — 99
  II. Die Prokura — 100
    1. Überblick — 100
    2. Erteilung der Prokura — 101
    3. Arten und Umfang der Prokura — 102
    4. Beendigung der Prokura — 103
    5. Wirkungen der Prokura — 105
  III. Die Handlungsvollmacht — 105
    1. Überblick — 105
    2. Erteilung und Beendigung — 106
    3. Umfang und Wirkungen — 107

IV. Die Vollmacht nach § 56 HGB 107
1. Überblick 107
2. Voraussetzungen 108
3. Wirkungen 109

§ 11 Die Zweigniederlassung und die Handelsbücher 110
I. Die Zweigniederlassung 110
II. Die Handelsbücher 111

4. Kapitel: Die Handelsgeschäfte 113

§ 12 Die allgemeinen Vorschriften zu den Handelsgeschäften 113
I. Überblick 113
II. Das Handelsgeschäft 113
   1. Bedeutung der Regelung 113
   2. Geschäft im Sinne des § 343 Abs. 1 HGB 114
   3. Geschäft eines Kaufmanns 114
   4. Geschäft, das zum Betrieb des Handelsgewerbes gehört .. 115
   5. Einseitige und beiderseitige Handelsgeschäfte 116
III. Besondere rechtsgeschäftliche Regelungen 116
   1. Der Handelsbrauch 116
      a) Bedeutung und Voraussetzungen 116
      b) Der Handelsbrauch im Prozess 117
      c) Praktische Beispiele 119
         aa) Auslegung eines GmbH-Geschäftsführer-Vertrages . 119
         bb) Handelsbrauch und MwSt 119
   2. Das Schweigen im Handelsverkehr 120
      a) Überblick 120
      b) Das Schweigen nach § 362 HGB 120
         aa) Grundlagen 120
         bb) Voraussetzungen 121
      c) Das kaufmännische Bestätigungsschreiben ... 122
         aa) Grundlagen 122
         bb) Die Voraussetzungen im Einzelnen 123
         cc) Besondere Problemfälle 125
   3. Formvorschriften (§ 350 HGB) 125
   4. Verjährung 127
IV. Besondere schuldrechtliche Regelungen 127
   1. Überblick 127
   2. Vertragsstrafe, Bürgschaft, Zinsen und andere Regelungen . 128
      a) Die Vertragsstrafe (§ 348 HGB) 128
      b) Die Bürgschaft (§ 349 HGB) 128
      c) Handelsrechtliche Zinsregelungen (§§ 352, 353 HGB) . 129
      d) Das Abtretungsverbot (§ 354 a HGB) 129
   3. Das Kontokorrent (§§ 355 bis 357 HGB) 130
      a) Überblick 130
      b) Vorliegen eines Kontokorrentverhältnisses 130
      c) Die Bedeutung der Verrechnung und das Anerkenntnis . 132

        d) Sicherheiten und Pfändung 133
        e) Pfändungen in das Girokonto 134
    4. Das kaufmännische Zurückbehaltungsrecht (§§ 369 f. HGB) 134
        a) Überblick 134
        b) Voraussetzungen 135
        c) Rechtsfolgen 136
  V. Besondere sachenrechtliche Regelungen 136
    1. Überblick 136
    2. Der gute Glaube an die Verfügungsbefugnis 136
    3. Der gute Glaube und Wertpapiere 138
    4. Pfandverkauf nach dem HGB 138

§ 13 Der Vertrieb 139
  I. Überblick 139
  II. Der Handelsvertreter 139
    1. Grundlagen 139
    2. Der Begriff des Handelsvertreters 140
        a) Allgemeine Grundsätze 140
        b) Selbständigkeit nach § 84 Abs. 1 S. 2 HGB 141
        c) Geschäfte vermitteln oder im Namen des Unternehmers abschließen 141
        d) Ständige Betrauung 141
    3. Pflichten und Rechte im Handelsvertreterrecht 142
        a) Überblick 142
        b) Der Provisionsanspruch des Handelsvertreters 142
        c) Der Ausgleichsanspruch nach § 89 b HGB 145
            aa) Grundlagen 145
            bb) Beendeter Handelsvertretervertrag 146
            cc) Ausschluss des Ausgleichsanspruchs 146
            dd) Unternehmervorteile und Provisionsverlust und die Berechnung des Ausgleichs 147
            ee) Die Billigkeitsprüfung 149
            ff) Der Höchstbetrag nach § 89 b Abs. 2 HGB 150
            gg) Die Frist zur Geltendmachung und der Vorausverzicht 150
            hh) Prozessuales 150
            ii) Checkliste: Anspruch nach § 89 b HGB 151
  III. Der Handelsmakler 151
  IV. Das Kommissionsgeschäft 152
    1. Grundlagen 152
    2. Rechte und Pflichten aus dem Kommissionsvertrag 154
    3. Die Bedeutung des Ausführungsgeschäftes 155
  V. Weitere Vertriebsformen 157
    1. Überblick 157
    2. Der Kommissionsagent 157
    3. Der Vertragshändler 158
    4. Der Franchisenehmer 159

§ 14 Der Handelskauf 160
    I. Überblick 160
    II. Der Annahmeverzug 161
    III. Der Bestimmungskauf 162
    IV. Der Fixhandelskauf 162
    V. Der Gewährleistungsausschluss 165
        1. Überblick 165
        2. Die Voraussetzungen 165
            a) Das Vorliegen einer Rügeobliegenheit 166
            b) Die Einhaltung der Rügeobliegenheit 167
        3. Rechtsfolgen 169
            a) Hinsichtlich der Rügeobliegenheiten 169
            b) Aufbewahrung und Notverkauf 170
        4. Besondere Fallgestaltungen 170
            a) Der Zwischenhändler und das Streckengeschäft 170
            b) Das Leasinggeschäft 170
            c) Die Aliud-Lieferung und die Lieferung mit Mengen-
               differenz 171
        5. Checkliste: Anwendung des § 377 HGB 172

§ 15 Das Fracht-, Speditions- und Lagerrecht 173
    I. Überblick 173
    II. Das Frachtrecht 174
        1. Anwendungsbereich 174
        2. Grundbegriffe 175
        3. Abgrenzung zu anderen Vertragsverhältnissen 176
        4. Beachtenswerte Regelungen 176
        5. Die Haftung des Frachtführers 177
        6. Der Umzugsvertrag und der kombinierte Frachtvertrag . . . 178
        7. Checkliste: Haftungsanspruch gegen den Frachtführer . . . 179
    III. Der Speditionsvertrag 179
    IV. Der Lagervertrag 180

5. Kapitel: Das Verfahrensrecht 183

§ 16 Übersicht 183

§ 17 Der Zivilprozess 184
    I. Grundlagen 184
    II. Allgemeine Vorschriften mit handelsrechtlichen Bezügen . . . 184
        1. Der Kaufmann im Prozess 184
        2. Besondere Gerichtsstände 187
            a) Allgemeiner Gerichtsstand 187
            b) Gerichtsstand der Niederlassung 187
            c) Gerichtsstand des Erfüllungsortes 188
            d) Weitere Gerichtsstände 188
            e) Gerichtsstandsvereinbarungen 188
    III. Die Kammer für Handelssachen 189
        1. Grundlagen 189

		2. Die Zuständigkeit der Kammer für Handelssachen	191
		a) Antragserfordernis	191
		b) Der Katalog des § 95 GVG	192
		c) Verweisungen	192

§ 18 Das FGG-Verfahren 194
    I. Die FGG-Handelssachen 194
    II. Das FGG-Verfahren 194
    III. Verfahrensbeispiele 196
        1. Anmeldeverfahren 196
        2. Zwangsgeldverfahren 197
        3. Beschwerdeverfahren 197

§ 19 Das schiedsrichterliche Verfahren 198
    I. Überblick 198
    II. Einzelheiten 198

Stichwortverzeichnis 201

Abkürzungsverzeichnis

a.A.	anderer Auffassung
a.F.	alte Fassung
Abs.	Absatz
AG	Aktiengesellschaft; Amtsgericht; Die Aktiengesellschaft (Zeitschrift)
AktG	Aktiengesetz
Alt.	Alternative
Anm.	Anmerkung
AnwBl	Anwaltsblatt
AnwF	AnwaltFormulare
AO	Abgabenordnung
ApothG	Gesetz über das Apothekenwesen
Art.	Artikel
Aufl.	Auflage
Az.	Aktenzeichen
BAnz	Bundesanzeiger
BayObLG	Bayerisches Oberstes Landesgericht
BayObLGZ	Entscheidungen des Bayerischen Obersten Landesgerichtes in Zivilsachen
BB	Der Betriebs-Berater
Bd.	Band
Beschl.	Beschluss
BeurkG	Beurkundungsgesetz
BGB	Bürgerliches Gesetzbuch
BGBl I, II, III	Bundesgesetzblatt, mit oder ohne Ziffer = Teil I; mit II = Teil II; mit III = Teil III
BGH	Bundesgerichtshof
BGHZ	Entscheidungen des Bundesgerichtshofs in Zivilsachen
BNotO	Bundesnotarordnung
d.h.	das heißt
DB	Der Betrieb (Zeitschrift)
DNotZ	Deutsche Notarzeitschrift
DStR	Deutsches Steuerrecht
EGAktG	Einführungsgesetz zum Aktiengesetz
EGHGB	Einführungsgesetz zum Handelsgesetzbuch
EU	Europäische Union
EuGH	Europäischer Gerichtshof
EUR	Euro
EuZW	Europäische Zeitschrift für Wirtschaftsrecht
EWiR	Entscheidungen zum Wirtschaftsrecht
EWIV	Europäische Wirtschaftliche Interessenvereinigung
f., ff.	folgende, fortfolgende
FGG	Gesetz betr. die Angelegenheiten der freiwilligen Gerichtsbarkeit

Abkürzungsverzeichnis

FGPrax	Praxis der Freiwilligen Gerichtsbarkeit
Fn	Fußnote
GastG	Gaststättengesetz
GenG	Gesetz betreffend die Erwerbs- und Wirtschaftsgenossenschaften (Genossenschaftsgesetz)
GesR	Gesellschaftsrecht
GewO	Gewerbeordnung
GG	Grundgesetz
ggf.	gegebenenfalls
GmbH	Gesellschaft mit beschränkter Haftung
GmbH i.Gr.	Gesellschaft mit beschränkter Haftung in Gründung
GmbHG	GmbH-Gesetz
GmbHR	GmbH-Rundschau
GüKG	Güterkraftverkehrsgesetz
GVG	Gerichtsverfassungsgesetz
GWB	Gesetz gegen Wettbewerbsbeschränkungen
HGB	Handelsgesetzbuch
HR	Handelsregister
HRA	Handelsregister A
HRB	Handelsregister B
HRefG, HRRefG	Handelsrechts-Reformgesetz
HRR	höchstrichterliche Rechtsprechung
HRV	Handelsregisterverordnung
i.S.d.	im Sinne der/des
IHK	Industrie- und Handelskammer
InsO	Insolvenzordnung
JurBüro	Juristisches Büro (Zeitschrift)
KG	Kommanditgesellschaft; Kammergericht
KGaA	Kommanditgesellschaft auf Aktien
KGJ	Jahrbuch für Entscheidungen des Kammergerichts
KGR	Kammergericht-Report
KostO	Kostenordnung
KWG	Kreditwesengesetz
LG	Landgericht
Lit.	Literatur
LS	Leitsatz
m.w.N.	mit weiteren Nachweisen
MarkenG	Gesetz über den Schutz von Marken und sonstigen Kennzeichen
MittBayNot	Mitteilungen des Bayerischen Notarvereins, der Notarkasse und der Landesnotarkasse Bayern
MittRhNotK	Mitteilungen der Rheinischen Notarkammer
n.v.	nicht veröffentlicht
NJW	Neue Juristische Wochenschrift
NJW-RR	NJW-Rechtsprechungs-Report

Nr.	Nummer
NZG	Neue Zeitschrift für Gesellschaftsrecht
OHG	Offene Handelsgesellschaft
OLG	Oberlandesgericht
OLGR	OLG Report
PartGG	Partnerschaftsgesellschaftsgesetz
PbefG	Personenbeförderungsgesetz
PRV	Partnerschaftsregisterverordnung
RdL	Recht der Landwirtschaft
Reg.	Regierung, Register
RGZ	Entscheidungen des Reichsgerichts in Zivilsachen
Rn	Randnummer
Rpfleger	Der Deutsche Rechtspfleger
RPflG	Rechtspflegergesetz
Rspr.	Rechtsprechung
S.	Satz; Seite
SchlHOLG	Schleswig-Holsteinisches Oberlandesgericht
sog.	so genannte/r/s
SprengG	Sprengstoffgesetz
StBerG	Steuerberatungsgesetz
st. Rspr.	ständige Rechtsprechung
str.	streitig
TransportR	Zeitschrift Transportrecht
UmwG	Umwandlungsgesetz
UWG	Gesetz gegen den unlauteren Wettbewerb
VAG	Gesetz über die Beaufsichtigung der Versicherungsunternehmen (Versicherungsaufsichtsgesetz)
vgl.	vergleiche
VVG	Versicherungsvertragsgesetz
WaffG	Waffengesetz
WM	Wertpapier-Mitteilungen
z.B.	zum Beispiel
ZIP	Zeitschrift für Wirtschaftsrecht und Insolvenzpraxis
ZPO	Zivilprozessordnung

Literaturverzeichnis

Arens (Hrsg.), AnwaltFormulare Gesellschaftsrecht – Schriftsätze, Verträge, Erläuterungen, 2. Auflage 2005

Baumbach/Hopt, Handelsgesetzbuch mit GmbH & Co., Handelsklauseln, Bank- und Börsenrecht, Transportrecht (ohne Seerecht), Kommentar, 31. Auflage 2003

Canaris, Handelsrecht, 23. Auflage 2000

Hadding/Hennrichs, Die HGB-Klausur, 3. Auflage 2003

Jauernig, Bürgerliches Gesetzbuch, Kommentar, 10. Auflage 2003

Koller/Roth/Morck, Handelsgesetzbuch, Kommentar, 4. Auflage 2003

Müther, Das Handelsregister in der Praxis, 2003

Palandt, Bürgerliches Gesetzbuch, Kommentar, 63. Auflage 2004

Schmidt, Karsten, Handelsrecht, 5. Auflage 1999

Thomas/Putzo, Zivilprozessordnung, Kommentar, 26. Auflage 2004

Zöller, Zivilprozessordnung, Kommentar, 24. Auflage 2004

1. Kapitel: Einleitung

§ 1 Die Merkmale des Handelsrechts

I. Die Bedeutung des Handelsrechts

Das Handelsrecht bestimmt wesentliche privatrechtliche Grundlagen unseres Wirtschaftsrechts. Es hat damit eine **erhebliche praktische Bedeutung**. Aus diesem Grund werden zu Recht von allen Prüfungsordnungen bereits für das Erste Staatsexamen und damit auch für das Zweite Staatsexamen Grundkenntnisse des Handelsrechts verlangt. **1**

Auf den ersten Blick scheint auch derjenige, der sich mit dem Handelsrecht beschäftigt, in einer guten Position zu sein. Denn das Handelsrecht ist nicht verstreut in einer Vielzahl von Gesetzen zu suchen, sondern findet sich **in erster Linie im Handelsgesetzbuch (HGB)**. Dieser Befund ist aber in verschiedener Hinsicht nicht ausreichend. **2**

Das Handelsgesetzbuch regelt die Rechtsverhältnisse des Handelsrechts nicht abschließend. Es baut vielmehr in weiten Teilen auf dem **allgemeinen Zivilrecht** auf. Dies betrifft vor allem das **Recht der Handelsgeschäfte**. Die Lösung eines handelsrechtlichen Falles setzt daher in der Regel fundierte Kenntnisse des allgemeinen Zivilrechts voraus. So kommen etwa die Rügeobliegenheiten nach § 377 HGB nur im Rahmen eines Kaufvertrages oder eines ähnlichen Schuldverhältnisses zum Tragen. Die Vorschrift ist damit in allgemeine zivilrechtliche Fragestellung eingebettet. Dies kommt auch in Art. 2 EGHGB zum Tragen, der bestimmt, dass die Vorschriften des Bürgerlichen Gesetzesbuches nur insoweit zur Anwendung kommen, als nicht im Handelsgesetzbuch ein anderes bestimmt ist. Das Verhältnis der Vorschriften des HGB zum BGB wird daher häufig auch dahin umschrieben, dass das **Handelsrecht das Sonderprivatrecht der Kaufleute** sei. **3**

Erschwerend kommt hinzu, dass auch im Handelsrecht der **Grundsatz der Privatautonomie** gilt. Wesentliche Punkte der schuldrechtlichen Beziehungen werden aus diesem Grund durch **abweichende vertragliche Regelungen** bestimmt, häufig auch durch Allgemeine Geschäftsbedingungen. Unter Kaufleuten sind darüber hinaus die **Handelsbräuche** zu berücksichtigen, vgl. § 346 HGB. Dies führt in einer Fallbearbeitung dazu, dass neben den Sondervorschriften des Handelsrechts zu den allgemeinen Vorschriften des BGB auch noch abweichende Vereinbarungen der Parteien treten. **4**

Auch im **Prozessrecht** finden sich Sonderregelungen für Kaufleute, die ebenfalls nur ergänzend neben die allgemeinen Vorschriften treten. Ein Beispiel sind die Kammern für Handelssachen. Eine Bearbeitung eines handelsrechtlichen Falles im Zweiten Staatsexamen setzt daher auch die vollständige Kenntnis des Zivilprozessrechts voraus. **5**

6 Mit diesen Feststellungen ist das Handelsrecht aber noch nicht ausreichend umschrieben. Das Handelsrecht steht auch dem **Gesellschaftsrecht** nahe. In handelsrechtlichen Fallgestaltungen sind deshalb meist noch Kenntnisse des Außenrechts der Gesellschaften heranzuziehen, wie z.B. die Vertretungsregelungen und die Haftungsgrundsätze. Die Rechtsgebiete sind teilweise stark miteinander verwoben. Denn durch § 6 HGB wird der Anwendungsbereich des Handelsrechts für die meisten Gesellschaften ohne Einschränkungen eröffnet. Hinzu tritt, dass handelsrechtliche Fallgestaltungen häufig einen **internationalen Bezug** aufweisen. Da dieser in den zu erbringenden Prüfungsleistungen keine tragende Rolle spielt, wird auf ihn in diesem Buch nur an geeigneter Stelle hingewiesen.

7 In der Praxis ergeben sich Schwierigkeiten mit dem Handelsrecht aus der **Vielschichtigkeit und Komplexität wirtschaftsrechtlicher Problemstellungen**. Zur Lösung eines Falles müssen damit häufig noch erhebliche Kenntnisse der wirtschaftlichen Hintergründe der zu beurteilenden Sachverhalte hinzutreten. Ein Umstand, der gerade dem Anfänger erhebliche Probleme bereiten kann. Diese Kenntnisse sind allein durch das Lesen von Lehrbüchern nicht zu erlangen. Eine gewisse Abhilfe kann insoweit aber die Lektüre der einschlägigen Entscheidungen der Gerichte bringen. Denn in diesen spiegeln sich die tatsächlichen Probleme des Wirtschaftsrechts häufig wider.

II. Die Besonderheiten des Handelsrechts

8 Die Regelungen des Handelsrechts sollen den besonderen Bedürfnissen und spezifischen Gesetzmäßigen des geschäftlichen Verkehrs, insbesondere des Verkehrs mit Waren, gerecht werden. Für das Handelsrecht sind damit bestimmte Umstände kennzeichnend, die auch bei der Auslegung handelsrechtlicher Normen zu berücksichtigen sind.

9 Dem Handelsrecht liegt das **Bedürfnis nach einer beschleunigten Geschäftsabwicklung** zugrunde. Die erst nach Jahr und Tag erhobene Mängelrüge stört ebenso wie die Notwendigkeit, sich über den Umfang erteilter Vollmachten langwierig erkundigen zu müssen. Aus diesem Grund fordert etwa § 377 HGB eine unverzügliche Mängelrüge. Liegt diese nicht vor, kann der Mangel nicht mehr geltend gemacht werden. Der Kaufmann kann einen Prokuristen bestellen. Der Umfang seiner Vertretungsmacht ist gesetzlich festgelegt. Ob eine Prokura erteilt ist, ergibt sich aus dem für jedermann einsehbaren Handelsregister.

10 Aufgrund des Bedürfnisses nach beschleunigter Geschäftsabwicklung besteht auch ein Bedürfnis nach einem **gesteigerten Schutz des Rechtsverkehrs** hinsichtlich der eigenen oder der ihm zurechenbaren Verlautbarungen des Kaufmanns etwa über die Rechtsverhältnisse seines Handelsgeschäfts oder der von ihm abgegebenen Erklärungen. Dieser gesteigerte Schutz des Rechtsverkehrs wird etwa durch die Publizitätswirkungen des Handelsregisters (vgl. § 15 HGB), die gesetzliche Festlegung des Inhalts der Vollmacht eines Prokuristen, den erweiterten Gutglaubensschutz nach § 366 HGB oder die Grundsätze über das Schweigen auf ein kaufmännisches Bestätigungsschreiben bewirkt.

11 Der Kaufmann ist **in wesentlich geringerem Umfang schutzbedürftig** als ein Nichtkaufmann. Dies kommt etwa dadurch zum Ausdruck, dass Formvorschriften, denen eine Warnfunktion zugrunde liegt, für den Kaufmann nicht gelten. Ein Beispiel ist die

nach § 766 BGB notwendige Schriftform für die Bürgschaftserklärung. Die Einhaltung der Form ist bei einem Kaufmann nicht erforderlich, vgl. § 350 HGB. Deutlicher Ausdruck der Schutzbedürftigkeit einer Vertragspartei sind die Vorschriften zu den Allgemeinen Geschäftsbedingungen, vgl. §§ 305 ff. BGB. Auch diese gelten sowohl hinsichtlich ihrer Einbeziehung als auch ihres Umfangs für Kaufleute nur eingeschränkt, vgl. § 310 Abs. 1 BGB.

Schließlich handelt ein Kaufmann regelmäßig **entgeltlich**, ohne dass dies ausdrücklich ausgesprochen werden müsste. Ihm stehen daher Fälligkeitszinsen zu, der gesetzliche Zinssatz beträgt 5 % und er kann nach § 354 HGB in bestimmten Fällen ohne entsprechende Vereinbarung eine Vergütung verlangen.

III. Das Handelsrecht in den Prüfungsordnungen

Wegen seiner Bedeutung in der Praxis ist das Handelsrecht in den Grundzügen bereits **Pflichtfach** im Studium und dementsprechend Gegenstand des Ersten Staatsexamens. Häufig werden diese Grundzüge in den Prüfungsordnungen dahin definiert, dass Kenntnisse über den Begriff des Kaufmanns, das Handelsregister, die Handelsfirma, die Prokura und die Handlungsvollmacht, die allgemeinen Vorschriften der Handelsgeschäfte und über den Handelskauf verlangt werden. In den meisten Prüfungsordnungen ist festgelegt, dass dieser Stoff auch Pflichtgegenstand der Prüfung im Zweiten Staatsexamen ist. In den Bundesländern Bremen, Hamburg und Schleswig-Holstein ist im Zweiten Staatsexamen darüber hinaus auch immer eine Klausur aus dem Bereich des Handelsrechts oder des Zivilprozessrechts zu schreiben.

Einige Bundesländer sehen die Möglichkeit vor, im Vorbereitungsdienst einen **Schwerpunkt im Wirtschaftsrecht** zu wählen, der dann häufig auch das Handelsrecht umfasst. Dies gilt etwa für Berlin, das Saarland, Niedersachsen und Rheinland-Pfalz. Auch wenn aus diesem Schwerpunktbereich keine Klausuren geschrieben werden, wird aus ihnen häufig der **Vortrag** für die mündliche Prüfung entnommen.

Von einer näheren Darstellung der Prüfungsordnungen wird hier abgesehen, weil diese – von dem hier dargestellten Kern abgesehen – Veränderungen unterliegen. Es kann insoweit nur empfohlen werden, sich bereits zu Beginn der Referendarausbildung (erneut) mit der Prüfungsordnung des jeweiligen Bundeslandes vertraut zu machen.

§ 2 Prüfungsvorbereitung und Fallbearbeitung

I. Die Prüfungsvorbereitung

1 Wenn im Folgenden von „Prüfungsvorbereitung" die Rede ist, ist damit nicht gemeint, dass es sich um die eigentliche Vorbereitung auf das Zweite Staatsexamen handeln würde. Die Prüfungsvorbereitung hat bereits mit der Aufnahme des Vorbereitungsdienstes zu beginnen. Es handelt sich im Übrigen auch nicht um Hinweise, die allein das Handelsrecht betreffen. Sie dürften auch für alle anderen Prüfungsfächer gelten. Hier werden nur die Besonderheiten des Handelsrechts betont.

2 Die Lösung eines handelsrechtlichen Falles setzt **fundierte Kenntnisse des allgemeinen Zivilrechts** voraus. Dies bedeutet, dass mit der Behandlung handelsrechtlicher Fälle auch immer die Bezüge zum allgemeinen Zivilrecht behandelt und wiederholt werden sollten. Dies gilt nicht nur für die materiellrechtliche, sondern auch für die prozessrechtliche Seite.

3 Gerade im Wirtschaftsrecht ist die Kenntnis der wirtschaftlichen Hintergründe von besonderer Bedeutung. Aus diesem Grund wird die ständige **Lektüre von Originalentscheidungen** der Gerichte empfohlen. Diese Lektüre schult zudem die juristische Diktion, weist auf typische Sachverhalte hin und zeigt den Aufbau juristischer Entscheidungen. Darüber hinaus ist die Zweite Staatsprüfung eine praktische Prüfung. Für diese Prüfung werden daher auch eher Kenntnisse der praktischen Umsetzung der Rechtsprobleme und die Kenntnis der einschlägigen Rechtsprechung verlangt. Aus diesem Grund ist in diesem Werk auch ein besonderer Schwerpunkt auf die Darstellung der Rechtsprechung gelegt worden. Diese Betonung der Bedeutung der Rechtsprechung gilt überdies auch für den Rechtsanwalt. Denn auch dieser hat sich bei seiner Beratung und seinem Vorgehen jedenfalls an der höchstrichterlichen Rechtsprechung zu orientieren.[1] Soweit er davon abweichen will, was wiederum ihre Kenntnis voraussetzt, muss er umfassend und eindringlich beraten.[2]

4 Für die Vorbereitung auf das Zweite Staatsexamen ist auch die ständige Verwendung der in der Prüfung **zugelassenen Hilfsmittel** zu empfehlen. So können die Stärken und Schwächen des jeweiligen Kommentars erkannt werden. Um hier eine Hilfestellung zu geben, wird in diesem Werk fast ausschließlich aus den zugelassenen Hilfsmitteln zitiert. Da nicht in allen Bundesländern ein HGB-Kommentar als Hilfsmittel zugelassen ist, empfiehlt sich, die zugelassenen BGB-Kommentare auf Hinweise zu handelsrechtlichen Fragen hin zu untersuchen. Auch insoweit sind hier Hilfestellungen und Hinweise gegeben.

5 Bei der Vorbereitung kann auch das **Lernmaterial für das Erste Staatsexamen** herangezogen werden. Insoweit ist aber darauf zu achten, dass in den Lehrbüchern häufig von der Rechtsprechung abweichende Ansichten in den Vordergrund gestellt werden. Darüber hinaus eignen sich auch Fallsammlungen und Klausurenkurse zur Vorbereitung. Neben der Vermeidung des Gutachtenstils ist aber zu beachten, dass diese mitunter inhaltlich nicht auf eine praktische Lösung ausgerichtet sind, sondern

---

1 BGH NJW 1993, 3324; Palandt/*Heinrichs*, § 280 Rn 78.
2 Palandt/*Heinrichs*, § 280 Rn 79.

lehrbuchartige Problemdarstellungen enthalten, auf die es in der Sache und in einer praktischen Lösung nicht ankommt. Gerade diese Gesichtspunkte festzustellen, hat aber wieder seinen eigenen Lerneffekt.

II. Die Fallbearbeitung

Auch für die Fallbearbeitung eines handelsrechtlichen Falles gelten die allgemeinen Regeln. Materiellrechtlich kommt dabei in der Regel der Anspruchsaufbau zum Tragen.[3] Von der prozessualen Ausgangssituation her betrachtet, kann die handelsrechtliche Fallgestaltung sowohl in einer Urteils-, aber auch in einer Anwaltsklausur enthalten sein. Die Regeln für den Aufbau einer gerichtlichen Entscheidung oder eines anwaltlichen Schriftsatzes gelten auch hier.[4] Auch der Aufbau eines Vortrags im Wirtschaftsrecht folgt den allgemeinen Vorgaben für einen zivilrechtlichen Vortrag.[5] Soweit hier besondere prozessrechtliche Vorschriften zu behandeln sind, werden diese im Folgenden angesprochen. Hier soll nur kurz auf Besonderheiten und wichtige Grundregeln hingewiesen werden:

Die Tatsache, dass das Handelsrecht häufig abweichende Regelungen gegenüber dem allgemeinen Zivilrecht enthält, gibt meist Anlass, die **allgemeine Rechtslage** zum Ausgangspunkt der Ausführungen zu machen:

> *Beispiel*
> „ ... Ein wirksamer Bürgschaftsvertrag ist zustande gekommen. Die von X abgegebene Bürgschaftserklärung entspricht zwar nicht der Form des § 766 BGB, weil er sie nicht schriftlich, sondern lediglich mündlich abgegeben hat.[6] Dies schadet aber nicht, weil die Voraussetzungen des § 350 HGB vorliegen ... "

Bei der Falllösung und letztlich auch beim Lernen sollte immer vom konkreten **Wortlaut einer Norm** ausgegangen werden. Aus diesem heraus sind die für den Fall relevanten Fragestellungen zu entwickeln. Die jeweilige Norm ist dabei immer möglichst konkret zu nennen.

> *Beispiel*
> Wer bei der Prüfung der Wirkungen einer Registereintragung bzw. einer Bekanntmachung des Registergerichts immer nur von § 15 HGB redet, verkennt, dass die Norm mehrere Regelungen enthält, deren Prüfungsaufbau völlig unterschiedlich ist. Nur bei einer konkreten Prüfung kann auch erkannt werden, ob nicht die Anwendung von Rechtsscheinregelungen außerhalb der Vorschrift notwendig ist.

Bei der Falllösung sind auch nur die für die Streitentscheidung relevanten Punkte in tatsächlicher und rechtlicher Hinsicht zu behandeln. Dies bedeutet allerdings nicht, dass das **Vorbringen der Parteien** insoweit unberücksichtigt bleiben darf. Was die Parteien an Rechtsauffassungen und Tatsachen mitteilen, sollte von einem

---

3 Zu diesem *Medicus*, Bürgerliches Recht, 19. Aufl. 2002, § 1.
4 Vgl. dazu *Anders/Gehle*, Das Assessorexamen im Zivilrecht, 7. Aufl. 2002, S. 167 ff.; *Knöringer*, Die Assessorklausur im Zivilprozess, 10. Aufl. 2003, § 1: zum Urteil.
5 *Kießling*, Das Assessorexamen im Wirtschaftsrecht, 2003, S. 1 ff.; allgemein: *Sattelmacher/Sirp/Schuske*, Bericht, Gutachten und Urteil, 33. Aufl. 2003, S. 373 ff.; *Tempel*, Mustertexte zum Zivilprozess, Band II, 5. Aufl. 2003, S. 421 ff.; *Anders/Gehle*, Das Assessorexamen im Zivilrecht, 7. Aufl. 2002, S. 204 ff.
6 Zu der Erteilung der Bürgschaft allein durch Fax: BGHZ 121, 224, 229 = NJW 1993, 1126.

Gericht schon unter dem Gesichtspunkt des rechtlichen Gehörs in der zu treffenden Entscheidung behandelt werden.

> *Beispiel*
> „ ... Die von dem Beklagten entgegen der ständigen Rechtsprechung des BGH vertretene Auffassung, dass es für die Annahme eines Gewerbes im Sinne des § 1 Abs. 2 HGB nicht auf das Vorliegen einer Gewinnerzielungsabsicht ankommt, kann hier schon deshalb dahinstehen, weil eine solche Absicht jedenfalls bei einem von einer Privatperson betriebenem Unternehmen aus tatsächlichen Gründen zu vermuten ist. Anhaltspunkte für das Vorliegen von Tatsachen, die gegen diese Vermutung sprechen könnten, sind von den Parteien nicht vorgetragen worden und auch sonst nicht ersichtlich ..."

Ein solches Vorgehen bietet sich bei der Erbringung einer Examensleistung auch schon deshalb an, weil sich hinter diesen Auffassungen häufig Hinweise des Aufgabenverfassers auf den Lösungsweg verbergen. Es hat aber aus dem genannten Grund auch unmittelbare Bedeutung für die Praxis.

10 Im Übrigen sollten sich die Ausführungen auch immer ganz an dem zu entscheidenden Einzelfall orientieren. Es soll ja auch eine **Einzelfallentscheidung** getroffen werden. Dabei muss das gesamte Vorbringen der Parteien ausgewertet werden. Wenn in diesem Zusammenhang oberflächlich gearbeitet wird, werden unter Umständen die Hauptprobleme des Falles übersehen.

> *Beispiel*
> Der zwischen den Parteien abgeschlossene Vertrag ist als Vertragshändlervertrag bezeichnet. Allein diese Bezeichnung darf aber nicht dazu führen, dass nunmehr von einer Anwendung des § 89 b HGB ausgegangen wird. Vielmehr ist der konkrete Vertrag im Einzelnen unter Berücksichtigung der von dem BGH aufgestellten Anforderungen daraufhin zu untersuchen, ob die Gleichstellung dieses Vertragshändlers mit einem Handelsvertreter gerechtfertigt ist.

2. Kapitel: Der Anwendungsbereich des Handelsrechts

§ 3 Der Begriff des Kaufmanns

I. Das subjektive System

Der Gesetzgeber hat sich zur Eröffnung des Anwendungsbereiches des Handelsrechts weitgehend des **subjektiven Systems** bedient. Die Vorschriften des HGB finden daher in erster Linie dann Anwendung, wenn ein Kaufmann beteiligt ist. 1

> *Examenshinweis*
> Das bedeutet allerdings nicht, dass einzelne Regelungen des HGB oder handelsrechtliche Grundsätze nicht auch dann Anwendung finden können, wenn ein Nichtkaufmann beteiligt ist. Teilweise setzt das Gesetz selbst nicht voraus, dass ein Kaufmann handelt (vgl. Rn 33 f.), teilweise werden handelsrechtliche Grundsätze auch auf andere Personen angewandt (vgl. Rn 29 ff.).

II. Der Kaufmann nach § 1 HGB

1. Die Bedeutung der Vorschrift

Derjenige, der die Voraussetzungen des § 1 HGB erfüllt, ist ein so genannter **Istkaufmann**. Die das Handeln eines Kaufmanns voraussetzenden handelsrechtlichen Normen finden auf ihn in jedem Fall Anwendung. Dabei kommt es beim Istkaufmann – anders als im Falle der §§ 2 und 3 HGB – nicht auf eine Eintragung in das Handelsregister an. Die Eintragung ist für die Kaufmannseigenschaft nicht notwendig, es besteht aber eine Pflicht des Betroffenen, die Eintragung zu bewirken, vgl. § 29 HGB (siehe § 7 Rn 11 und § 18 Rn 13). Diese Eintragung hat nur **deklaratorische** Bedeutung, d.h. sie gibt lediglich die bestehende Rechtslage wieder. Das Vorliegen der Voraussetzungen eines Kaufmanns im Sinne des § 1 HGB führt weiter dazu, dass die im Verkehr geführte Bezeichnung als Firma im Sinne des § 17 HGB anzusehen ist (vgl. dazu § 8 Rn 2). Ob die Firma zulässig gebildet ist oder nicht, ist dabei ohne Bedeutung. 2

Die Voraussetzungen des § 1 HGB sind dann erfüllt, wenn ein Gewerbe vorliegt (siehe Rn 4 ff.), das einen kaufmännischen Umfang besitzt (siehe Rn 18 ff.). Der jeweilige Betreiber ist dann Kaufmann (siehe Rn 29 ff.). „Kaufmann" ist mit anderen Worten, wer Betreiber eines Gewerbebetriebes mit kaufmännischem Umfang ist. 3

2. Der Gewerbebegriff

a) Die Tatbestandsmerkmale

4   Ein **Gewerbe** liegt vor, wenn
- eine selbständige,
- planmäßig auf gewisse Dauer und
- außengerichtete Tätigkeit
- mit Gewinnerzielungsabsicht vorgenommen wird, die
- erlaubt und
- nicht freiberuflicher Natur ist.[1]

5   Dies bedeutet etwa, dass ein Angestellter kein Kaufmann sein kann, weil es an dem Merkmal der Selbständigkeit fehlt.[2] Hinsichtlich der Verwaltung eigenen Vermögens fehlt es an dem Merkmal der nach außen gerichteten Tätigkeit, sie ist vielmehr dem privaten Bereich zuzuordnen.[3] Personengesellschaften, die lediglich ihr eigenes Vermögen verwalten, können insoweit aber über § 105 Abs. 2 HGB und eine Eintragung nach § 2 HGB den Status eines Kaufmanns erlangen. Das Merkmal der planmäßigen, auf gewisse Dauer ausgerichteten Tätigkeit fehlt, wenn nur ein einziges Geschäft vorgenommen werden soll oder lediglich günstige Gelegenheiten genutzt werden. Nicht notwendig ist aber ein ununterbrochenes Handeln; auch Saisonbetriebe sind auf gewisse Dauer angelegt.

b) Problemfälle

aa) Überblick

6   Während die aufgeführten Merkmale in der Regel keine weiteren Schwierigkeiten aufwerfen, gilt anderes für das Merkmal der Gewinnerzielungsabsicht (vgl. dazu Rn 8). Eher theoretischer Natur ist die Frage, ob nur erlaubte Tätigkeiten gewerblich sein können (vgl. dazu Rn 10).

> *Examenshinweis*
> Dass der Gewerbetreibende nicht über die jeweilige öffentlich-rechtliche Erlaubnis für seine Tätigkeit verfügt, ist nach § 7 HGB unerheblich. Keine Eintragung in das Handelsregister ohne Nachweis der Erlaubnis erlangen allerdings Kapitalgesellschaften wie die GmbH und die AG. Denn dort muss mit der Erstanmeldung die Erteilung der notwendigen öffentlich-rechtlichen Erlaubnis nachgewiesen oder eine Bestätigung vorgelegt werden, dass die Erlaubnis erteilt werden wird (vgl. § 8 Abs. 1 Nr. 6 GmbHG, § 37 Abs. 4 Nr. 5 AktG).

7   Die Frage, ob nicht eine das gewerbsmäßige Handeln ausschließende freiberufliche Tätigkeit vorliegt, spielt in der Praxis immer wieder eine Rolle (vgl. dazu Rn 11).

---

1 Baumbach/*Hopt*, § 1 Rn 11–21; *Koller/Roth/Morck*, § 1 Rn 3–15; BGHZ 33, 321, 324 = NJW 1961, 725; BGHZ 49, 258, 260 = NJW 1968, 639; BGHZ 53, 222, 223 = NJW 1970, 938; BGHZ 63, 32, 33 = NJW 1974, 1462; BGHZ 66, 48, 49 = NJW 1976, 514; BGHZ 74, 273, 276 = NJW 1979, 1650; BGHZ 83, 382, 386 = NJW 1982, 1815; BGHZ 95, 155, 157 = NJW 1985, 3063 (st. Rspr.).
2 Zu dem Merkmal der Selbständigkeit vgl. § 84 Abs. 1 S. 2 HGB.
3 Vgl. dazu BGHZ 74, 273, 276, 277 = NJW 1979, 1650; BGHZ 119, 256 = NJW 1992, 3242; BGHZ 149, 80 = NJW 2002, 368.

Im Zusammenhang damit steht auch die Beurteilung von Mischtätigkeiten (vgl. dazu Rn 12).

bb) Die Gewinnerzielungsabsicht

Fraglich ist bereits, ob für die Einordnung einer Tätigkeit als Gewerbe überhaupt noch eine Gewinnerzielungsabsicht verlangt werden muss. Dies gilt insbesondere dann, wenn aus einer Tätigkeit bewusst – etwa aus steuerlichen Gründen – kein Gewinn erzielt werden soll oder wenn die zu beurteilende Tätigkeit nur eine Hilfsfunktion in einem Konzernverbund darstellt. Von Bedeutung ist dieses Kriterium insbesondere bei der Frage, ob **öffentliche Unternehmen** dem Gewerbebegriff unterfallen. Bei einem von einer Privatperson betriebenen Unternehmen spricht nämlich nach der Lebenserfahrung regelmäßig eine tatsächliche Vermutung für die Absicht der Gewinnerzielung. Dagegen bedarf diese Absicht bei Unternehmungen der öffentlichen Hand im Einzelfall der besonderen Prüfung und Feststellung.[4] Bei Eigenbetrieben etwa ergeben sich insoweit häufig Anhaltspunkte für eine Gewinnerzielungsabsicht aus dem Eigenbetriebsgesetz oder aus der Satzung des Betriebs.[5]

> *Examenshinweis*
> Auf eine Gewinnerzielungsabsicht „öffentlicher" Unternehmen kommt es dann nicht an, wenn diese in privatwirtschaftlicher Form betrieben werden, etwa als GmbH oder AG. Denn diese sind nach § 6 HGB Kaufleute, ohne dass es auf eine Gewinnerzielungsabsicht ankäme.

Der **Bundesgerichtshof** hat die Notwendigkeit einer Gewinnerzielungsabsicht bisher immer verlangt.[6] Lediglich das OLG Dresden hat eine Bauarbeitsgemeinschaft, bei der es allerdings üblicher Weise an dem Merkmal der planmäßigen, auf gewisse Dauer ausgerichteten Tätigkeit fehlen wird, weil sich der Zweck einer ARGE mit der Durchführung des einen Projektes erledigt, als OHG angesehen und erklärt, dass es auf eine Gewinnerzielungsabsicht nicht ankomme.[7] Soweit eine Gewinnerzielungsabsicht als Tatbestandsvoraussetzung verneint wird, wird immerhin noch verlangt, dass eine anbietende, entgeltliche Tätigkeit am Markt vorliegt,[8] so dass jedenfalls rein karitatives Handeln nach wie vor nicht unter § 1 HGB fällt.

cc) Erlaubte Tätigkeiten

Nach § 7 HGB kommt es für die Beurteilung der Kaufmannseigenschaft einer Person nicht darauf an, ob die ausgeübte Tätigkeit öffentlich-rechtlich erlaubt ist. Eine einengende Auslegung kommt aus Gründen des Verkehrsschutzes nicht in Betracht.[9] Gleichwohl wird immer wieder die Frage gestellt, ob auch **strafrechtlich relevantes Verhalten** den Gewerbebegriff des § 1 HGB erfüllt.[10] Tatsächliche Fälle fehlen insoweit aber. Unter diesem Merkmal wird aber auch diskutiert, ob

---

4 BGHZ 49, 258, 260 = NJW 1968, 639.
5 Vgl. dazu etwa KG GE 1998, 741; OLG Stuttgart NJW-RR 1999, 1557.
6 BGHZ 33, 321, 325 = NJW 1961, 725; BGHZ 83, 382, 386 = NJW 1982, 1815; BGHZ 95, 155, 157 = NJW 1985, 3063.
7 OLG Dresden DB 2003, 713.
8 Baumbach/*Hopt*, § 1 Rn 15 f.; *Canaris*, § 2 Rn 15; *K. Schmidt*, § 9 IV 2 d, S. 288 ff.
9 OLG Celle BB 1972, 145; OLG Frankfurt BB 1984, 13, 14.
10 Bejahend: Baumbach/*Hopt*, § 1 Rn 21; *Canaris*, § 2 Rn 13; *K. Schmidt*, § 9 IV 2 b, S. 286 f.

auch Tätigkeiten unter den Gewerbebegriff fallen, aus denen sich lediglich nicht einklagbare Forderungen ergeben. Dies hat das BayObLG[11] für die **Ehemaklerei** bisher wegen § 656 BGB verneint. Insoweit ist aber eine liberalere Auffassung im Vordringen begriffen.[12] Dafür spricht, dass nur der Lohnanspruch unklagbar ist und die frühere negative Anschauung dieser Tätigkeit mittlerweile entfallen ist.

dd) Freiberufliche Tätigkeiten, einschließlich künstlerischer und wissenschaftlicher Betätigungen

11 Äußerst schwierig zu beurteilen ist die Frage, welche Tätigkeiten deshalb nicht unter den Gewerbebegriff fallen, weil sie freiberuflicher Natur sind. Denn insoweit fehlt es an eindeutigen Kriterien für eine Unterscheidung. Auf die Aufzählung in § 1 Abs. 2 PartGG kann insoweit nach allgemeiner Auffassung nicht zurückgegriffen werden.[13] Denn die dort aufgestellten Anforderungen stehen nicht mit der nachfolgenden Aufzählung in Einklang, so dass eine bindende Feststellung der Freien Berufe nicht erfolgt ist. Die Praxis behilft sich aus diesem Grund mit der Prüfung, ob es sich um eine traditionell als freiberufliche Beschäftigung angesehene Tätigkeit handelt, wie dies etwa bei Ärzten, Rechtsanwälten, Architekten und Künstlern der Fall ist. Indizien können insoweit auch besondere Strukturen sein, wie die Bildung von Selbstverwaltungskörperschaften, staatliche Regulierung der Tätigkeit etc. Unter diesem Aspekt hat das BayObLG[14] etwa die Softwareentwicklung als gewerbliche Tätigkeit angesehen (vgl. dazu näher Rn 16). Denn sie setzt weder eine besondere Ausbildung voraus noch ist zur Ausübung regelmäßig eine besondere künstlerische oder geistige Komponente erforderlich. Im Rahmen des § 196 Abs. 2 BGB a.F. hat der BGH die Tätigkeit eines Naturheilpraktikers als gewerbliche Tätigkeit eingestuft. Insoweit hat er aber betont, dass der Begriff des Gewerbebetriebs nach seiner ständigen Rechtsprechung und der anderer oberster Bundesgerichte für jedes Gesetz selbständig nach Inhalt und Zweck der jeweiligen Vorschrift und unabhängig vom Verständnis des Begriffs in anderen Rechtsgebieten zu bestimmen sei.[15]

> *Examenshinweis*
> Eine freiberufliche Tätigkeit liegt jedenfalls dann vor, wenn das jeweilige Handeln bereits aufgrund gesetzlicher Anordnung als nichtgewerblich einzustufen ist. Dies gilt etwa für den Rechtsanwalt, vgl. § 2 BRAO und auch § 1 Abs. 1 S. 1 PartGG. Die Tatsache, dass für die jeweilige Tätigkeit keine besondere Ausbildung notwendig ist, aber auch keine besondere künstlerische Komponente erforderlich ist, spricht gegen eine freiberufliche Tätigkeit.

ee) Mischtätigkeiten

12 Schwierigkeiten bereiteten unter der Geltung des § 1 Abs. 2 HGB in der Fassung vor dem Handelsrechtsreformgesetz sog. Mischtätigkeiten. Denn nach dieser Vorschrift fielen nur bestimmte Tätigkeiten unter den Begriff des Handelsgewerbes, so dass es häufig Unternehmen gab, die diese Tätigkeiten neben anderen ausübten. Nach der vom BGH entwickelten Rechtsprechung kam es insoweit darauf an, ob die als

---

11 NJW 1972, 1327; ebenso OLG Frankfurt NJW 1955, 716.
12 Baumbach/*Hopt*, § 1 Rn 21; *Koller/Roth/Morck*, § 1 Rn 11 jeweils m.w.N.
13 BGHZ 144, 86 = NJW 2000, 1940; BayObLG Rpfleger 2002, 454.
14 Rpfleger 2002, 454.
15 BGHZ 144, 86 = NJW 2000, 1940.

Handelsgewerbe zu qualifizierende Tätigkeit **nach dem Gesamtbild in qualitativer und quantitativer Hinsicht prägend** war.[16]

Nach der neuen Gesetzeslage kommt eine derartige Vermengung grundsätzlich nicht mehr in Betracht, weil jedes Gewerbe Handelsgewerbe sein kann. Eine Vermischung kann daher nur noch bei gewerblichen und nichtgewerblichen Tätigkeiten und im Rahmen des § 3 HGB auftreten. Zu § 3 HGB siehe Rn 42. Bei einer Mischtätigkeit mit einer freiberuflichen Tätigkeit kann es nicht auf die steuerrechtliche Abfärbetheorie ankommen, nach der jede noch so untergeordnete Gewerbetätigkeit die Tätigkeit insgesamt als Gewerbe erscheinen lässt.[17] Insoweit ist eher eine **Trennungsbetrachtung** vorzunehmen, nach der jeder Tätigkeitsbereich getrennt betrachtet wird. Ein Handelsgewerbe liegt daher dann vor, wenn die gewerbliche Tätigkeit allein insgesamt den Umfang nach § 1 Abs. 2 HGB erreicht. Kommt allerdings nach wie vor eine gemischte Tätigkeit in Betracht, wie etwa bei dem Künstler, der nicht nur Kunstwerke herstellt, sondern diese auch noch vermarktet, so steht einer Anwendung der früheren Rechtsprechung nichts entgegen. Entscheidend ist dann wieder, ob die gewerbliche Tätigkeit nach dem Gesamtbild in qualitativer und quantitativer Hinsicht prägend ist.   13

c) Beispiele aus der Rechtsprechung

Das OLG Düsseldorf[18] hatte die Frage zu entscheiden, ob der von einer karitativen Körperschaft des öffentlichen Rechts geführte **Krankenhausbetrieb** als Handelsgeschäft anzusehen ist. Dies hat der Senat bejaht. Die Voraussetzungen für einen Gewerbebetrieb lägen vor. Dem stünde auch der karitative Zweck der Einrichtung nicht entgegen. Denn der Betrieb sei unternehmerisch organisiert und beschränke sich nicht auf bloße Sammeltätigkeiten. Auch die Gewinnerzielungsabsicht sei anzunehmen, weil dies bei einem Krankenhausbetrieb auch bei einem karitativen Träger dem Regelfall entspreche.[19] Dass die erzielten Gewinne für karitative Zwecke eingesetzt würden, ändere nichts, weil die Gewinnverwendung unerheblich sei.   14

Häufiger tritt die Frage auf, ob die **Grundstücksverwaltung und Raumvermietung** gewerblich ist. Der Bundesgerichtshof[20] verneint dies jedenfalls dann, wenn nicht ein besonderer Umfang vorliegt, der bei drei Wohnungen noch nicht erreicht ist. Die Errichtung von Häusern und Eigentumswohnungen zum Zwecke späterer Vermietung und Verpachtung durch den Eigentümer sei in der Regel kein Gewerbebetrieb des Vermieters, sondern eine Art der Nutzung des Eigentums am Grundstück. Denn der Vermieter von Wohnungen habe gewöhnlich nicht die Absicht, sich aus der Vermietung eine berufsmäßige Erwerbsquelle zu verschaffen. Die Errichtung des Wohnraums diene vielmehr der Kapitalanlage.   15

Nach einer Entscheidung des BayObLG[21] handelt es sich bei der **Softwareentwicklung** um eine gewerbliche und keine freiberufliche Tätigkeit. Die Softwareentwicklung sei nach der Verkehrsanschauung nicht typischer Weise als freiberufliche   16

---

16 BGH NJW 1999, 2967.
17 Vgl. dazu *Müther*, Handelsregister, § 13 Rn 24; Meilicke/von Westphalen/*Lenz*, PartGG, 1995, § 1 Rn 81.
18 NJW-RR 2003, 1120.
19 Dabei handelt es sich nach den Entscheidungsgründen um eine Unterstellung, die im Übrigen nicht mit der Rechtsprechung des BGH zur Gewinnerzielungsabsicht öffentlicher Unternehmen im Einklang steht.
20 BGHZ 74, 273, 276, 277 = NJW 1979, 1650; auf dieser Linie auch BGHZ 63, 32, 33 = NJW 1974, 1462; NJW 1963, 1397; NJW 1968, 1962 Nr. 1.
21 Rpfleger 2002, 454.

Tätigkeit anzusehen, es fehle insoweit auch an einer diese Auffassung stützenden Einordnung in einer Berufsordnung. Eine solche fehle überhaupt für die Softwareentwicklung. Die Entwicklung von Programmen sei nicht zwingend eine hochwertige geistige Tätigkeit. Es gehe insoweit zudem regelmäßig nicht um die persönliche Leistungserbringung. Zur Verwertung der Entwicklung bedürfe es einer entsprechenden Vermarktung, die ein marktnahes, wettbewerbsorientiertes Verhalten notwendig mache, das den freien Berufen regelmäßig fehle.

17 Der Bundesgerichtshof[22] hat bei der Frage der Anwendung des § 196 Abs. 1 Nr. 1 BGB a.F. eine Tätigkeit als **Heilpraktiker** als gewerbliche Tätigkeit angesehen. Denn diese Tätigkeit sei jedenfalls im Rahmen des Verjährungsrechts nicht als freiberuflich anzusehen. Die Erwähnung des Heilpraktikers in § 1 Abs. 2 PartGG bedeute insoweit nichts, weil die Vorschrift lediglich den Anwendungsbereich des Partnerschaftsgesellschaftsgesetzes bestimme. Der Schwerpunkt der Heilpraktikertätigkeit werde nach der allgemeinen Verkehrsanschauung anders als bei Ärzten nicht von geistigen, wissenschaftlichen oder künstlerischen Leitgedanken bestimmt. Auch die Berufsordnung nehme eine derartige Einordnung gerade nicht vor.

3. Der kaufmännische Umfang

a) Die Entscheidungskriterien

18 Nach § 1 Abs. 2 HGB muss der Gewerbebetrieb einen nach Art oder Umfang in kaufmännischer Weise eingerichteten Gewerbebetrieb erfordern. Erst dann liegt ein Handelsgewerbe vor. Auch wenn die Formulierung eine Alternativität zwischen Art und Umfang andeutet, kommt es im Rahmen einer **Gesamtwürdigung** sowohl auf qualitative als auch auf quantitative Kriterien an.[23] Es müssen daher nicht alle Merkmale für einen kaufmännischen Umfang sprechen.[24] **Qualitative Kriterien** sind dabei die Größe der Geschäftslokale, die Zahl der Betriebsstätten, die Zahl und die Funktion der eingesetzten Beschäftigten, die Produktpalette sowie die Vielfalt und Internationalität der Geschäftsbeziehungen. **Quantitative Kriterien** sind die Größe des Umsatzes, die Höhe des Kapitaleinsatzes, der Umfang der Inanspruchnahme von Kredit sowie der Umfang der Werbung und Lagerhaltung, insbesondere auch wegen der Notwendigkeit zur Führung der Handelsbücher nach den §§ 238 ff. HGB.[25]

b) Die Bedeutung der Merkmale

19 Für den Zivilprozess bedarf es in der Regel keiner weiteren Entscheidung über das Vorliegen der Voraussetzungen des § 1 Abs. 2 HGB. Denn aus der Fassung der Vorschrift ergibt sich, dass in der Regel von einem Handelsgewerbe auszugehen ist. Lediglich die Gegenseite kann sich dieser Einordnung erwehren, wenn sie entsprechende entkräftende Tatsachen vorträgt, die sie dann gegebenenfalls aber auch zu beweisen hätte. Bei § 1 Abs. 2 HGB handelt es sich nämlich um eine **Beweislastnorm**.[26]

---

22 BGHZ 144, 86 = NJW 2000, 1940.
23 BGH BB 1960, 917; OLG Koblenz BB 1988, 2408, 2409; BayObLG NJW 1985, 982, 983; OLG Celle BB 1983, 659; OLG Frankfurt BB 1983, 335; OLG Celle Rpfleger 1981, 114; OLG Hamm DB 1969, 386.
24 OLG Koblenz BB 1988, 2408, 2409; OLG Hamm DB 1969, 386.
25 Allein die Tatsache einer kaufmännischen Buchführung reicht nicht aus, weil diese nach dem Gesetz auch erforderlich sein muss, vgl. OLG Celle NJW 1963, 540 = BB 1963, 324 zu einer Bundeswehrkantine.
26 *Baumbach/Hopt*, § 1 Rn 25; *Koller/Roth/Morck*, § 1 Rn 46.

Hinweis
Für den **Anwalt** bedeutet dies, dass er lediglich darzulegen und zu beweisen braucht, dass ein Gewerbe vorliegt. Will er allerdings die Anwendung der handelsrechtlichen Normen verhindern, hat er den konkreten Umfang des Geschäfts darzulegen und zu beweisen.

Für das **Gericht** bedeutet dies, dass es bei Vorliegen einer gewerblichen Tätigkeit immer auch ohne weiteren Vortrag von einer Anwendung der handelsrechtlichen Vorschriften ausgehen muss. Haben beide Parteien dies allerdings bisher nicht erkannt, so wird ein Hinweis nach § 139 Abs. 2 S. 2 ZPO erforderlich sein.

Sinkt der Umfang des Geschäftsbetriebes auf einen nichtkaufmännischen Umfang herab, verliert der Unternehmensträger seine Kaufmannseigenschaft. Ist er allerdings in das Handelsregister eingetragen, bleibt er nach § 5 HGB Kaufmann (vgl. dazu § 4 Rn 1 ff.), wenn man insoweit nicht § 2 HGB für anwendbar hält. 20

Für die Frage, ob ein kaufmännisches Gewerbe oder ein Kleingewerbe vorliegt, kommt es regelmäßig auf die Verhältnisse an, wie sie sich in dem jeweils maßgeblichen **Zeitpunkt** darstellen. Es ist daher nicht von Bedeutung, ob sich das Geschäft später zu einem kaufmännischen Betrieb entwickeln kann. Denn die bloße Möglichkeit einer solchen Entwicklung, die im Übrigen von jedem Unternehmer angestrebt wird, kann einen zur Zeit vorliegenden Kleinbetrieb noch nicht zu einem kaufmännischen Betrieb machen. Etwas anderes muss jedoch dann gelten, wenn das Gewerbe von Anfang an auf einen vollkaufmännischen Betrieb angelegt ist und die alsbaldige Entfaltung zu einem Großbetrieb bevorsteht; denn auch die Vorbereitungstätigkeit gehört schon zum Gewerbebetrieb, so dass auch ein erst in der Entwicklung befindlicher Betrieb als kaufmännischer Betrieb angesehen werden kann, wenn eine solche Entwicklung der Anlage eines solchen Betriebes entspricht und genügend zuverlässige Anhaltspunkte dafür gegeben sind, dass das Unternehmen eine entsprechende Ausgestaltung und Einrichtung in Kürze erfahren wird.[27] 21

Im **Registerverfahren** kann die Beweislastverteilung in § 1 Abs. 2 HGB keine Bedeutung haben, denn für das Registergericht gilt das Amtsermittlungsprinzip (§ 12 FGG).[28] Aber auch dort kommt es in der Regel auf die Voraussetzungen des § 1 Abs. 2 HGB nicht an, wenn ein Antrag auf Eintragung gestellt wird.[29] Denn auch ein einfacher Gewerbebetrieb kann nach § 2 HGB die Eintragung in das Register erlangen. Anderes gilt lediglich dann, wenn sich die Frage stellt, ob ein bestimmter Gewerbetreibender zu einer Anmeldung zur Eintragung verpflichtet ist, vgl. § 29 HGB.[30] Zum Registerverfahren siehe näher § 18 Rn 13. 22

c) Beispiele aus der Rechtsprechung

In einem vom OLG Dresden[31] entschiedenen Fall erzielte der Beklagte einen Umsatz von 500.000 bis 600.000 DM. Neben einem dauerhaft betriebenen Vermietungsgeschäft führte er einzelne Großaufträge für die Bühnenpräsentation aus. Da der Betrieb gerade auf solche Aufträge ausgerichtet war, waren diese zum Maßstab der 23

---

27 BGHZ 10, 91, 96 = NJW 1953, 1217; BGHZ 32, 307, 311 = NJW 1960, 1664; BB 2004, 1357, 1358.
28 Baumbach/*Hopt*, § 1 Rn 25; *Koller/Roth/Morck*, § 1 Rn 46.
29 A.A. *Canaris*, § 3 Rn 23, dessen Argumentation aber nicht ganz praxisnah erscheint.
30 Oder wenn bereits vor der Eintragung an sich eintragungspflichtige Umstände eingetreten sind, vgl. *Müther*, Handelsregister, § 7 Rn 16.
31 NJW-RR 2002, 33.

Beurteilung zu machen, auch wenn diese eher selten vorkamen. Für die Durchführung dieser Aufträge musste der Beklagte dann eine Vielzahl von Aushilfskräften einstellen, so dass es nicht darauf ankam, dass er nur eine ständige Vollzeitkraft beschäftigte und die Umsatzzahlen allein nicht ausreichend gewesen wären. Der kaufmännische Umfang wurde daher aufgrund der Gesamtbetrachtung bejaht.

24   Das OLG Koblenz[32] hat ein Damenoberbekleidungsgeschäft mit einem jährlichen Umsatz von 232.000 DM als kaufmännisch angesehen. Es hat insoweit ausgeführt, dass hier die Vielzahl von Verkaufsfällen und des Wareneinkaufs zu berücksichtigen seien. Bei dem Vorhandensein zahlreicher Lieferanten sei eine überschaubare Ordnung der Vorgänge notwendig. Darüber hinaus seien zwei Filialen betrieben worden, für die jeweils Personal eingesetzt worden sei. Zudem seien einige Verkaufsfälle auch als Kreditverkäufe abgewickelt worden. All dies lasse eine kaufmännische Einrichtung für erforderlich erscheinen.

25   Das OLG Celle[33] hat einen Gastwirt als Kaufmann angesehen, weil dieser innerhalb der letzten drei Jahre einen jährlichen Umsatz von 1,2 Mio. DM erzielt habe. Dabei hätten außer seiner Frau noch drei Facharbeiter, sechs Angelernte, drei Ungelernte und fünf Lehrlinge im Betrieb gearbeitet. Unter diesen Voraussetzungen sei wegen der Vielzahl der Geschäftsvorfälle eine sorgfältige Kalkulation notwendig gewesen. All dies rechtfertige bei einer Gesamtbetrachtung die Annahme, es läge ein kaufmännischer Umfang vor.

26   Das OLG Hamm[34] hat einen Optikerbetrieb als Gewerbebetrieb mit kaufmännischem Umfang angesehen. Insoweit sei zwar nur ein Umsatz von 170.000 DM erzielt worden. Viele der Geschäfte seien aber nicht in bar getätigt worden. Für eine große Anzahl der ca. 2.000 Kunden sei eine Abrechnung mit den Krankenkassen erforderlich. Dies sei nur bei einer entsprechenden Übersicht möglich.

27   Gerade wegen der Umsatzzahlen herrscht häufig eine deutlich unterschiedliche Beurteilung. Das OLG Celle[35] etwa hat einen Umsatz von 800.000 DM in einem Bäckereibetrieb nicht für einen kaufmännischen Umfang ausreichen lassen. Der Bäckermeister habe keine aufwändige Lohnbuchhaltung benötigt, weil er neben Familienmitgliedern lediglich einen Bäckermeister und vier Lehrlinge beschäftigt habe. Es wären nur zwei Lieferanten vorhanden gewesen. Soweit die Backwaren im Direktverkauf veräußert worden seien, habe es sich um Bargeschäfte des täglichen Lebens gehandelt.

28   Das OLG Frankfurt[36] hat schließlich einen kaufmännischen Umfang bei einem Unternehmen, das im Wesentlichen Grundstücke vermieten sollte, bei einem Umsatz von 11.000 DM verneint. Es seien nur 17 Pachtverträge zu betreuen gewesen. Es habe weder ein eigenes Geschäftslokal existiert noch waren Angestellte vorhanden.

---

32 BB 1988, 2408.
33 BB 1983, 659.
34 DB 1969, 386.
35 Rpfleger 1981, 114.
36 BB 1983, 335.

4. Der Betreiber

Kaufmann ist nur der, der das Geschäft selbst betreibt. Dies setzt allerdings nicht voraus, dass diese Person allein oder überhaupt handelt. Auch ein **Minderjähriger** kann Betreiber eines Handelsgewerbes sein. Es handeln dann seine gesetzlichen Vertreter in seinem Namen.[37] Soweit die Voraussetzungen des § 112 BGB vorliegen, ist er selbst handlungsbefugt. Die Minderjährigkeit ergibt sich auch aus der Registereintragung, weil dort auch das Geburtsdatum des Inhabers vermerkt ist, § 40 Nr. 3 HRV. 29

Betreiber des Unternehmens ist auch der **Pächter**, der **Franchisenehmer**, der **Nießbraucher** oder der **Treuhänder** und nicht die hinter ihnen stehende Partei. Denn nur bei diesen Personen ist das Kriterium der nach außen gerichteten Tätigkeit erfüllt. 30

Diskutiert wird die Betreibereigenschaft bei der **Erbengemeinschaft**. Stirbt etwa ein Einzelkaufmann, treten alle seine Erben in diese Stellung ein. Der BGH hat insoweit entschieden, dass in diesem Fall grundsätzlich keine offene Handelsgesellschaft entsteht. Denn die Erben sind vertraglich nicht verbunden. Es müssten daher besondere Anhaltspunkte hinzutreten, damit sich die Erbengemeinschaft in eine OHG umwandelt. Allein der Zeitablauf reicht hierfür nicht aus, so dass auch eine zeitliche Beschränkung der Erbengemeinschaft für die Unternehmensfortführung ausscheidet.[38] Die Betreibereigenschaft wird daher auch bei einer Fortführung auf unbestimmte Zeit bejaht. 31

Fällt das Handelsgeschäft in einen Nachlass, für den die **Testamentsvollstreckung** angeordnet ist, kann der Testamentsvollstrecker selbst der Betreiber des Geschäfts sein. Er wird dann als Treuhänder für die Erben tätig (sog. **Treuhandlösung**). Er haftet in diesem Fall mit seinem gesamten Privatvermögen. Möglich ist auch das Betreiben des Geschäfts aufgrund einer Vollmacht der Erben, so dass diese die Betreiber des Handelsgeschäfts sind (sog. **Vollmachtslösung**).[39] Welche der beiden Lösungen zu wählen ist, ist zunächst der Bestimmung des Erblassers überlassen. Trifft dieser keine Bestimmung, hat der Testamentsvollstrecker nach pflichtgemäßem Ermessen zu entscheiden. 32

Kein Betreiber des Handelsgeschäfts ist der **Insolvenzverwalter**. Dieser führt nach der sog. Amtstheorie das Geschäft zwar im eigenen Namen, aber nur kraft Amtes mit Wirkung für und gegen die Insolvenzmasse fort. Er ist daher nicht Unternehmensträger und nicht selbst Kaufmann. Ob es dann ausreicht, dass der Gemeinschuldner Kaufmann war, so dass weiter Handelsrecht Anwendung findet, ist von der Rechtsprechung noch nicht entschieden.[40] Der BGH hat die Grundsätze des kaufmännischen Bestätigungsschreibens auf einen Konkursverwalter mit dem Argument angewandt, 33

---

[37] Diese haben die Beschränkungen der §§ 1643, 1821 f. BGB zu beachten, vor allem auch § 1822 Nr. 11 BGB (Prokurabestellung); der Minderjährige wird durch § 1629 a BGB geschützt.
[38] BGHZ 17, 299 = NJW 1955, 1227; BGHZ 30, 391 = NJW 1959, 2114; BGHZ 32, 60 = NJW 1960, 959; BGHZ 92, 259 = NJW 1985, 136 (st. Rspr.).
[39] Die Erben sind zur Erteilung der notwendiger Weise unwiderruflichen Vollmacht jedenfalls dann verpflichtet, wenn eine entsprechende erbrechtliche Auflage oder Bedingung vorliegt, vgl. BGHZ 12, 100, 103 = NJW 1954, 636. Teilweise wird die Verpflichtung zur Erteilung aus den §§ 2205 S. 2, 2206 Abs. 2 BGB hergeleitet; vgl. dazu auch Palandt/*Edenhofer*, § 2205 Rn 7 ff.
[40] Bejahend: Baumbach/*Hopt*, § 1 Rn 47; unklar: *Koller/Roth/Morck*, § 1 Rn 21.

dass dieser am kaufmännischen Verkehr teilnehme.[41] Für eine Anwendung des § 377 HGB reicht diese Begründung aber nicht (vgl. dazu § 14 Rn 22).

> *Praxishinweis*
> Die Frage der Betreibereigenschaft betrifft die sog. Aktivlegitimation, also die Begründetheit der Klage.[42] Soweit eine Erbengemeinschaft Betreiber ist, ist deren fehlende Parteifähigkeit zu beachten, die zur Unzulässigkeit der Klage führt.[43] Zu verklagen sind hier die einzelnen Mitglieder der Erbengemeinschaft.

5. Mehrere Handelsgeschäfte eines Unternehmensträgers

34 Es besteht Einigkeit darüber, dass ein **Einzelkaufmann** mehrere Unternehmen betreiben kann. Jedes einzelne Unternehmen hat dann seine eigene Firma zu führen und ist in das Handelsregister einzutragen. Das Gleiche gilt für die Unternehmen von juristischen Personen des öffentlichen Rechts. Zu beachten ist aber, dass die Handelsgesellschaften nur ein Unternehmen führen können. Denn sie besitzen nur die Firma zur Kennzeichnung. Neben dieser einen Firma sind sie zur Führung weiterer Firmen nicht befugt. Die Handelsgesellschaften können rechtlich getrennte Unternehmen daher nur durch Tochtergesellschaften oder ähnliche Konstruktionen betreiben. Daneben haben sie die Möglichkeit, Filialbetriebe oder auch Zweigniederlassungen zu errichten (vgl. dazu § 11 Rn 1 ff.).

35 Mehrere Unternehmen liegen nur dann vor, wenn eine **organisatorische Trennung** zwischen ihnen besteht, die nicht notwendig auch räumlich sein muss. Unterschiedliche Handelsgeschäfte sind dann aber nur gegeben, wenn diese auch unter unterschiedlichen Bezeichnungen geführt werden. Fehlt es schon an der organisatorischen Trennung und werden gleichwohl mehrere Bezeichnungen benutzt, liegt ein Verstoß gegen den Grundsatz der Firmeneinheit vor (vgl. dazu § 8 Rn 9 f.). Einzelne Unternehmen sind jeweils getrennt darauf hin zu untersuchen, ob sie die Voraussetzungen des § 1 Abs. 2 HGB erfüllen.[44]

III. Der Kaufmann nach §§ 2 und 3 HGB

1. Der Kannkaufmann mit Rückfahrkarte (§ 2 HGB)

36 Derjenige, dessen Gewerbebetrieb den nach § 1 Abs. 2 HGB erforderlichen Umfang nicht erreicht, kann gleichwohl in das Handelsregister eingetragen werden. Mit dieser Eintragung gilt der Gewerbebetrieb als Handelsgewerbe, so dass die Kaufmannseigenschaft nach § 1 Abs. 1 HGB gegeben ist. Die **Eintragung** in das Handelsregister ist allerdings **freiwillig**, § 2 S. 2 HGB. Ohne Eintragung liegt ein nichtkaufmännisches Gewerbe vor. Die Eintragung hat daher eine sog. **konstitutive** Wirkung. Fehlt die Eintragung, finden die Vorschriften des HGB grundsätzlich nur dann Anwendung, wenn sie nicht die Kaufmannseigenschaft erfordern.

37 Die Eintragung wird auf einen entsprechenden Antrag hin auch wieder gelöscht, vgl. § 2 S. 3 HGB. Soweit das Gewerbe zum Zeitpunkt der Löschung nach wie vor

---
41 BGH NJW 1987, 1940.
42 Zur Aktivlegitimation: Thomas/Putzo/*Reichold*, Vorbem. § 253 Rn 39; Zöller/*Greger*, vor § 253 Rn 25.
43 BGH NJW 1989, 2134; Zöller/*Vollkommer*, § 50 Rn 29.
44 Baumbach/*Hopt*, § 1 Rn 29.

nicht den Umfang des § 1 Abs. 2 HGB erfüllt, ist die Eintragung auf entsprechenden Antrag zu löschen. Die Kaufmannseigenschaft endet. Diese **Löschungsmöglichkeit** unterscheidet den Kannkaufmann nach § 2 HGB von dem Kannkaufmann nach § 3 HGB. Denn dort kommt eine Löschung nur aufgrund der allgemeinen Vorschriften in Betracht. Und diese setzen eine Beendigung des Geschäfts voraus.

2. Der Kannkaufmann ohne Rückfahrkarte (§ 3 HGB)

a) Der Betrieb der Land- und Forstwirtschaft

Die Regelung des § 3 Abs. 1 HGB erfasst die sog. **Urproduktion**. Allerdings nur, soweit die Bereiche der **Land- und Forstwirtschaft** betroffen sind. Darunter fallen also nicht die Fischwirtschaft und Fischzucht oder der Gewinn anorganischer Bodenbestandteile, wie z. B. der Kies- und Torfabbau.[45] Vielmehr kommt es auf die Bodennutzung an, so dass insbesondere der Anbau von Feldfrüchten, Obst, Gemüse, Wein, aber auch von Pflanzen (Baumschulen) oder das Betreiben einer Gärtnerei ausreicht.[46] Die für das Vorliegen einer Land- und Forstwirtschaft notwendige Bodennutzung setzt kein Eigentum an diesem voraus; sie ist auch erfüllt, wenn es um Gewächshäuser oder Zuchtbehältnisse geht.[47] Ein Zukauf von Waren im Rahmen des Branchenüblichen hindert die Anwendung des § 3 Abs. 1 HGB nicht.[48] Gewisse Anhaltspunkte für die Auslegung des Begriffs der Landwirtschaft lassen sich dem § 585 Abs. 1 S. 2 BGB entnehmen.[49]

38

§ 3 Abs. 2 HGB legt für die in Absatz 1 genannten Betriebe fest, dass sie auch dann, wenn sie einen kaufmännischen Umfang im Sinne des § 1 Abs. 2 HGB besitzen, ein **Wahlrecht** auf Eintragung in das Handelsregister und damit auf die Annahme der Kaufmannseigenschaft besitzen. Wählen sie die Eintragung, kommt allerdings eine Löschung allein auf Antrag, anders als nach § 2 S. 3 HGB, nicht in Betracht, vgl. § 3 Abs. 2 HGB. Der kaufmännische Umfang müsste weggefallen (vgl. näher Rn 18 ff.) oder die Firma erloschen sein, § 31 HGB.

39

Fraglich könnte sein, wie Betriebe im Sinne des § 3 Abs. 1 HGB zu behandeln sind, wenn sie den kaufmännischen Umfang nicht erreichen. Dies hängt davon ab, ob die Tätigkeit im Sinne des § 3 Abs. 1 HGB als **gewerbliche Tätigkeit** angesehen wird. Denn dann unterfallen diese Betriebe dem § 2 HGB.[50] § 3 Abs. 1 HGB stellt dann nur eine Ausnahmevorschrift von § 1 HGB dar. Diese Auffassung dürfte richtig sein. Denn auch die landwirtschaftliche Tätigkeit erfüllt alle Erfordernisse des Gewerbebegriffs.[51] Sie ist auch keine freiberufliche Tätigkeit (siehe dazu Rn 11). Soweit dagegen Bedenken erhoben werden, folgt dies schon aus dem Verweis in § 3

40

---

45 Baumbach/*Hopt*, § 3 Rn 4.
46 OLG Düsseldorf NJW-RR 1993, 1126.
47 BGHZ 134, 146, 149 = NJW 1997, 664 (zum Begriff der Landwirtschaft in der Höfeordnung).
48 OLG Hamm RdL 1965, 204, 205.
49 So BGHZ 134, 146, 149 = NJW 1997, 664 (für die Auslegung der Höfeordnung); auch OLG Hamm RdL 1965, 204.
50 So Baumbach/*Hopt*, § 3 Rn 2; *Müther*, Handelsregister, § 9 Rn 5.
51 BGHZ 33, 321 = NJW 1961, 726.

Abs. 1 HGB auf § 1 HGB, der nicht notwendig wäre, wenn die §§ 1 und 2 HGB für die Land- und Forstwirtschaft eigentlich nicht gelten sollten.[52]

b) Nebengewerbe

41 Wird neben dem Betrieb der Land- und Forstwirtschaft ein **Nebengewerbe** geführt, das nicht unter § 3 Abs. 1 HGB fällt, so gilt auch für dieses Nebengewerbe § 3 Abs. 1 HGB, vgl. § 3 Abs. 3 HGB.

42 Ein Nebengewerbe liegt dabei vor, wenn ein **selbständiges** Unternehmen vorliegt (vgl. dazu bereits Rn 35). Dies setzt eine organisatorische Trennung voraus. Eine Mischtätigkeit, wie sie etwa bei der Vermarktung der eigenen Produkte in Verkaufsstellen auf dem Bauernhof oder im Kleinverkauf auf dem Wochenmarkt vorliegt, reicht danach nicht. Dieses Unternehmen muss von dem Hauptbetrieb abhängig sein. Denn die Gewerbe müssen nach § 3 Abs. 3 HGB miteinander verbunden sein. Liegt ein Nebengewerbe vor, gelten für dieses die Regeln des § 3 Abs. 1 und 2 HGB selbständig. Selbst wenn die Voraussetzungen des § 1 Abs. 2 HGB vorliegen, muss demnach keine Eintragung erfolgen.

IV. Der Kaufmann nach § 6 HGB

1. Die Handelsgesellschaften und Formkaufleute

43 Nach § 6 Abs. 1 HGB finden die für die Kaufleute geltenden Vorschriften auch auf die **Personenhandelsgesellschaften** Anwendung. Liegt etwa unproblematisch eine Kommanditgesellschaft (KG) oder eine offene Handelsgesellschaft (OHG) vor, ergibt sich die Anwendbarkeit der handelsrechtlichen Vorschriften aus § 6 Abs. 1 HGB kraft Eintragung oder wegen des Vorliegens der Voraussetzungen des § 1 Abs. 2 HGB.

44 Von § 6 Abs. 1 HGB werden durch Verweisung auch
- die GmbH (§ 13 Abs. 3 GmbHG),
- die AG (§ 3 Abs. 1 AktG) sowie
- die KGaA (§§ 278 Abs. 3, 3 Abs. 1 AktG) erfasst.

Diese Gesellschaften werden als **Formkaufleute** bezeichnet, weil sie aufgrund ihrer Form als Handelsgesellschaft gelten.

45 Aber auch die eingetragene Genossenschaft ist nach § 17 Abs. 1 GenG als Kaufmann anzusehen. Kein Kaufmann ist der Versicherungsverein auf Gegenseitigkeit (§ 16 VAG).

> *Examenshinweis*
> Die GmbH & Co KG ist nicht deshalb Handelsgesellschaft, weil die GmbH über § 13 Abs. 3 GmbHG und § 6 Abs. 1 HGB als Kaufmann zu behandeln ist.[53] Die KG muss vielmehr selbst die Voraussetzungen des § 1 Abs. 2 HGB erfüllen oder nach § 161 Abs. 2 HGB i.V.m. § 105 Abs. 2 HGB in das Handelsregister eingetragen sein.

---

52 Baumbach/*Hopt*, § 3 Rn 3; a.A. *Koller/Roth/Morck*, § 3 Rn 1 m.w.N.
53 BayObLG NJW 1985, 982, 983.

Nach **§ 6 Abs. 2 HGB** kommt es nicht darauf, dass ein Verein, dem das Gesetz die Eigenschaften eines Kaufmanns zuweist, nicht die Voraussetzungen des § 1 Abs. 2 HGB erfüllt. Selbst die Rechtsanwalts-GmbH ist daher Kaufmann, weil die ihrer Unternehmung zugrunde liegende freiberufliche Tätigkeit (vgl. Rn 11) nach § 6 Abs. 2 HGB unbeachtlich ist. Die gewerbliche Tätigkeit wird unabhängig von dem tatsächlichen Geschäftsgegenstand fingiert.[54]

46

2. Die Geltung der Norm für Vorgesellschaften

Soweit die Voraussetzungen des § 6 HGB noch nicht vorliegen, kann sich die Kaufmannseigenschaft direkt aus § 1 HGB ergeben. Das ist dann der Fall, wenn der noch nicht eingetragene Formkaufmann bereits ein Handelsgewerbe mit kaufmännischem Umfang betreibt. Da bei den Formkaufleuten (vgl. dazu Rn 44) die Einordnung als Handelsgesellschaft bzw. Kaufmann jeweils von ihrer Eintragung abhängt, stellt sich die Frage, ob die sog. **Vorgesellschaften**[55] bereits als Kaufmann anzusehen sind. Allgemein wird auf diese Gebilde, die als Rechtsform sui generis angesehen werden, bereits das Recht der eingetragenen Gesellschaft angewandt, soweit dieses nicht die Eintragung voraussetzt.[56] Insoweit ist streitig, ob die jeweilige Norm, die die Gleichstellung mit einer Handelsgesellschaft anordnet, tatsächlich die Eintragung voraussetzt.[57] Dies wird man aus der jeweils systematischen Stellung heraus wohl bejahen müssen. So findet sich § 13 Abs. 3 GmbHG in einem Abschnitt, der von der Eintragung der Gesellschaft ausgeht. Auch § 3 Abs. 1 AktG steht im unmittelbaren Zusammenhang mit den Vorschriften über das Wesen der Aktiengesellschaft und nicht in dem folgenden Abschnitt über die Gründung der Gesellschaft. Entscheidend dürfte aber sein, dass die Regelungen der vereinfachten Feststellung der Anwendbarkeit der handelsrechtlichen Vorschriften dienen, so dass es allein auf die Eintragung der jeweiligen Gesellschaft ankommen wird.[58] Dies bedeutet allerdings nicht, dass die jeweiligen Vorgesellschaften nicht Kaufmann sein können. Betreiben sie ein Handelsgewerbe im Sinne des § 1 Abs. 2 HGB, sind sie auch als Kaufmann anzusehen.[59]

47

> *Examenshinweis*
> Diese Erwägungen gelten für die BGB-Gesellschaft nicht. Denn diese wird mit kaufmännischem Umfang ohne weiteres zu einer OHG, wenn sie ein Gewerbe betreibt. Es handelt sich um einen gesetzlichen Formwechsel, bei dem es auf den Willen der Beteiligten nicht ankommt.[60]

---

54 BGHZ 66, 48, 49 f. = NJW 1976, 514.
55 Die sog. Vorgründungsgesellschaften sind nur Kaufmann, wenn sie selbst bereits Handelsgesellschaften sind. Eine Vorgründungsgesellschaft besteht bis zum Abschluss des notariell beurkundeten Gesellschaftsvertrages, eine Vorgesellschaft liegt ab diesem Zeitpunkt bis zur Eintragung vor.
56 BGHZ 17, 385, 389 ff. = NJW 1955, 1229; BGHZ 51, 30, 32 = NJW 1969, 609; BGHZ 80, 212, 214 = NJW 1981, 2125; BGHZ 120, 103 = NJW 1993, 459.
57 Etwa *Roth/Altmeppen*, GmbHG, 4. Aufl., § 11 Rn 41.
58 Ähnlich *K. Schmidt*, § 10 II 2 b, S. 296; im Ergebnis auch *Baumbach/Hueck*, GmbHG, 17. Aufl., § 11 Rn 12; *Lutter/Hommelhoff*, GmbHG, 16. Aufl., § 11 Rn 4.
59 *Baumbach/Hopt*, § 6 Rn 6; *K. Schmidt*, § 10 II 2 b, S. 296.
60 BGH NJW 1967, 821 = BB 1967, 143; *Baumbach/Hopt*, Einl. v. § 105 Rn 21.

3. Die Kaufmannseigenschaft von Gesellschaftern und Geschäftsführern

48 Einigkeit besteht darüber, dass ein **Gesellschafter einer Kapitalgesellschaft** allein aufgrund dieser Eigenschaft kein Kaufmann ist, weil das Halten eines Geschäftsanteils reine Vermögensverwaltung und damit eine nichtgewerbliche Tätigkeit ist.[61] Die Kaufmannseigenschaft kann natürlich gleichwohl bestehen, wenn die Voraussetzungen des § 1 HGB in der Person des Gesellschafters vorliegen und die Beteiligung betriebszugehörig im Sinne des § 343 HGB ist. Dies ist der Fall, wenn etwa ein Einzelkaufmann unter seiner Firma (vgl. §§ 343 f. HGB; dazu § 12 Rn 10 ff.) eine Einlage bei einer neu gegründeten GmbH übernimmt.

49 Liegen die Voraussetzungen des § 1 HGB in der Person des Gesellschafters nicht vor, verneint der BGH die Kaufmannseigenschaft auch dann, wenn der Gesellschafter der Kapitalgesellschaft zugleich ihr Organ (**geschäftsführender Gesellschafter**) ist.[62] *K. Schmidt* hält dies jedenfalls im Anwendungsbereich des § 350 HGB (Formfreiheit für Schuldanerkenntnis und Bürgschaft; dazu § 12 Rn 56) für unrichtig, weil die Norm vom soziologischen Typus des Kaufmanns ausgehe, so dass sie nach Sinn und Zweck entsprechend angewandt werden müsse.[63] Insoweit geht es aber um die entsprechende Anwendung handelsrechtlicher Normen und nicht um die Qualifikation als Kaufmann im Sinne der §§ 1 ff. HGB.

50 Diskutiert worden ist die Kaufmannseigenschaft aber auch bei den **Gesellschaftern der Personenhandelsgesellschaften**. Das Problem hängt mit der Frage zusammen, ob die Personenhandelsgesellschaften juristische Personen sind oder ob bei ihnen jedenfalls der jeweilige vertretungsberechtigte persönlich haftende Gesellschafter der Unternehmensträger ist. Der BGH hat die Kaufmannseigenschaft für den persönlich haftenden Gesellschafter bejaht, soweit nicht dessen Privatsphäre betroffen ist.[64] Für den Kommanditisten ist sie verneint worden, weil dieser nicht der Betreiber des Handelsgewerbes sei. Er habe nur eine beschränkte Rechtsstellung, da er nur bis zur eingetragenen Einlage hafte, von der Geschäftsführung und Vertretung ausgeschlossen sei und auch keinem Wettbewerbsverbot unterliege.[65]

> *Praxis- und Examenshinweis*
> Die Problematik dieser Frage ist nicht dadurch entfallen, dass der Gesetzgeber in vielen Fällen den Kaufmannsbegriff durch den Begriff des Unternehmens ersetzt hat. Denn auch insoweit stellt sich immer die Frage, ob der Gesellschafter selbst wegen dieser Eigenschaft juristisch Unternehmer ist. Die Fragestellung kommt insbesondere im Rahmen der §§ 38, 1031 Abs. 5 ZPO, §§ 348, 350 HGB zum Tragen.

> *Praxis- und Examenshinweis*
> Selbst wenn die Kaufmannseigenschaft verneint wird, ist eine entsprechende Anwendung der in Rede stehenden Norm zu prüfen (vgl. schon Rn 1 und 29 ff.).

---

[61] BGH ZIP 1997, 837; NJW 1996, 2156, 2158; allein zum Geschäftsführer: BGHZ 104, 95, 98 = NJW 1988, 1908.
[62] Zu § 350 HGB: BGHZ 121, 224 = NJW 1993, 1126; WM 1986, 939 = ZIP 1986, 1457; zum VerbrKrG: BGHZ 133, 71 = NJW 1996, 2156; ZIP 1997, 642.
[63] *K. Schmidt*, § 18 I 1 d aa, S. 519 ff.; *ders.*, Gesellschaftsrecht, 4. Auflage, § 9 III 2 i, S. 232.
[64] BGHZ 34, 293, 296 f. = NJW 1961, 1022; BGHZ 45, 282, 284 f. = NJW 1966, 1960.
[65] BGHZ 45, 282, 285 = NJW 1966, 1960.

§ 4 Die Erweiterung des Anwendungsbereichs des HGB

I. Der Fiktivkaufmann nach § 5 HGB

Nach § 5 HGB kann sich derjenige nicht auf das Fehlen der Voraussetzungen des § 1 Abs. 2 HGB berufen, der in das Handelsregister eingetragen ist. Ob das Fehlen der Voraussetzungen von Anfang an vorlag oder ob lediglich der Geschäftsumfang herabgesunken ist, spielt keine Rolle. Die Norm ist in einem gerichtlichen Verfahren von Amts wegen zu prüfen und nicht nur auf eine entsprechende Einrede hin.[1] Dies bedeutet für den Richter, dass er die Norm auch dann anzuwenden hat, wenn sich keine der Parteien auf sie beruft. Auf eine Kenntnis der Parteien von der Eintragung kommt es ebenfalls nicht an. Allerdings bedarf es gleichwohl des Vortrags einer Partei über die Eintragung. Denn das Gericht nimmt nicht von Amts wegen Einblick in das Handelsregister, soweit nicht die Prozessvoraussetzungen betroffen sind.[2] § 5 HGB stellt keine Rechtsscheinvorschrift dar. So kann sich auch ein Bösgläubiger auf die Eintragung berufen.[3] Die Vorschrift ordnet vielmehr **absoluten Verkehrsschutz** an. Das unterscheidet den Anwendungsbereich des § 5 HGB von der Lehre vom Scheinkaufmann (vgl. dazu Rn 9 ff.).

1

> *Examenshinweis*
> Da § 5 HGB keine Rechtsscheinnorm ist, muss auch sprachlich deutlich gemacht werden, dass es hier nicht um einen Scheinkaufmann geht. Insoweit bietet sich etwa die Verwendung der Bezeichnung „**Fiktivkaufmann**" an.

Umstritten ist, ob die Vorschrift entsprechend dem Anwendungsbereich des § 15 Abs. 1 HGB nur im so genannten **Geschäftsverkehr** gilt (vgl. dazu § 7 Rn 34) oder ob sie wegen ihrer absoluten Wirkung nicht auch bei jeder unerlaubten Handlung (vor allem wichtig wegen § 31 BGB) und sogar im öffentlichen Recht und im Strafrecht Anwendung findet. Der BGH hat bisher nur eine Anwendung im **rechtsgeschäftlichen** und im **Prozessverkehr** bejaht.[4] Anhaltspunkte dafür, dass die Fiktion über den Anwendungsbereich des HGB, also den Bereich des rechtsgeschäftlichen Handelns, hinaus Anwendung finden sollte, sind nicht gegeben. Dies spricht dafür, die §§ 5 und 15 Abs. 1 HGB insoweit gleich auszulegen.[5]

2

Fraglich ist, ob die Norm nach der Handelsrechtsreform **überhaupt noch einen Anwendungsbereich** hat. Aufgrund des Wortlautes der Norm, der von dem Betrieb eines Gewerbes spricht, findet die Vorschrift keine Anwendung, wenn ein Betrieb eingetragen worden ist, dem keine Gewerbetätigkeit zugrunde liegt.[6] Dann kommt eine Anwendung handelsrechtlicher Regelungen nur unter Anwendung der Grundsätze

3

---

1 Baumbach/*Hopt*, § 5 Rn 4; *K. Schmidt*, § 10 III 2 b dd, S. 302 f. mit Nachweisen zu abweichenden Literaturansichten.
2 Allgemein zur Amtsprüfung: Thomas/Putzo/*Reichold*, Vorbem. § 253 Rn 12; Zöller/*Greger*, vor § 253 Rn 9. Zum genauen Inhalt der Amtsprüfung auch in Abgrenzung zur Amtsermittlung siehe die Kommentierungen zu § 56 ZPO.
3 BGH NJW 1982, 45; Baumbach/*Hopt*, § 5 Rn 3; *Koller/Roth/Morck*, § 5 Rn 6.
4 BGH NJW 1982, 45.
5 A.A. Baumbach/*Hopt*, § 5 Rn 6; *Koller/Roth/Morck*, § 5 Rn 8.
6 BGHZ 32, 307, 313 = NJW 1960, 1664.

über den Scheinkaufmann in Betracht (vgl. dazu Rn 9 ff.) oder im Wege der Analogie (vgl. dazu Rn 28 ff.). § 5 HGB greift aber auch dann nicht, wenn überhaupt kein Betrieb mehr aufrechterhalten wird.[7] In diesem Fall bleibt die Anwendung des § 15 Abs. 1 HGB (vgl. dazu § 7 Rn 26 ff.). Sie war nach der Auslegung des BGH vielmehr auf die früheren Minderkaufleute zugeschnitten, die keine Eintragung in das Handelsregister erlangen konnten. Denn Aufgabe des § 5 HGB war es danach, den Streit über den Umfang des Gewerbebetriebes entfallen zu lassen.[8] Die Gewerbebetriebe nach § 4 HGB a.F. können aber nunmehr ohne Probleme nach § 2 HGB eingetragen werden. In Betracht kommt eine Anwendung daher nur noch dann, wenn der Wille zur Eintragung im Falle des § 2 HGB fehlt, nicht nachweisbar oder weggefallen ist. Eine eher theoretische Fallgestaltung.

Examenshinweis
Teilweise wird aus dem fehlenden Anwendungsbereich der Norm und der Tatsache, dass der Gesetzgeber sie gleichwohl nicht aufgehoben hat, geschlossen, dass sie nunmehr jedenfalls dann Anwendung finden müsse, wenn überhaupt ein unternehmerischer Betrieb vorliegt. Damit würde etwa der zu Unrecht in das Handelsregister eingetragene Freiberufler über § 5 HGB und nicht über die Lehre vom Scheinkaufmann zum Kaufmann werden können.[9]

4 **Bedeutung hat dieses Problem** wegen der strengeren Voraussetzung der Rechtsscheinlehre. Es spricht wegen der vom Gesetzgeber beibehaltenen Konzeption des § 5 HGB allerdings mehr dafür, dass an dem Merkmal Gewerbebetrieb festzuhalten ist.

II. Der Scheinkaufmann und andere Rechtsscheinfälle

1. Grundlagen

5 Die **Anwendung von Rechtsscheingrundsätzen**[10] setzt immer einen Rechtsscheintatbestand voraus, der von dem Betroffenen zurechenbar gesetzt worden ist. Auf diesen Rechtsschein muss ein Dritter schutzwürdig vertraut haben und er muss ihn zu einer Disposition veranlasst haben. Ist dies der Fall, wird der gesetzte Schein der Wirklichkeit gleichgestellt.

6 Das Verständnis der Rechtsscheingrundsätze bereitet deshalb erhebliche Schwierigkeiten, weil sie gesetzlich nicht fixiert sind. Sie sind aber **gewohnheitsrechtlich anerkannt** und werden letztlich aus den §§ 171, 370, 405, 409 BGB und § 15 HGB i.V.m. dem Grundsatz von Treu und Glauben hergeleitet. In der Praxis findet eine Herleitung der Grundsätze aus diesen Normen nicht mehr statt. Insoweit ist vielmehr lediglich von der **Lehre von der Rechtsscheinhaftung** die Rede.

Examenshinweis
In einem Urteil wird es daher heißen: „Der Beklagte ist zwar nicht Kaufmann im Sinne der §§ 1 ff. HGB. Er muss sich aber als Kaufmann behandeln lassen, weil er unter Anwendung der Lehre von der Rechtsscheinhaftung wie ein Kaufmann zu behandeln ist ..."

---

7 OLG Düsseldorf NJW-RR 1995, 93; Baumbach/*Hopt*, § 5 Rn 5; *Koller/Roth/Morck*, § 5 Rn 3.
8 BGHZ 32, 307, 312 = NJW 1960, 1664; NJW 1982, 45.
9 So *K. Schmidt*, § 10 III 2 c, S. 300 f.; dazu Baumbach/*Hopt*, § 5 Rn 2, 5; *Koller/Roth/Morck*, § 5 Rn 9.
10 Definitionen auch bei Baumbach/*Hopt*, § 5 Rn 9 a.E.; *Koller/Roth/Morck*, § 15 Rn 36.

Auch wenn durch die Lehre von der Rechtsscheinhaftung allgemeine Grundsätze aufgestellt werden, gibt es bestimmte **Fallgruppen**, in denen ihre Anwendung anerkannt ist. Dabei geht es zunächst um den sog. Scheinkaufmann, also um die Fälle, in denen jemand den Eindruck erweckt, er betreibe überhaupt ein (tatsächlich nicht existierendes) Unternehmen oder ein (tatsächlich existierendes) Unternehmen mit kaufmännischen Umfang (vgl. dazu Rn 11 ff.). Darüber hinaus kommt eine Anwendung dieser Grundsätze dann in Betracht, wenn der Vertreter einer (tatsächlichen existierenden) GmbH im rechtsgeschäftlichen Verkehr den Eindruck erweckt, er handele nicht für eine GmbH. Hier geht es um den Schein, dass der Handelnde selbst der Unternehmensträger ist, so dass nicht nur beschränktes Haftungskapital zur Verfügung steht. Auch die Versäumung eines Hinweises wegen der Änderung von für den Rechtsverkehr relevanten Umständen kann in einer ständigen Geschäftsbeziehung die Anwendung der Rechtsscheingrundsätze rechtfertigen. In den letzten beiden Fällen handelt es sich um Fallgestaltungen, in denen es um einen dem Registerinhalt widersprechenden Rechtsschein geht. Dieser wird in Rn 24 ff. behandelt.

Nicht behandelt werden hier die Fälle der sog. **Scheingesellschaft** und des **Scheingesellschafters**. In beiden Fällen ist eine Auseinandersetzung mit der Lehre von der fehlerhaften Gesellschaft notwendig. Die damit zusammenhängenden Fragen gehören in das Gesellschaftsrecht. Für den als persönlich haftenden Gesellschafter Auftretenden gelten die Grundsätze über den Scheinkaufmann allerdings ebenfalls.

2. Der Scheinkaufmann[11]

a) Die Lehre vom Scheinkaufmann

Die auf Staub zurückgehende **Lehre vom Scheinkaufmann** besagt, dass derjenige, der im Rechtsverkehr als Kaufmann auftritt, als Kaufmann gilt.[12] Jedenfalls soweit damit auch besagt werden soll, dass jemand, der den Eindruck erweckt hat, er sei Kaufmann, sich zugunsten gutgläubiger Dritter als solcher behandeln lassen muss, ist diese Lehre allgemein anerkannt. Die genannten Voraussetzungen (vgl. Rn 5) müssen daher erfüllt sein.

b) Rechtsscheintatbestand

Während dieser Satz an sich unbestritten ist, besteht das **Problem in seiner Anwendung**. Denn es steht eben nicht fest, wann jemand als Kaufmann auftritt. Sicher dürfte sein, dass derjenige, der sich bei der Bezeichnung seines Unternehmens der nur für die eingetragenen Gewerbebetreibenden zustehenden Hinweise auf ein kaufmännisches Unternehmen bedient, als Kaufmann auftritt. Eine eingetragene einzelkaufmännische Firma ohne die Zusätze nach § 19 Abs. 1 HGB kann es nicht mehr geben,[13] so dass auch das Problem der Abgrenzung zwischen den für Nichtkaufleuten zulässigen Geschäftsbezeichnungen und einer Firmenbezeichnung weitgehend entschärft ist. Soweit eine Bezeichnung ohne den Zusatz nach § 19 Abs. 1 HGB verwendet wird,

---

[11] Vgl. dazu auch die Kommentierungen bei Baumbach/*Hopt*, § 5 Rn 9 ff.; *Koller/Roth/Morck*, § 15 Rn 36 ff.; die Rechtsscheingrundsätze gelten aber auch im BGB, vgl. dazu jeweils die Kommentierungen zur Anscheinsvollmacht: *Jauernig*, § 167 Rn 9; Palandt/*Heinrichs*, § 173 Rn 14 ff.
[12] *Staub*, Kommentar zum HGB, 6./7. Aufl. 1900, Exkurs zu § 5 Anm. 1.
[13] Vgl. Art. 38 Abs. 1 und 2 EGHGB.

fehlt es für den Rechtsschein einer Eintragung an dem erforderlichen objektiven Scheintatbestand.

> *Examenshinweis*
> Der Scheintatbestand ist dann erfüllt, wenn der Betroffene tatsächliche eine Eintragung erwirkt hat, obwohl sie ihm nicht zusteht. Dies ist etwa der Fall, wenn der als Freiberufler anzusehende Architekt C sein Architekturbüro unter der Bezeichnung „C Bauunternehmung e.K." hat eintragen lassen.

11 Fehlt es an einer Eintragung oder an dem Schein der Eintragung in das Handelsregister, so muss der **Eindruck eines gewerblichen Unternehmens mit kaufmännischem Umfang** erweckt werden. Dieser Eindruck kann durch ausdrückliche Erklärung erfolgen. Aber auch konkludente Erklärungen sind möglich. Dies ist etwa dann der Fall, wenn eine Prokura erteilt wird, weil deren Erteilung nur in einem kaufmännischen Unternehmen möglich ist (vgl. § 10 Rn 6).

c) Zurechnung

12 Der Rechtsscheintatbestand muss dem Betroffenen auch zugerechnet werden können. Hat er selbst gehandelt, ergibt sich insoweit kein Problem. Unabhängig von einem etwaigen Schuldvorwurf, hat er für **eigenes Verhalten** einzustehen. Es reicht aus, wenn von einem objektiven Empfängerhorizont aus vorhersehbar war, dass ein bestimmtes Handeln bei Dritten bzw. im Verkehr den Rechtsschein erwecken würde.[14]

13 Schwieriger ist die Rechtslage zu beurteilen, wenn das den Rechtsschein setzende **Verhalten von einem Dritten** stammt. Insoweit kommt es auf eine Kenntnis und Dulden des Betroffenen oder auf einen Mangel zumutbarer Organisation an.

14 Eine Zurechnung ist ausgeschlossen bei **nicht voll Geschäftsfähigen**. Denn der Schutz des Geschäftsunfähigen und beschränkt Geschäftsfähigen geht dem Verkehrsschutz vor.[15]

> *Examenshinweis*
> Dies gilt nicht, wenn nicht dem Betroffenen, sondern dem Dritten das Verhalten zugerechnet werden soll. Dann bleibt es bei der Anwendung der Rechtsscheingrundsätze.[16]

15 Ausgeschlossen ist auch eine **Anfechtung wegen Irrtums**.[17] Denn anfechtbar sind nur Willenserklärungen, an denen es hier gerade fehlt. Der Rechtsschein kann zudem nicht rückwirkend beseitigt werden.

d) Schutzbedürftiger Dritter

16 Schutzbedürftig ist der Dritte dann, wenn er hinsichtlich des Rechtsscheintatbestandes gutgläubig ist. Die Kenntnis der wahren Umstände schadet daher wie auch im Rahmen des § 15 Abs. 1 und 3 HGB in jedem Fall. Fraglich ist aber, ob darüber hinaus auch jede Fahrlässigkeit die **Gutgläubigkeit** ausschließt. Dies ist nach der Rechtsprechung zu bejahen.[18] Dies führt aber gleichwohl häufig zu keinem anderen Ergebnis, weil dem

---

14 BGH NJW 1962, 2196; Baumbach/*Hopt*, § 5 Rn 11; *Koller/Roth/Morck*, § 15 Rn 53.
15 BGH NJW 1977, 623.
16 BGHZ 115, 81 = NJW 1991, 2566.
17 Baumbach/*Hopt*, § 5 Rn 11; *Koller/Roth/Morck*, § 15 Rn 61 mit abweichender Begründung.
18 BGH NJW 1982, 1513; WM 1976, 74; JZ 1971, 334.

Dritten in der Regel keine Nachforschungspflicht obliegt.[19] Anderes kann nur dann gelten, wenn das betroffene Geschäft einen besonderen Umfang oder eine besondere Bedeutung hat[20] oder Anlass zu Zweifeln bestehen.[21]

> *Praxishinweis*
> Die **Beweislast** für den guten Glauben liegt bei dem, der den guten Glauben bestreitet.[22] Er muss daher Anhaltspunkte aufzeigen, die eine Kenntnis bzw. fahrlässige Unkenntnis der wahren Umstände ergeben.

e) Kausalität

Kausal ist der Rechtsschein nur dann geworden, wenn der Dritte die den Rechtsschein begründenden Tatsachen kennt. Der Dritte muss sich bei seinem geschäftlichen Verhalten aber auch auf den Rechtsschein verlassen haben. Insoweit ist die Feststellung einer **Ursächlichkeit** – anders als im Rahmen des § 15 HGB – nicht entbehrlich. 17

Die Kenntnis von dem Rechtsschein und die Ursächlichkeit des Rechtsscheins für sein Verhalten sind **vom Dritten darzulegen und zu beweisen**, wenn der Rechtsschein nicht durch öffentliche Kundgebung, sondern durch das Verhalten gegenüber dem Getäuschten geschaffen wurde.[23] Die Anforderungen dürfen insoweit aber nicht überspannt werden, so dass unter Umständen auch eine tatsächliche Vermutung für die Ursächlichkeit bestehen kann.[24] Insoweit wird in Anlehnung an § 15 Abs. 1 und 3 HGB, bei dem es gar nicht mehr auf den Nachweis einer Kausalität ankommt, für besonders starke Rechtsscheintatbestände sogar eine Umkehr der Beweislast diskutiert. 18

f) Rechtsfolgen

Liegen die Voraussetzungen eines Rechtsscheines vor, so hat sich derjenige, der den Schein gesetzt hat, er sei Kaufmann, auch so behandeln zu lassen, als ob er Kaufmann ist. **Rechtsschein und Wirklichkeit werden gleichgestellt**. Es finden damit grundsätzlich alle Vorschriften Anwendung, die für Kaufleute gelten (vgl. aber Rn 22 f.). Der auf den Rechtsschein vertrauende Dritte wird damit nicht auf den bloßen Vertrauensschaden beschränkt. 19

Der Dritte muss sich allerdings nicht am Rechtsschein festhalten lassen. Er besitzt vielmehr ein **Wahlrecht**, ob er der Rechtslage den Rechtsschein oder die wirkliche Lage zugrunde legen will. Anders als im Rahmen des § 15 Abs. 1 HGB kommt hier ein Wechsel zwischen beiden Rechtslagen nicht in Betracht (sog. Rosinenpicken; vgl. dazu § 7 Rn 30 f.). Mit der auch konkludent ausübbaren Wahl ist der Dritte gebunden.[25] 20

---

19 BGH NJW 1987, 3124, 3126; WM 1992, 1392.
20 BGH WarnRspr 1970, 51.
21 OLG Hamm NJW-RR 1995, 419.
22 Baumbach/*Hopt*, § 5 Rn 12; *Koller/Roth/Morck*, § 15 Rn 55.
23 BGHZ 17, 13 = NJW 1955, 985.
24 BGHZ 17, 13 = NJW 1955, 985.
25 Baumbach/*Hopt*, § 5 Rn 16.

> *Examenshinweis*
> Gegen den Dritten wirkt der Rechtsschein nicht.[26] So kann der Scheinkaufmann im Falle eines Handelskaufs keine gesetzlichen Zinsen nach dem HGB verlangen.

21 Die Rechtsscheinwirkungen treten trotz Vorliegens der Voraussetzungen nicht in jedem Fall ein. So wird ein Rechtsschein **zu Lasten Geschäftsunfähiger** stets zu verneinen sein. Der Rechtsschein kann auch nur im **Geschäftsverkehr** wirken. Insoweit gilt das Gleiche wie im Rahmen des § 15 Abs. 1 HGB (vgl. dazu § 7 Rn 32 ff.). Eine Anwendung des Rechtsscheins **zu Lasten unbeteiligter Dritter** scheidet ebenfalls stets aus (vgl. dazu § 12 Rn 106).

22 Schließlich wird auch ein Vorrang des **zwingenden Rechts** gegenüber den Rechtsscheingrundsätzen diskutiert. So stellt sich etwa die Frage, ob die §§ 348 bis 350 HGB, § 38 ZPO oder § 238 HGB auch auf den Scheinkaufmann anzuwenden sind. Dass diese Normen keinen absoluten Schutzcharakter besitzen, ergibt sich schon daraus, dass sich nunmehr auch Kleingewerbetreibende diesen Vorschriften unterwerfen können, vgl. § 2 HGB. Dann aber spricht wenig dafür, diesen Vorschriften in jedem Fall einen Vorrang vor dem Rechtsschein einzuräumen. Dementsprechend ist etwa § 38 ZPO auch auf den Scheinkaufmann angewandt worden.[27]

> *Praxishinweis*
> Die Parteifähigkeit einer Schein-OHG ist verneint worden.[28] Ein Problem ergibt sich heute aber nur noch dann, wenn es überhaupt keine Gesellschaft gibt. Denn andernfalls läge eine BGB-Gesellschaft vor, die mittlerweile als parteifähig angesehen wird.[29] Gibt es aber keine Gesellschaft, stellt sich lediglich noch die Frage, wer verklagt ist.

23 Für die §§ 348 bis 350 HGB ist die Rechtslage umstritten. Höchstrichterliche Entscheidungen fehlen.[30] Das bedeutet, dass man im Examen zunächst klären sollte, ob die Rechtsscheingrundsätze erfüllt sind. Erst wenn dies der Fall ist, sollte man sich der Frage zuwenden, ob die §§ 348 bis 350 HGB bei einem Rechtsschein anwendbar sind. Zu Lasten des Scheinkaufmanns anwendbar sind die §§ 347, 362, 373 ff. HGB.[31]

3. Der Rechtsschein gegen die Registereintragung

24 **Grundsätzlich** führt die Eintragung eines relevanten Umstands in das Handelsregister dazu, dass ein Dritter dies gegen sich gelten lassen muss. Dies ergibt sich aus § 15 Abs. 2 HGB (vgl. dazu § 7 Rn 21). Ist etwa eine Person als Geschäftsführer abberufen, so kann sich die GmbH darauf berufen. In zwei Fallgruppen wird ein Verweis auf § 15 Abs. 2 HGB abgeschnitten:

25 In der **ersten Fallgruppe** wird nicht offengelegt, dass der tatsächliche Rechtsträger nur beschränkt Haftungskapital besitzt. Dies ist etwa bei der GmbH, aber auch bei der GmbH & Co. KG der Fall, die keine natürliche Person als Komplementär hat. Aber auch bei der AG fehlt es an einer natürlichen Person, die haftet. Dazu ein Beispiel:

---

[26] Baumbach/*Hopt*, § 5 Rn 15; bezüglich Reflexwirkungen auch nachteilig: *Koller/Roth/Morck*, § 15 Rn 58.
[27] OLG Frankfurt BB 1974, 1367.
[28] BGHZ 61, 59, 69 = NJW 1973, 1691.
[29] BGHZ 146, 341 = NJW 2001, 1056.
[30] Für eine Anwendung: OLG Hamburg JW 1927, 1109.
[31] Baumbach/*Hopt*, § 5 Rn 15; *Koller/Roth/Morck*, § 15 Rn 58.

Beispiel
Eine aus zwei Gesellschaftern bestehende OHG veräußert ihr Handelsgeschäft an eine GmbH, deren Geschäftsführer sie werden. Die GmbH bringt das Handelsgeschäft in eine KG ein und wird deren einziger persönlich haftender Gesellschafter, die ehemaligen OHG-Gesellschafter werden die einzigen Kommanditisten. Dieser Übergang des Handelsgeschäfts wird in das Handelsregister nach § 31 HGB[32] eingetragen. Schließt einer der ehemaligen OHG-Gesellschafter in der Folge Geschäfte, so wirkt dies – Einzelvertretungsbefugnis vorausgesetzt – gemäß § 164 BGB i.V.m. den Grundsätzen des unternehmensbezogenen Geschäfts (vgl. dazu § 10 Rn 3) für die GmbH & Co. KG: Der Handelnde wird selbst dann nicht verpflichtet, wenn er nicht darauf hinweist, dass er nunmehr für eine GmbH & Co. KG auftritt. Kann sich der Einzelkaufmann der persönlichen Inanspruchnahme aus Rechtsschein mit dem Hinweis auf § 15 Abs. 2 S. 1 HGB entziehen? Der Bundesgerichtshof[33] hat dies in einem Fall, in dem eine Bestellung auf dem ursprünglichen Briefpapier mit der ursprünglichen Firma erfolgt war, unter Berufung auf § 242 BGB verneint. Das Gesetz verlange durch den Hinweis auf die Haftungsbeschränkung eine besondere Form der Publizität, die über die Publizität des Handelsregisters hinausgehe.

Allein die **mündliche Weglassung** des Firmenbestandteils GmbH bzw. GmbH & Co. KG reicht für eine Rechtsscheinhaftung nicht aus. Der Vertragsschluss muss vielmehr unter Heranziehung schriftlicher Unterlagen erfolgen, aus denen sich üblicher Weise das Handeln für eine GmbH oder eine GmbH & Co. KG ergeben müsste.[34]

In einer **anderen Fallgruppe** wird im Rahmen einer ständigen Geschäftsbeziehung auf eine Rechtsänderung und eine Änderung der Registereintragung nicht hingewiesen, obwohl hierzu eine Pflicht bestand. Auch hier kommt der Wechsel des Unternehmens auf einen Unternehmensträger mit einem beschränkten Haftungskapital in Betracht.[35] Auch Veränderungen in der Vertretungsmacht können von Bedeutung sein.[36]

Weitere Voraussetzung für die Rechtsscheinhaftung ist in beiden Fallgruppen auch hier, dass die andere Seite **gutgläubig** war und eine **Ursächlichkeit** zwischen Verhalten des Dritten und dem Rechtsschein bestand, wofür aber der Beweis des ersten Anscheins spricht. Der Rechtsschein musste dem Handelnden auch **zugerechnet** werden können. Wegen der Einzelheiten wird auf die Ausführungen beim Scheinkaufmann verwiesen (siehe Rn 12 ff.).

III. Die entsprechende Anwendung handelsrechtlicher Normen

Soweit der Anwendungsbereich der jeweiligen handelsrechtlichen Norm nicht durch das Vorliegen der Normadressatenqualität eröffnet ist, stellt sich immer wieder die Frage, ob die Regelung nicht auch auf andere Personen entsprechend angewandt werden kann. So ist etwa im Rahmen der aus dem Gewohnheitsrecht herzuleitenden **Regeln über das Schweigen auf ein kaufmännisches Bestätigungsschreiben** (dazu näher § 12 Rn 40 ff.) anerkannt, dass diese Regeln bereits dann Anwendung finden,

---
32 Vgl. Baumbach/*Hopt*, § 157 Rn 1; *Koller/Roth/Morck*, § 31 Rn 1.
33 BGHZ 71, 354, 357 = NJW 1978, 2030.
34 BGH NJW 1981, 2569; 1990, 2678, 2679; 1991, 2627; 1998, 2897; vgl. dazu auch Palandt/*Heinrichs*, § 164 Rn 3; *Jauernig*, § 164 Rn 3.
35 BGH NJW 1972, 1418.
36 BGH NJW 1987, 3124. Dort ergab sich die Veränderung durch einen gesetzlichen Formwechsel von einer OHG auf eine BGB-Gesellschaft.

wenn der Empfänger nur wie ein Kaufmann in größerem Umfang am Rechtsverkehr teilnimmt.[37] Absender kann jeder sein, der ähnlich einem Kaufmann am Geschäftsverkehr teilnimmt und erwarten kann, dass ihm gegenüber nach kaufmännischen Sitten verfahren wird.[38]

29 Auch in anderen Fällen finden die handelsrechtlichen Regelungen entsprechende Anwendung. Dies setzt aber regelmäßig voraus, dass das Handeln eines Unternehmers in Rede steht. So hat der BGH etwa **§ 366 HGB** entsprechend auf Veräußerungsgeschäfte der Reichsbahn angewandt.[39]

30 Weiter wird eine entsprechende Anwendung auch für § 362 HGB,[40] der Regeln über den Handelskauf[41] und der Haftungsregeln in den §§ 25, 28 HGB[42] befürwortet, ohne dass die Rechtsprechung dem bisher gefolgt wäre.

31 Häufig kommt eine Anwendung der handelsrechtlichen Vorschriften aber auch schon deshalb in Betracht, **weil diese als vereinbart anzusehen sind**. Dies ist etwa dann der Fall, wenn ein Unternehmer mit einer anderen Person die Führung eines Kontokorrents vertraglich festlegt. Dann gelten die Regeln der §§ 355 f. HGB, allerdings ohne die Zinseszinsregelung in § 355 Abs. 1 HGB.[43]

> *Examenshinweis*
> Kommt eine Anwendung der handelsrechtlichen Vorschriften nicht bereits aus einem anderen Grund in Betracht, sollte die entsprechende Anwendung der handelsrechtlichen Normen geprüft werden.

IV. Objektives System

32 Dem deutschen Handelsrecht liegt im Grundsatz ein subjektives System zugrunde: Die Anwendung der handelsrechtlichen Normen wird von der Person der beteiligten Rechtssubjekte abhängig gemacht. Dieses System ist aber nicht völlig uneingeschränkt verwirklicht worden. Teilweise greift der Gesetzgeber auch auf das objektive System zurück. Es findet danach eine Unterscheidung nach der Natur des betreffenden Geschäfts statt.

33 Beispiele für die Verwendung auch **objektiver Merkmale** finden sich
- im Kommissionsgeschäft in § 383 Abs. 2 HGB (vgl. § 13 Rn 61),
- im Frachtrecht in § 407 Abs. 3 S. 2 HGB (vgl. § 15 Rn 4, 7),
- im Speditionsrecht in § 453 Abs. 3 S. 2 HGB (vgl. § 15 Rn 4, 30) und
- im Lagerrecht in § 467 Abs. 2 S. 2 HGB (vgl. § 15 Rn 4, 35).
- Auch in der Anwendung der handelsrechtlichen Regelungen, wenn nur ein Beteiligter Kaufmann ist, ist ein objektiver Ansatz zu erkennen.[44]

---

37 BGHZ 11, 1, 3 = NJW 1954, 109; NJW 1964, 1223.
38 BGHZ 40, 44 = NJW 193, 1922; WM 1973, 1376.
39 BGHZ 2, 37 = NJW 1952, 219.
40 *K. Schmidt*, § 19 II 2d, S. 555; Baumbach/*Hopt*, § 362 Rn 3; *Koller/Roth/Morck*, § 362 Rn 5.
41 *K. Schmidt*, § 29 III 2b, S. 797; a.A. RGZ 104, 96; OLG Düsseldorf OLGR 1996, 196.
42 *K. Schmidt*, § 8 I 3 b, S. 222 f.; a.A. BGH WM 1991, 1917 zu § 25 HGB; BGHZ 31, 397, 400 = NJW 1960, 624 zu § 28 HGB; nur anhand des Einzelfalles verneinend BGH NJW 2004, 836.
43 *K. Schmidt*, § 3 II 2 a, S. 52 f.; Baumbach/*Hopt*, § 355 Rn 18; *Koller/Roth/Morck*, § 355 Rn 5.
44 *Canaris*, § 1 Rn 2 f.

Examenshinweis
Die genannten Vorschriften sind deshalb von Bedeutung, weil sie eine Vielzahl von handelsrechtlichen Regelungen für anwendbar erklären, ohne dass ein Kaufmann im Sinne der §§ 1 bis 6 HGB beteiligt sein muss.

§ 5 Die Prüfung der Kaufmannseigenschaft in der Klausur / im Aktenvortrag

1 Die Prüfung der Kaufmannseigenschaft erfolgt **nicht vorab oder gesondert**. Sie ist in der Regel vielmehr eingebettet in die Prüfung einer anderen Norm, die sich häufig als eine Abweichung von den allgemeinen Regeln des Bürgerlichen Gesetzbuches fassen lässt. So wird bei der Inanspruchnahme einer Person aus einer formlosen Bürgschaft zunächst das Bestehen der Bürgschaft geprüft. In diesem Rahmen stellt sich die Frage, ob die Form des § 766 BGB erfüllt ist. Nachdem die Feststellung getroffen ist, dass dies nicht der Fall ist, ist die Frage aufzuwerfen, ob die Einhaltung der Form nicht nach § 350 HGB entbehrlich ist. Dies setzt ein Handelsgeschäft voraus, das nach § 343 Abs. 1 HGB vorliegt, wenn es um ein Geschäft eines Kaufmanns geht, das zum Betrieb seines Handelsgeschäftes gehört. Nun ist zu klären, ob der Bürge tatsächlich Kaufmann ist oder ob auf ihn § 350 HGB aus anderen Gründen anzuwenden ist.

2 Auch wenn der Hinweis darauf, dass es sich bei den handelsrechtlichen Regelungen um ein Sonderprivatrecht der Kaufleute handelt, als Schlagwort zutreffend ist, so ist doch zu beachten, dass dies lediglich für die Vorschriften in den §§ 343 ff. HGB gilt. Denn nur dort finden sich Vorschriften, die von denen des Bürgerlichen Rechts abweichen. Soweit die **Vorschriften über den Handelsstand** betroffen sind, fehlen entsprechende Vorschriften im BGB. Es handelt sich nämlich um Regelungen, die allein auf Kaufleute Anwendung finden. Dies führt dann dazu, dass diese Regeln etwa nicht auf den Scheinkaufmann Anwendung finden, auch eine analoge Anwendung auf nichtkaufmännische Unternehmer scheidet in der Regel aus (zu den §§ 25 und 28 HGB[1] siehe aber Rn 31).

3 In der Praxis wird bei der Prüfung der Kaufmannseigenschaft regelmäßig als erstes zu prüfen sein, ob die Unternehmung im Handelsregister eingetragen ist. Ist dies nämlich der Fall, ergibt sich die Kaufmannseigenschaft jedenfalls aus § 5 HGB, wenn ein Gewerbe betrieben wird (vgl. dazu § 4 Rn 3). Auch im Examen ist eine grundsätzliche Auseinandersetzung mit den in diesem Teil behandelten Fragen dann regelmäßig nicht geboten und sogar fehlerhaft, wenn dadurch der Schwerpunkt der Ausführungen auf diesem Teil liegt.

4 **Checkliste am Beispiel des § 343 HGB**

- Liegt ein Handelsgeschäft vor?
- Betriebszugehörigkeit des Geschäfts (vgl. § 12 Rn 10 ff.)
- Geschäft eines Kaufmanns
    - Eintragung in das Handelsregister und Gewerbe (vgl. § 5 HGB)
    oder
    - keine Eintragung: Voraussetzungen des § 1 Abs. 2 HGB liegen vor, ohne dass die Voraussetzungen des § 3 HGB gegeben sind.
- Sind die Voraussetzungen des § 343 HGB wegen Fehlens einer der oben genannten Voraussetzungen zu verneinen, ist das Vorliegen der Voraussetzungen der Lehre vom Scheinkaufmann zu prüfen.

---

1 So aber gerade die Rechtsprechung, die darauf abstellt, dass ein Nichtkaufmann nicht in das Handelsregister einzutragen ist, so dass auch der Haftungsausschluss nicht eingetragen werden kann.

- Liegt auch kein ausreichender Rechtsschein vor, ist eine entsprechende Anwendung der handelsrechtlichen Norm zu prüfen.

3. Kapitel: Der Handelsstand

§ 6 Überblick

Liegt ein kaufmännisches Geschäft vor (vgl. dazu § 3 Rn 3), sind auf dieses auch die Vorschriften über den Handelsstand anzuwenden, die im Ersten Buch des HGB (Handelsstand: §§ 1–104 HBG) enthalten sind. Diese legen die **Regeln für den kaufmännischen Betrieb** fest. Die Firma des Einzelkaufmanns ist etwa nach § 29 HGB zum Handelsregister anzumelden und dort einzutragen. Der Kaufmann hat das Recht und die Pflicht, seiner Unternehmung eine Bezeichnung zu geben (Firmenrecht; vgl. dazu § 8). Wird ein kaufmännisches Geschäft veräußert, vererbt oder erweitert, kommt eine Erweiterung der Haftung in Betracht, vgl. §§ 25–28 HGB (vgl. § 9). Der Kaufmann kann eine besondere handelsrechtliche Vollmacht erteilen, die sich durch den gesetzlich festgelegten Umfang von anderen Vollmachten unterscheidet, die sog. Prokura (vgl. § 10 Rn 6 ff.). Darüber hinaus hat der Kaufmann das Recht, eine Zweigniederlassung zu bilden (vgl. dazu § 11 Rn 1 ff.). Er ist verpflichtet, Handelsbücher zu führen (vgl. dazu § 11 Rn 9 ff.).

Im Ersten Buch wird unter der Rubrik „Handelsstand" auch das Recht der **Handelsvertreter** (vgl. §§ 84 ff. HGB) und das Recht der **Handelsmakler** (vgl. §§ 93 ff. HGB) behandelt. Dies erklärt sich daraus, dass diese beiden Tätigkeiten nach der enumerativen Aufzählung des § 1 Abs. 2 Nr. 7 HGB in der Fassung vor dem Handelsrechtsreformgesetz ausdrücklich als kaufmännisch festgelegt wurden, so dass die rechtliche Ausgestaltung der Rechtsverhältnisse auch unter der Überschrift „Handelsstand" vorgenommen wurde. Mit der Neufassung ist dieser Regelungsort hinfällig, weil beide Tätigkeiten gewerblicher Natur sind, so dass sie ohne weiteres als kaufmännisch im Sinne des § 1 HGB anzusehen sind, wenn sie nicht nur kleingewerblichen Umfang haben. Dementsprechend werden der Handelsvertreter und der Handelsmakler in diesem Buch auch unter den Handelsgeschäften und dort unter den Vertriebsformen behandelt.

Die Regelungen über die **Handlungsgehilfen** und **Handlungslehrlinge** werden typischer Weise nicht im Handelsrecht behandelt. Es handelt sich hierbei um Rechtsmaterien, die in das Arbeitsrecht gehören.[1] Auf eine Darstellung wird deshalb hier verzichtet.

---

1 Vgl. *K. Schmidt*, § 17 I 1a, S. 499.

§ 7 Das Handelsregister

I. Grundlagen

1 Das Handelsregister bildet ein Kernstück des Handelsrechts. Gleichwohl wird es, insbesondere in den auf die Klausuren ausgerichteten Lehrbüchern, zumeist nur unter dem Aspekt des Vertrauensschutzes erörtert. Damit wird insbesondere die Regelung des § 15 HGB in Bezug genommen, der in der Tat äußerst examensrelevant ist. Dieser Bereich wird in Rn 17 ff. behandelt.

2 Das Handelsregister hat aber auch im Übrigen eine **besondere praktische Bedeutung**. So sollte jeder Rechtsanwalt, der ein Klageverfahren gegen einen in das Handelsregister eingetragenen Einzelkaufmann, eine Personenhandelsgesellschaft oder eine GmbH anstrengen möchte, zunächst Einblick in das Register nehmen. Denn nur dann kann er sicher sein, dass die für die Klageerhebung relevanten Daten richtig sind. Wegen der eingetragenen Vertretungsverhältnisse und der Angaben zu den Gesellschaftern bei den Personengesellschaften sind häufig auch Aufschlüsse über materiellrechtliche Fragen zu erlangen. Ähnliches gilt für Haftungsausschlüsse nach § 25 Abs. 2 HGB. Um den größtmöglichen Nutzen aus dem Register ziehen zu können, bedarf es genauerer Kenntnisse des Zwecks des Registers und dessen Aufbau. Dieser Bereich wird in Rn 5 ff. behandelt. Denkbar ist aber auch, dass Fragen des Registerverfahrens zum Gegenstand des Examens gemacht werden. Zur Beantwortung derartiger Fragen sind zunächst Kenntnisse des Registeraufbaus und der Registerprinzipien (siehe Rn 5 ff.) notwendig. Die Grundzüge des Registerverfahrens sind im verfahrensrechtlichen Teil behandelt (vgl. § 18).

> *Praxishinweis*
> Aus den Geschäftsbriefen ergibt sich meist (vgl. §§ 37 a, 125 a HGB, § 35 a GmbHG, § 80 AktG), dass und wo eine Eintragung in das Handelsregister erfolgt ist.

3 Häufig besteht **Unsicherheit** darüber, was in das Register überhaupt eingetragen wird (vgl. dazu Rn 5). So sind etwa die Gesellschafter einer GmbH, anders als die einer Personenhandelsgesellschaft, nicht im Register vermerkt. Gleichwohl finden sich in dem für die Gesellschaft geführten Registerband, der ebenfalls frei einsehbar ist,[1] sog. **Gesellschafterlisten**, vgl. § 40 GmbH. Diese werden allerdings von der Gesellschaft selbst erstellt, so dass eine Richtigkeitsgewähr nicht gegeben ist.

4 Mit der Eintragung in das Register ist in der Regel auch die Frage müßig, ob das betriebene Gewerbe einen kaufmännischen Umfang im Sinne des § 1 Abs. 2 HGB besitzt (vgl. dazu auch § 3 Rn 20). Die Registereintragung hat damit auch **Beweisfunktion**. Da das Registergericht zudem die Voraussetzungen der §§ 1 bis 3 HGB zu prüfen hat, besteht schließlich ein tatsächliches Indiz dafür, dass sich hinter der eingetragenen Tätigkeit kein freier Beruf verbirgt.

---

[1] Sog. Sonderband. Daneben existiert der Hauptband, der die gerichtlichen Verfügungen und den Schriftverkehr enthält. Dieser kann nur gemäß § 34 Abs. 1 FGG eingesehen werden.

Praxishinweis
Die Tatsache der Registereintragung und ihr Inhalt wird durch Vorlage eines beglaubigten Registerauszugs bewiesen, vgl. § 9 Abs. 3 und 4 HGB. Der Beweisantritt darf daher nicht auf Beiziehung der Registerakten lauten, sondern wird nach § 420 ZPO durch Vorlegung des beglaubigten Registerauszugs im Termin angetreten. Es handelt sich nämlich um einen Urkundenbeweis.

II. Die Einzelheiten des Handelsregisters

1. Zweck und Aufbau des Handelsregisters

a) Eintragungsgegenstand

Das Handelsregister **dient der Verlautbarung wichtiger, den kaufmännischen Betrieb betreffender Tatsachen**. Was im Einzelnen einzutragen ist, ergibt sich aus den jeweiligen Anmeldetatbeständen und der **Handelsregisterverordnung (HRV)**.[2] Um die Übersichtlichkeit der Eintragungen zu wahren, ist die Rechtsprechung bei der Auslegung und Anwendung dieser Normen sehr restriktiv. Eine Eintragung kommt daher außer in den gesetzlich vorgesehenen Fällen nur dann in Betracht, wenn ein besonderes sachliches Bedürfnis besteht:[3]

- Ein Bedürfnis für eine **Eintragung trotz fehlender gesetzlicher Grundlage** ist bejaht worden bei der Eintragung der Gestattung des Selbstkontrahierens des Vertreters nach § 181 BGB[4] und der Eintragung des Bestehens eines Unternehmensvertrages bei der GmbH entsprechend den aktienrechtlichen Regelungen.[5]
- Es ist verneint worden bei der gesetzlichen Vertretung von Minderjährigen, der Anordnung der Testamentsvollstreckung,[6] dem Nacherbenvermerk, dem Stellvertreterzusatz bei GmbH-Geschäftsführern[7] und bei der Erteilung einer Handlungsvollmacht.[8]

5

b) Einsichtsrecht

Das Handelsregister ist ein **öffentlich geführtes Register**, in das jedermann **unbeschränkt Einsicht** nehmen kann, vgl. § 9 Abs. 1 HGB.[9] Dieses Einsichtsrecht umfasst auch die zum Register eingereichten Urkunden und Schriftstücke. Diese werden in

6

---

2 Zuletzt geändert durch das Handelsregistergebühren-Neuordnungsgesetz vom 3.7.2004 (BGBl I S. 1410). Die Verordnung hieß früher Handelsregisterverfügung. Die Verordnung ist abgedruckt bei Baumbach/*Hopt*, Handelsrechtliche Nebengesetze (4) oder bei Keidel/Krafka/*Willer*, Registerrecht, 6. Aufl., Anhang 2.
3 Vgl. dazu Baumbach/*Hopt*, § 8 Rn 5; Koller/Roth/*Morck*, § 8 Rn 8.
4 BGHZ 87, 59, 62 = NJW 1983, 1676; BayObLG BB 1984, 1117 (für den GmbH-Geschäftsführer); BayObLG Rpfleger 2000, 115, 394, 395 (für den Geschäftsführer einer GmbH bei der GmbH & Co. KG); BGH NJW 1992, 1452; OLG Hamburg BB 1986, 1255 (überhaupt bei der Eintragung der Vertretung in einer Personengesellschaft); OLG Hamm BB 1983, 791; BayObLG BB 1980, 1487 (für einen Prokuristen).
5 BGHZ 105, 324 = NJW 1989, 295; BGHZ 116, 37, 43 = NJW 1992, 505.
6 RGZ 132, 138.
7 BGH NJW 1998, 1071.
8 KG RJA 9, 159; eine Ausnahme ist allerdings bei den Zweigniederlassungen ausländischer Unternehmen vorgesehen, vgl. § 13 e Abs. 2 S. 4 Nr. 3 HGB und *Müther*, Handelsregister, § 12 Rn 30.
9 Vorgesehen ist eine Online-Einsicht, § 9a HGB. Teilweise ist diese schon möglich (Bayern, NRW). Nicht unproblematisch ist die Übernahme des Gesamtbestandes zur Führung eines eigenen gewerblichen Registers. Keine Mikroverfilmung: BGHZ 108, 32 = NJW 1989, 2818.

dem Sonderband zur Registerakte verwahrt. Es handelt sich etwa um die Anmeldungen, die Gründungsverhandlungen, die Gesellschaftsverträge und Gesellschafterlisten. Von diesen Schriftstücken und von den Eintragungen können Abschriften (sog. **Handelsregisterauszüge**) verlangt werden. Einsichtsrecht nur unter den Voraussetzungen des § 34 FGG besteht hinsichtlich des sog. Hauptbandes der Registerakte, der den gerichtlichen Schriftverkehr enthält.

c) Publizitätsfunktion

7 Die sich in dem Einsichtsrecht manifestierende **Publizitätsfunktion** des Handelsregisters wird dadurch verstärkt, dass die Eintragungen bzw. bestimmte angemeldete Umstände auch in den vom Registergericht bestimmten Blättern bekannt gemacht werden, vgl. § 10 HGB. Das Verfahren für die Bestimmung dieser Bekanntmachungsblätter ist in § 11 HGB geregelt.[10]

d) Zuständigkeit

8 Das Handelsregister wird bei den **Amtsgerichten** geführt, vgl. § 8 HGB i.V.m. § 125 FGG. Welches Amtsgericht zuständig ist, ergibt sich aus dem Sitz des Eingetragenen bzw. des Einzutragenden, vgl. etwa §§ 29, 106 Abs. 1 HGB.

e) Organisation des Handelsregisters

9 Das Register unterteilt sich in die **Abteilung A**, in die die Einzelkaufleute, die Personenhandelsgesellschaften, die juristischen Personen nach § 33 HGB und auch die Europäische Wirtschaftliche Interessenvereinigung eingetragen werden. In der **Abteilung B** werden die Kapitalgesellschaften geführt.[11] Die Einzelheiten der Registerführung ergeben sich aus der **Verordnung über die Einrichtung und Führung des Handelsregisters – Handelsregisterverordnung (HRV)**.[12]

10 Für die Genossenschaft wird ein **Genossenschaftsregister** geführt. Auch für die Partnerschaftsgesellschaft ist ein eigenes Register eingerichtet worden, das **Partnerschaftsregister**. Dies beruht darauf, dass die Partnerschaft kein Gewerbe betreiben darf und damit systematisch auch nicht unter das Handelsrecht fällt. Die das Partnerschaftsregister betreffenden Regeln nehmen aber häufig auf die Handelsregisterregeln Bezug. Das Register wird im Wesentlichen dem Handelsregister entsprechend geführt.[13]

---

10 Vgl. dazu LG Berlin BB 1997, 955 m. Anm. *Müther*; zur Beschwerdemöglichkeit: OLG Celle BB 1997, 2292.
11 Beispiele für Registerblätter finden sich bei *Keidel/Krafka/Willer*, Registerrecht, 6. Aufl., Anhang 1.
12 Zuletzt geändert durch das Handelsregistergebühren-Neuordnungsgesetz vom 3.7.2004 (BGBl I S. 1410). Die Verordnung hieß früher Handelsregisterverfügung. Die Verordnung ist abgedruckt bei *Baumbach/Hopt*, Handelsrechtliche Nebengesetze (4) oder bei *Keidel/Krafka/Willer*, Registerrecht, 6. Aufl., Anhang 2.
13 Vgl. dazu näher *Müther*, Handelsregister, §§ 2, 13.

Examenshinweis
§ 15 HGB findet über § 5 Abs. 2 PartGG auch auf die Partnerschaftsgesellschaft entsprechende Anwendung. § 29 GenG enthält eine dem § 15 HGB ähnliche Regelung für das Genossenschaftsregister.

2. Anmeldungen und Eintragungen

Eintragungen in das Handelsregister beruhen in der Regel auf Anmeldungen der dazu Verpflichteten (**Antragsgrundsatz**). Eintragungen von Amts wegen sind die Ausnahme und regelmäßig nur dann vorgesehen, wenn Anmeldungen nicht zu erlangen sind. Ob eine Anmeldung vorzunehmen ist oder vorgenommen werden kann, ergibt sich aus dem Gesetz. So legt § 29 HGB fest, dass der Einzelkaufmann nach § 1 HGB seine Firma zur Eintragung in das Handelsregister anzumelden hat. Liegen die Voraussetzungen des § 2 HGB vor, so besteht keine Verpflichtung zur Eintragung und damit zur Anmeldung. Die Anmeldung ist aber möglich und zur Erlangung der Stellung eines Kaufmanns auch notwendig. Insoweit findet § 29 HGB entsprechende Anwendung.

11

Weitere Anmeldetatbestände finden sich beispielsweise in
- § 31 HGB (Firmenänderung oder Erlöschen beim Einzelkaufmann),
- § 53 HGB (Erteilung oder Erlöschen einer Prokura),
- § 106 HGB (Anmeldung einer OHG),
- § 107 HGB (Firmenänderung, Sitzverlegung, Eintritt neuer Gesellschafter bei der OHG),
- § 143 Abs. 2 HGB (Ausscheiden eines OHG-Gesellschafters),
- § 162 HGB (Anmeldung einer KG),
- § 7 GmbHG (Erstanmeldung einer GmbH),
- § 39 GmbHG (Geschäftsführeranmeldung) oder auch
- § 36 AktG (Erstanmeldung einer AG).[14]

12

Praxishinweis
Die zivilrechtliche Verpflichtung eines Beteiligten zur Anmeldung kann durch ein Urteil ersetzt werden. Entsprechend kann die Eintragung durch Urteil verhindert werden, vgl. § 16 HGB.

Die genauen Regelungen für das Anmelde- und Eintragungsverfahren ergeben sich nur teilweise aus dem HGB und den soeben genannten Gesetzen. Die wesentlichen Verfahrensvorschriften finden sich im **Gesetz über die Freiwillige Gerichtsbarkeit (FGG)**, weil das Registerverfahren ein Verfahren der Freiwilligen Gerichtsbarkeit ist. Das FGG enthält dabei einen besonderen Abschnitt für die sog. Handelssachen (§§ 125–158 FGG). Nähere Einzelheiten über das Registerverfahren werden in § 18 dieses Buches behandelt.

13

---

14 Im Einzelnen *Müther*, Handelsregister in der anwaltlichen Praxis, 2003; *Keidel/Krafka/Willer*, Registerrecht, 6. Aufl. 2003; *Gustavus*, Handelsregister-Anmeldungen, 5. Aufl. 2001.

3. Eintragungswirkungen

14 Hinsichtlich der Eintragungswirkungen wird danach unterschieden, ob die Eintragung nur die sich bereits außerhalb des Registers ergebende Rechtslage wiedergeben sollen. Diese Eintragungen sind nur beschreibend oder **deklaratorisch**. Wirkt die Eintragung dagegen rechtsbegründend, ist die Eintragung mit anderen Worten für den Eintritt der Rechtswirkungen notwendig, wird sie als **konstitutive** Eintragung bezeichnet. Dazu einige **Beispiele**:

15 Da der Einzelunternehmer, der die Voraussetzungen des § 1 Abs. 2 HGB erfüllt, bereits als Kaufmann anzusehen ist, ist die Anmeldung nach § 29 HGB und die darauf folgende **Eintragung lediglich rechtsbekundend oder deklaratorisch**. Das Gleiche gilt für eine Personengesellschaft, deren Geschäftsbetrieb die Anforderungen des § 1 Abs. 2 HGB erfüllt. Diese ist bereits OHG, ob eine Eintragung vorliegt oder nicht. Auch die Eintragung der Prokuraerteilung ist lediglich rechtsbekundend. § 48 HGB setzt die Eintragung nicht voraus, sondern lediglich die ausdrückliche Erklärung des Inhabers eines Handelsgeschäfts. Auch der Geschäftsführer einer GmbH wird Organ der Gesellschaft mit seiner Bestellung. Die Eintragung aufgrund der Anmeldung nach § 39 GmbHG ist ebenfalls lediglich bekundend.

16 **Rechtsbegründend ist die Eintragung** demgegenüber bei dem Kannkaufmann nach § 2 HGB oder § 3 HGB. Denn dort wird das Gewerbe erst durch die Eintragung zu einem kaufmännischen. Gleiches gilt für die Gesellschaften nach § 105 Abs. 2 HGB. Erst die Eintragung macht diese zu offenen Handelsgesellschaften. Auch die Eintragung der GmbH ist rechtsbegründend. In § 11 Abs. 1 GmbHG heißt es ausdrücklich, dass die Gesellschaft mit beschränkter Haftung vor einer Eintragung nicht besteht. Das Gleiche gilt für die Eintragung der Aktiengesellschaft, vgl. § 41 Abs. 1 AktG.

III. Die Regelungen des § 15 HGB

1. Grundlagen

17 Wie bereits ausgeführt (siehe Rn 5), **dient das Handelsregister der Verlautbarung besonders wichtiger (Rechts-)Tatsachen des kaufmännischen Unternehmens**. Keine Probleme hinsichtlich der Bedeutung der Eintragung entstehen dann, wenn die jeweilige Eintragung rechtsbegründend oder konstitutiv ist. Eine Abweichung von der Registereintragung und der Rechtswirklichkeit kann nicht entstehen. Die nicht eingetragene GmbH existiert nicht (zur Vor-Gesellschaft als Rechtsform sui generis siehe § 3 Rn 47). Eine Berufung eines Gesellschafters auf die Haftungsbeschränkung nach § 13 Abs. 2 GmbHG scheidet daher aus.

18 Bestimmte Eintragungen sind allerdings lediglich deklaratorischer Natur. Die Rechtswirkungen der einzutragenden Tatsache treten außerhalb des Registers und ohne ihre Eintragung ein. Es besteht allein die Verpflichtung des Betroffenen, die Eintragung zu bewirken. Diese Verpflichtung kann auch durch die Verhängung eines Zwangsgeldes durchgesetzt werden (zum Verfahren siehe § 18 Rn 15). Die Bedeutung des Handelsregisters wäre aber eingeschränkt, würde das Gesetz an die fehlende Eintragung nicht noch (nachteilige) Rechtsfolgen knüpfen. Dies ist der **Hintergrund der Regelungen in § 15 HGB**.

Zu beachten ist, dass die Norm **drei unterschiedliche Sachverhalte** erfasst. 19

- § 15 Abs. 2 HGB regelt den **Grundsachverhalt:** Soweit Eintragung und Bekanntmachung erfolgt sind, kann sich der Eintragungspflichtige auf diese berufen. Lediglich durch die Schonfrist nach § 15 Abs. 2 S. 2 HGB kann sich insoweit etwas anderes ergeben.
- Demgegenüber erfassen die weiteren Absätze die **Ausnahmen:** Nach **§ 15 Abs. 1 HGB** hat der Eintragungspflichtige alle Umstände gegen sich gelten zu lassen, die eintragungspflichtig sind, aber nicht eingetragen sind. Nach **§ 15 Abs. 3 HGB** hat der Eintragungspflichtige auch (unter bestimmten Umständen) das Risiko der falschen Bekanntmachung zu tragen.

Examenshinweis
§ 15 HGB enthält drei verschiedene Regelungen, die streng voneinander zu unterscheiden sind und auch jeweils getrennt geprüft werden müssen.

Nur die soeben genannten Fälle werden unmittelbar von § 15 HGB erfasst. Dies 20
schließt es gleichwohl nicht aus, den Kaufmann an **anderen falschen Eintragungen** festzuhalten (vgl. dazu Rn 52 ff.).

2. Die Grundregel des § 15 Abs. 2 HGB

a) Die Rechtslage bei richtiger Eintragung und Bekanntmachung

Kommt der Eintragungspflichtige seiner **Anmeldepflicht** nach und wird ein Umstand 21
darauf hin eingetragen und in den Bekanntmachungsblättern nach § 10 Abs. 1 HGB bekannt gemacht, kann sich der Pflichtige hierauf berufen. Ist etwa eine von dem Einzelkaufmann nach § 48 Abs. 1 HGB erteilte Prokura widerrufen worden, so kann sich der Kaufmann hierauf mit der Bekanntmachung der Eintragung berufen. Denn nicht nur die Erteilung (§ 53 Abs. 1 S. 1 HGB), auch das Erlöschen der Prokura ist eintragungspflichtig (§ 53 Abs. 3 HGB). Es handelt sich insoweit um deklaratorische Eintragungen.[15]

b) Zur Sperrwirkung des § 15 Abs. 2 HGB gegenüber anderen Rechtsscheintatbeständen

Fraglich ist, wie sich § 15 Abs. 2 HGB gegenüber **Rechtsscheintatbeständen** verhält. 22
So stellt die Prokura etwa eine rechtsgeschäftliche Vertretungsmacht dar, so dass grundsätzlich die allgemeinen Normen des BGB gelten. Nach den §§ 171 Abs. 2, 172 Abs. 2 BGB wird in bestimmten Fällen die Weitergeltung der Vollmacht vermutet. *Canaris* sieht in § 15 Abs. 2 HGB lediglich eine allgemeine Vorschrift zur Zerstörung des Vertrauens auf den Weiterbestand der Richtigkeit der Registereintragung. Bei den §§ 171, 172 BGB beruhe das Vertrauen gerade nicht auf der Registereintragung, sondern auf anderen Umständen, so dass § 15 Abs. 2 S. 1 HGB insoweit nicht wirken könne.[16]

---

15 RGZ 134, 307; Baumbach/*Hopt*, § 53 Rn 1; *Koller/Roth/Morck*, § 53 Rn 1.
16 *Canaris*, § 5 Rn 39; wohl auch Baumbach/*Hopt*, § 15 Rn 13; *Koller/Roth/Morck*, § 15 Rn 24.

23 Der Konflikt des § 15 Abs. 2 S. 1 HGB zeigt sich auch in anderen Fällen, in denen eine Rechtsscheinhaftung in Betracht kommt. Wegen der Einzelheiten wird auf die Ausführungen in § 4 Rn 24 ff. verwiesen.

c) Die Schonfrist nach § 15 Abs. 2 S. 2 HGB

24 § 15 Abs. 2 HGB erfährt allerdings in Satz 2 HGB eine **Ausnahme**. Danach kann sich der Kaufmann gegenüber einem Dritten dann nicht auf die Eintragung und Bekanntmachung berufen, wenn es um eine Rechtshandlung geht, die innerhalb der ersten fünfzehn Tage nach der Eintragung vorgenommen wurde. Dies gilt allerdings nur, soweit der Dritte die Eintragung nicht kannte noch kennen musste, wobei ihn die Beweislast trifft. Es reicht demnach einfache Fahrlässigkeit aus. Bei Kaufleuten wird insoweit überwiegend eine Pflicht zur vorherigen Einsichtnahme in das Handelsregister angenommen,[17] so dass eine Berufung auf § 15 Abs. 2 S. 2 HGB für diese in der Regel ausscheidet.

25 Eine **Berufung auf die Schonfrist** scheidet auch insoweit aus, als das Gesetz eine davon abweichende Regelung trifft. Dies ist etwa im Rahmen der §§ 25 Abs. 2, 28 Abs. 2 HGB der Fall. Dort handelt es sich überdies nur um eintragungsfähige und nicht um eintragungspflichtige Umstände. Die Eintragung besteht allein im Interesse der Beteiligten und hat auch nur Wirkung mit der Eintragung. Einer Heranziehung des § 15 Abs. 2 HGB bedarf es nicht, auch § 14 HGB kann nicht angewandt werden.[18]

3. Die negative Publizität nach § 15 Abs. 1 HGB

a) Grundlagen

26 Das Verständnis des § 15 Abs. 1 HGB bereitet vielfach Schwierigkeiten. Festzuhalten ist zunächst, dass niemand auf die Richtigkeit einer Eintragung vertrauen kann. Insoweit gilt anderes als im Grundbuch, vgl. dazu § 891 BGB. Allein die Eintragung einer Prokura führt nicht dazu, dass der Einzelkaufmann diese gegen sich gelten lassen muss. Es fehlt die positive Publizität der Eintragung. Nach § 15 Abs. 1 HGB kann sich ein Dritter aber darauf verlassen, dass nicht weitere Umstände vorliegen, die eingetragen werden müssten. Geschützt wird das **Vertrauen auf das Fehlen weiterer eintragungspflichtiger Umstände**. Durch diese Regelung werden die Eintragungspflichtigen dazu angehalten, das Register auf dem aktuellen Stand zu halten.

> *Beispiel*
> Der Gesellschafter einer OHG mit drei Gesellschaftern verstirbt. Nach § 131 Abs. 3 HGB werden die Erben nicht Gesellschafter, der Versterbende ist vielmehr ausgeschieden. Den Erben steht lediglich ein Abfindungsanspruch zu. Wird allerdings das Ausscheiden des Gesellschafters entgegen § 143 Abs. 2 HGB nicht angemeldet und eingetragen, haften die Erben wie Gesellschafter. Und zwar auch für die nach dem Versterben begründeten Verbindlichkeiten.

---

17 BGH NJW 1972, 1419; BB 1976, 1480; a.A. bei Alltagsgeschäften: *Canaris*, § 5 Rn 32; streitig bei Privatleuten.
18 Baumbach/*Hopt*, § 15 Rn 13; *Koller/Roth/Morck*, § 15 Rn 19.

Examenshinweis
In einer Fallprüfung wäre daher zunächst festzustellen, dass eine Inanspruchnahme der Erben ausscheidet, weil diese nicht Gesellschafter geworden sind. In der Folge ist über § 15 Abs. 1 HGB zu prüfen, ob sie sich nicht so behandeln lassen müssen, als ob der Gesellschafter noch lebt. Dies ist zu bejahen.

Es gilt **abstrakter Verkehrsschutz**: Der sich auf § 15 Abs. 1 HGB Berufende muss keinen Einblick in das Register genommen haben.[19] Es muss auch kein guter Glaube bestehen; allein die positive Kenntnis von dem eintragungspflichtigen Umstand schließt eine Anwendung des § 15 Abs. 1 HGB aus, wie sich aus dem Wortlaut ergibt. Allerdings findet insoweit auch § 166 BGB Anwendung.[20] Auf eine Bedeutung der Eintragung für das Verhalten der Beteiligten kommt es ebenfalls nicht an, das Fehlen der Eintragung muss nicht kausal gewesen sein.

27

Zu beachten ist aber, dass sich die Wirkungen des § 15 Abs. 1 HGB nur auf die einzutragenden Tatsachen beziehen. Das bedeutet, dass **nicht eintragungspflichtige** Umstände, wie etwa die Geschäftsfähigkeit der handelnden Person, von der Vorschrift nicht erfasst werden.[21] Insoweit sind dann allgemeine Rechtsscheingrundsätze zu prüfen (vgl. dazu Rn 5).

28

b) Zur Notwendigkeit von Voreintragungen

Da § 15 Abs. 1 HGB nicht davon abhängig ist, dass ein tatsächliches Vertrauen in die Registereintragung enttäuscht worden ist, kommt es auch nicht darauf an, dass eine an sich notwendige Voreintragung vorliegt.[22]

29

Beispiel
Der Einzelkaufmann K widerruft eine dem P erteilte Prokura. Schon die Erteilung der Prokura war nicht eingetragen. Hat V Ansprüche gegen K, wenn der P nach dem Widerruf der Prokura noch bei ihm für den K einkauft?

Ein Anspruch des V gegen K scheitert nicht daran, dass der K nicht selbst gehandelt hat, wenn die Voraussetzungen des § 164 Abs. 1 BGB vorgelegen haben. Ob der P ausdrücklich erklärt hat, Käufe für den K zu tätigen, ist nach den Grundsätzen über das unternehmensbezogene Geschäft irrelevant. Es fehlt allerdings an der Vertretungsmacht des P, weil der K die Prokura widerrufen hat. Der K muss sich allerdings dann so behandeln lassen, als ob die Prokura weiterhin bestanden hat, wenn die Voraussetzungen des § 15 Abs. 1 HGB vorgelegen haben. Die Eintragung und Bekanntmachung des Widerrufs ist nicht erfolgt, so dass sich K hierauf nicht berufen kann. Denn auch eine Kenntnis des V von dem Widerruf ist nicht ersichtlich. Fraglich ist aber, ob § 15 Abs. 1 HGB auch dann anwendbar ist, wenn schon die Erteilung der Prokura nicht eingetragen ist. Dies wird teilweise verneint, weil es an einem schützenswerten Interesse des V fehle. Dem steht aber die Regelung des § 15 Abs. 1 HGB entgegen. Denn danach darf gerade nicht auf eine Eintragung vertraut werden (hier der Erteilung der Prokura), sondern allein auf das Fehlen einer Eintragung. Zudem kommt es nach der registerrechtlichen Konzeption allein auf die abstrakte Möglichkeit der Einsichtnahme an, so dass auch insoweit eine Voreintragung nicht verlangt werden

---

19 RGZ 128, 181; BGHZ 65, 309, 311 = NJW 1976, 569.
20 OLG Hamburg MDR 1972, 238; OLG Frankfurt DB 1976, 94; Baumbach/*Hopt*, § 15 Rn 7; *Koller/Roth/Morck*, § 15 Rn 12.
21 BGHZ 115, 78 = NJW 1991, 2566.
22 BGHZ 55, 267, 272 = NJW 1971, 1268; 116, 37, 44 = NJW 1992, 505; Baumbach/*Hopt*, § 15 Rn 11; *Koller/Roth/Morck*, § 15 Rn 9.

kann. Aus diesem Grund muss sich K so behandeln lassen, als ob die Prokura noch nicht widerrufen worden ist.

c) Die Rosinentheorie

30 Als Rechtsfolge sieht § 15 Abs. 1 HGB vor, dass der eintragungspflichtige Umstand einem Dritten nicht entgegengehalten werden kann. Aus dieser Formulierung wird geschlossen, dass der Dritte nicht an die Wirkungen des § 15 Abs. 1 HGB gebunden ist. **Er kann vielmehr wählen**, ob er sich auf die tatsächliche Rechtslage oder auf die Rechtslage berufen will, die sich aus einer Anwendung des § 15 Abs. 1 HGB ergibt.[23] Will der Dritte etwa das durch den vermeintlichen Prokuristen abgeschlossene Geschäft nicht gelten lassen, weil er die verkaufte Ware mittlerweile viel günstiger abgeben kann, so kann sich der Eintragungspflichtige nicht auf § 15 Abs. 1 HGB berufen und eine Vertragserfüllung verlangen.

31 Die Rechtsprechung[24] geht in der Anwendung des § 15 Abs. 1 HGB sogar so weit, dass der Dritte sich teilweise auf die Wirkungen des § 15 Abs. 1 HGB und teilweise auf die wirkliche Rechtslage soll berufen können (**Rosinenpicken**). Zur Erläuterung:

> *Beispiel*[25]
> Es besteht eine zweigliedrige offene Handelsgesellschaft. Die beiden persönlich haftenden Gesellschafter A und B sind nur zur gemeinschaftlichen Vertretung befugt. Der A scheidet aus der Gesellschaft aus, das Handelsgeschäft wird durch den anderen Gesellschafter fortgesetzt. Eintragungen dieser Veränderungen in das Handelsregister erfolgen nicht. Kann der Verkäufer V von A Zahlung des Kaufpreises verlangen, wenn der Kaufvertrag nach dem Ausscheiden des A abgeschlossen worden ist?
>
> A haftet nach § 128 HGB für die Verbindlichkeiten der OHG, wenn er zum Zeitpunkt des Vertragsschlusses noch Gesellschafter war. Die Haftung ist insoweit durch § 160 HGB begrenzt. Hier lag der Vertragsschluss aber nach seinem Ausscheiden. Durch sein Ausscheiden ist die OHG erloschen und das Handelsgeschäft im Wege der Gesamtrechtsnachfolge auf den B als Einzelkaufmann übergegangen.[26] In Betracht kam allerdings eine Inanspruchnahme aus § 128 HGB über den § 15 Abs. 1 HGB, weil das Ausscheiden des A nicht eingetragen worden war. Dies hilft dem Verkäufer aber nur, wenn er sich dann nicht daran festhalten lassen muss, dass der B wegen der eingetragenen Gesamtvertretungsbefugnis nach der Registerlage gar nicht alleine handeln konnte. Der BGH hat dies bejaht. V durfte sich teilweise auf die Registerlage (B ist noch Gesellschafter) und teilweise auf die wirkliche Rechtslage (A kann als Alleineigentümer alleine handeln) berufen.

d) Der relevante Geschäftsverkehr

32 § 15 HGB dient der **Leichtigkeit und Sicherheit des Rechtsverkehrs**. So gilt § 15 Abs. 1 HGB etwa auch dann, wenn der Dritte überhaupt keine Einsicht in das Register genommen hat und damit auch überhaupt keine Vorstellungen über den Inhalt hatte.[27] Ausgeschlossen ist eine Berufung nur dann, wenn die einzutragende Tatsache

---

[23] BGHZ 55, 267, 273 = NJW 1971, 1268.
[24] BGH NJW 1976, 569.
[25] Nach BGH NJW 1976, 569.
[26] Vgl. BGHZ 65, 79, 82 = NJW 1975, 1774; BGHZ 113, 132 = NJW 1991, 844; NJW 1993, 1918; *Müther*, Handelsregister, § 7 Rn 46 m.w.N.
[27] BGHZ 65, 309, 311 = NJW 1976, 569.

dem Dritten bekannt war, vgl. § 15 Abs. 1 HGB a.E. Aus dieser Formulierung ergibt sich zugleich, dass der Eintragungspflichtige die Darlegungs- und Beweislast für eine derartige Kenntnis zu tragen hat.

Mitunter kommt es aber überhaupt nicht auf eine etwaige Kenntnis an. Dies ist etwa der Fall, wenn es um **unerlaubte Handlungen** geht, die keinen Zusammenhang mit dem Handelsgeschäft haben. Paradebeispiel ist ein vom Reichsgericht entschiedener Fall:[28]

33

Rechtsprechungsbeispiel
Ein Zollbeamter war von dem Pferdefuhrwerk eines als OHG eingetragenen Handelsgeschäfts überfahren worden. Zum Zeitpunkt des Vorfalls war einer der beiden OHG-Gesellschafter aber bereits verstorben, ohne dass dies in das Register eingetragen worden war. Der andere hatte das Handelsgeschäft alleine fortgeführt. Das Reichsgericht lehnte eine Verurteilung der Erben des Verstorbenen ab. Deren Haftung kam nur über eine Anwendung des § 15 Abs. 1 HGB in Betracht. Weil das Ausscheiden des Gesellschafters noch nicht eingetragen worden war, musste sich dieser bzw. mussten sich wegen seines Todes seine Erben zwar so behandeln lassen, als ob die Gesellschafterstellung noch nicht beendet war. Das Reichsgericht hat insoweit aber festgestellt, dass die Anwendung des § 15 Abs. 1 HGB außerhalb des eigentlichen Geschäftsverkehrs der Handelsgesellschaft weder mit dem Zweck noch mit dem Wortlaut des § 15 HGB zu vereinbaren ist. Die Leichtigkeit und Sicherheit des Rechtsverkehrs betreffe gerade nicht Dinge wie das Strafrecht, sondern den Bereich des rechtsgeschäftlichen Handelns. So werde auch der Begriff des Geschäftsverkehrs in § 15 Abs. 3 HGB (nun § 15 Abs. 4 HGB) auch ausdrücklich genannt.

Zum Geschäftsverkehr gehören daher alle Ansprüche aus Rechtsgeschäft, aus Verschulden bei Vertragsschluss, aber auch aus Bereicherung, unerlaubter Handlung und Geschäftsführung ohne Auftrag, soweit diese innerhalb des Geschäfts anfielen. Erfasst werden aber auch Rechte aus Prozesshandlungen wie Verzicht, Anerkenntnis und Vergleich. Überhaupt wird der **Prozessverkehr** als Geschäftsverkehr angesehen, so dass etwa auch die Zustellung an einen abberufenen, aber noch im Handelsregister eingetragenen Geschäftsführer einer GmbH wirksam ist.

34

e) Beispiele relevanter eintragungspflichtiger Umstände

Eine Anwendung des § 15 Abs. 1 HGB kommt etwa dann in Betracht, wenn das **Ende der Vertretungsmacht** einer Person behauptet wird.[29] Dieses Ende kann auf dem Erlöschen einer Prokura beruhen, das nach § 53 Abs. 1 HGB in das Register einzutragen ist. Entsprechendes gilt für den GmbH-Geschäftsführer. Die Abberufung des GmbH-Geschäftsführers oder das Ende seiner Organstellung ist nach § 39 Abs. 1 GmbHG in das Register einzutragen. Für den Vorstand einer AG gilt § 81 Abs. 1 AktG. Auch dem persönlich haftenden Gesellschafter einer OHG oder KG kann die Vertretungsmacht entzogen werden. Dies ist nach § 107 HGB zum Register anzumelden und demnach auch einzutragen. Die Vertretungsmacht endet auch mit dem Ausscheiden aus der Gesellschaft, das nach § 143 Abs. 2 HGB anzumelden und einzutragen ist.[30]

35

---

28 RGZ 93, 238.
29 Fallgestaltung: BGHZ 115, 78 = NJW 1991, 2566.
30 Zum umgekehrten Fall, dass mit dem Ausscheiden die eingetragene Vertretungsbefugnis nachteilig wäre: Rosinentheorie, BGH NJW 1976, 569.

36 Nicht nur das Ende der Vertretungsmacht ist insoweit anzumelden, sondern auch jede **Veränderung der Vertretungsmacht**. Auf die fehlende Eintragung der Befreiung von § 181 BGB kann sich aber ein Dritter nicht berufen, wenn er sein Handeln auch bei Kenntnis der eingetragenen Tatsache nicht anders hätte einrichten können.[31] In dem vom BGH entschiedenen Fall war die Klageforderung von deren einziger Geschäftsführerin persönlich an die klagende GmbH abgetreten worden, die Geschäftsführerin war aber nach der Registereintragung nicht von § 181 BGB befreit. Die Beklagte konnte sich auf diese fehlende Eintragung nicht berufen.

37 Über § 15 Abs. 1 HGB kommt auch die Inanspruchnahme eines bereits aus der Gesellschaft **ausgeschiedenen OHG-Gesellschafters** in Betracht, wenn das Ausscheiden nicht eingetragen ist.[32] Der Anmeldetatbestand findet sich in § 143 Abs. 2 HGB. Bisher galt dies auch für den Kommanditisten. Ob dies weiterhin in Betracht kommt, ist wegen der Neufassung des § 162 Abs. 2 HGB fraglich.[33]

38 Im Falle eines Kommanditistenwechsels kam eine Berufung des Altkommanditisten wegen der Nachhaftungsansprüche auf die Einzahlung der Kommanditeinlage dann nicht in Betracht, wenn der **Kommanditistenwechsel ohne Rechtsnachfolgevermerk** nur als Austritt des alten Kommanditisten und Eintritt eines neuen Kommanditisten eingetragen worden ist.[34] Auch insoweit ist nun § 162 Abs. 2 HGB zu beachten.

39 Schließlich kommt eine Anwendung des § 15 Abs. 1 HGB auch wegen der Haftung nach § 303 AktG in Betracht, wenn die Beendigung eines **Beherrschungs- oder Gewinnabführungsvertrags** nach § 291 AktG nicht nach § 298 AktG angemeldet und in das Handelsregister eingetragen worden ist.[35] Dies gilt auch bei der GmbH als beherrschtem oder gewinnabführendem Unternehmen.[36]

40 Der Hauptanwendungsbereich des § 15 Abs. 1 HGB liegt bei den rechtsbekundenden, den sog. deklaratorischen Eintragungen. Es wird allerdings immer wieder darauf hingewiesen, dass die Vorschrift auch für **konstitutive Eintragungen** gilt.[37] Tatsächliche Fälle fehlen insoweit. Eine Anwendbarkeit kommt insoweit auch nur für Vorgänge in der Zeit zwischen Eintragung und Bekanntmachung in Betracht.[38]

4. Die positive Publizität nach § 15 Abs. 3 HGB

a) Grundlagen

41 Nach § 15 Abs. 3 HGB hat es der Gesetzgeber nicht bei der negativen Publizität des § 15 Abs. 1 HGB belassen. Ein Dritter kann sich auch auf den **Inhalt einer Bekanntmachung** stützen, selbst wenn diese unrichtig ist. Die Vorschrift ist durch Gesetz vom 15.8.1969 (BGBl I S. 1146) eingefügt worden und geht auf die Umsetzung einer EG-Richtlinie zurück. Bei Auslegungsproblemen der Normen kommt daher auch hier die Vorlage an den EuGH in Betracht.

---

[31] BGH NJW-RR 2004, 120.
[32] Fallgestaltungen: BGH NJW 1976, 569; RGZ 93, 238.
[33] Dazu *K. Schmidt*, ZIP 2002, 413 ff.
[34] BGHZ 81, 82 = NJW 1981, 2747.
[35] BGHZ 116, 37, 44 f. = NJW 1992, 505.
[36] BGHZ 116, 37, 44 f. = NJW 1992, 505.
[37] Baumbach/*Hopt*, § 15 Rn 2; *Koller/Roth/Morck*, § 15 Rn 6.
[38] Beispiel bei Baumbach/*Hopt*, § 15 Rn 5.

§ 15 Abs. 3 HGB gilt nicht nur dann, wenn die Bekanntmachung von der **Eintragung** abweicht. Dieser Fall ist in der Praxis ohnehin überaus selten, weil die Registergerichte in der Regel die Datensätze der Eintragung selbst an die Veröffentlichungsorgane weiterleiten. Ebenso selten ist es, dass es eine Bekanntmachung ohne eine Eintragung gibt. Die Norm gilt aber auch für den Fall, dass sowohl Eintragung als auch Bekanntmachung fehlerhaft sind. 42

Da die Anwendung des § 15 Abs. 3 HGB nach dem Wortlaut keinen Bezug zu einem Verhalten desjenigen vorsieht, zu dessen Nachteil die Veröffentlichung erfolgt, wird die Norm **einschränkend ausgelegt** (vgl. dazu Rn 47). Die Regelung erfasst aber nach dem Wortlaut nicht den Fall, dass lediglich die Eintragung fehlerhaft ist oder dass es an einer Bekanntmachung überhaupt fehlt. Insoweit kommt auch keine entsprechende Anwendung in Betracht, weil die Fassung vom Gesetzgeber bewusst gewählt wurde. Aus diesem Grund bestehen gewohnheitsrechtliche Rechtssätze weiter (vgl. dazu Rn 52 ff.). 43

b) Voraussetzungen

§ 15 Abs. 3 HGB findet Anwendung, wenn 44
- eine eintragungspflichtige Tatsache unrichtig bekanntgemacht worden ist,
- der sich auf die Norm berufende Dritte keine Kenntnis von der Unrichtigkeit der Bekanntmachung hat und
- die unrichtige Bekanntmachung dem Eintragungspflichtigen zuzurechnen ist.
- Die Norm wirkt nur im Geschäfts- und Prozessverkehr.

Eine **unrichtige Bekanntmachung** liegt nicht nur dann vor, wenn die Bekanntmachung von der richtigen Eintragung abweicht. Dieser Fall kommt in der Praxis so gut wie nicht vor (siehe dazu schon Rn 42). § 15 Abs. 3 HGB greift auch ein, wenn Eintragung und Bekanntmachung falsch sind. Maßgebend für die Beurteilung der Unrichtigkeit ist der Zeitpunkt der Bekanntmachung. Eine Anwendung des § 15 Abs. 3 HGB scheidet daher aus, wenn die Bekanntmachung lediglich wegen späterer Veränderungen unrichtig wird. Wird etwa ein ordnungsgemäß bestellter Geschäftsführer, dessen Bestellung auch richtig bekanntgemacht wurde, abberufen, ohne dass dies (eingetragen und) bekanntgemacht wird, greift § 15 Abs. 3 HGB nicht ein. 45

Die Vorschrift bezieht sich dabei nur auf die **eintragungspflichtigen Umstände**. Insoweit liegt der Hauptanwendungsbereich der Norm wie bei § 15 Abs. 1 HGB bei den sog. deklaratorischen Eintragungen. Ob es sich bei der bekanntgemachten Tatsache um einen eintragungspflichtigen Umstand handelt, ist nicht danach zu beurteilen, ob der Umstand im konkreten Fall einzutragen gewesen wäre. Es kommt vielmehr darauf an, dass der Umstand an sich abstrakt eintragungsfähig ist. Wird die eingetragene Prokura als Bestellung zum GmbH-Geschäftsführer bekanntgemacht, läge konkret kein eintragungspflichtiger Umstand vor, weil es an einer Geschäftsführerbestellung fehlt. Die abstrakte Eintragungsfähigkeit folgt aber aus § 39 GmbHG, so dass § 15 Abs. 3 HGB anzuwenden ist. 46

Aufgrund der besonderen Weite des Anwendungsbereichs des § 15 Abs. 3 HGB wird einschränkend verlangt, dass die fehlerhafte Bekanntmachung demjenigen, in dessen Angelegenheit die Tatsache einzutragen war, zuzurechnen ist. Diese **Zurechnung** setzt kein Verschulden voraus. Dieses Merkmal dient allein dem Schutz 47 völlig Unbeteiligter. Es ist daher nicht notwendig, dass eine Ursache für die Fehlerhaftigkeit gesetzt wurde. Auch eine an sich richtige Anmeldung reicht aus. Die Zurechnung verlangt aber Zurechnungsfähigkeit, so dass eine Anwendung gegenüber Geschäftsunfähigen oder beschränkt Geschäftsfähigen ausscheidet. Ob eine Zurechnung tatsächlich verlangt werden kann, ist durch die Rechtsprechung nicht geklärt. Dagegen könnte jedenfalls sprechen, dass der Gesetzgeber Zurechnungsgesichtspunkte bewusst nicht in den Gesetzeswortlaut aufgenommen hat. Darüber hinaus hängt eine Anwendung der Norm dann von einem für den Dritten nicht erkennbaren Verhalten anderer ab.

48 § 15 Abs. 3 HGB gilt ebenso wie § 15 Abs. 1 HGB nur im **Geschäfts- und Prozessverkehr** und damit nicht im sog. Unrechtsverkehr, der keinen Bezug zur Geschäftstätigkeit aufweist. Wegen der Einzelheiten wird auf die Ausführungen zu § 15 Abs. 1 HGB verwiesen (vgl. Rn 32 ff.).

49 Eine Anwendung des § 15 Abs. 3 HGB ist **ausgeschlossen**, wenn der Dritte **Kenntnis** von der Unrichtigkeit der Bekanntmachung hatte. Anders als im Rahmen der Rechtsscheinlehre (vgl. dazu § 4 Rn 16) schadet Fahrlässigkeit nicht. Auf eine Kenntnis der Bekanntmachung oder eine Ursächlichkeit des betreffenden Umstands für die Handlungen des Dritten kommt es nicht an. Dies folgt daraus, dass auch § 15 Abs. 3 HGB Ausdruck eines abstrakten Vertrauensschutzes ist.

50 Nicht geklärt ist die Frage, was bei einer **teilweisen Unrichtigkeit der Bekanntmachung** gelten soll. Wird etwa die Eintragung einer GmbH-Geschäftsführerbestellung zu einem falschen Registerzeichen bekanntgemacht, erfolgt aber zugleich die Benennung der richtigen Firma, wird für den Dritten bereits aus der Bekanntmachung erkennbar, dass ein Fehler vorliegt. Eine Anwendung des § 15 Abs. 3 HGB muss hier ausscheiden.

c) Rechtsfolgen

51 Ist eine unrichtige Bekanntmachung erfolgt, kann sich der Dritte nach seiner **Wahl** auf die richtige Rechtslage oder den durch die Bekanntmachung verursachten Schein berufen.[39] Ist etwa jemand zu Unrecht als Geschäftsführer einer GmbH eingetragen worden, kann sich der Vertragspartner darauf berufen, dass dem als Geschäftsführer Auftretenden die Vertretungsmacht gefehlt hat. Beruft sich der Dritte auf die Bekanntmachung, muss derjenige, in dessen Angelegenheiten die Bekanntmachung erfolgt ist, sich so behandeln lassen, als ob die Bekanntmachung richtig wäre. Die GmbH könnte sich bei einer zu Unrecht eingetragenen Person als Geschäftsführer demnach nicht auf die fehlende Vertretungsmacht berufen, wenn der Dritte sich auf die Bekanntmachung stützt.

---

39 BGH NJW-RR 1990, 737.

5. Ergänzende Gewohnheitsrechtssätze

Vor der Einführung des § 15 Abs. 3 HGB hatte die Rechtsprechung Ergänzungen der negativen Publizität des Handelsregisters entwickelt, die nunmehr gewohnheitsrechtlich weitergelten.[40] Insoweit handelt es sich aber um **echte Rechtsscheinsätze**, die an dem abstrakten Vertrauensschutz, der § 15 Abs. 1 und 3 HGB zugrunde liegt, nicht teilhaben. Bedenken gegen die Weitergeltung dieser Rechtssätze kommen in Betracht, weil die vom Gesetzgeber vorgegebenen Regelungen nach seiner Auffassung abschließend waren. Dies schließt aber lediglich eine entsprechende Anwendung der Normen, insbesondere des § 15 Abs. 3 HGB, aus.[41]

Unterschieden werden insoweit **zwei Fälle:**
- Zunächst hat derjenige, der eine unrichtige Eintragung zurechenbar veranlasst hat, diese Eintragung gegen sich gelten zu lassen, wenn ein Dritter ohne Fahrlässigkeit auf die Eintragung vertraut.[42]
- Darüber hinaus muss derjenige, der eine nicht von ihm veranlasste unrichtige Eintragung, schuldhaft nicht beseitigen lässt, die Eintragung gegen sich gelten lassen, wenn ein Dritter ohne Fahrlässigkeit auf die Eintragung vertraut.

Bedeutung haben diese Rechtssätze unter Berücksichtigung des Anwendungsbereichs des § 15 Abs. 3 HGB dann, wenn
- eine unrichtige Eintragung richtig bekanntgemacht worden ist (reiner Eintragungsfehler),
- die Eintragung falsch, eine Bekanntmachung aber noch nicht erfolgt ist (Zwischenfehler) oder
- es um die Eintragung und/oder Bekanntmachung einer nicht eintragungspflichtigen Tatsache geht.

---

40 Vgl. Baumbach/*Hopt*, § 15 Rn 16; *Koller/Roth/Morck*, § 15 Rn 25, 44.
41 Für eine entsprechende Anwendung bei einem reinen Eintragungsfehler: Baumbach/*Hopt*, § 15 Rn 18.
42 RGZ 142, 98, 104.

§ 8 Die Firma und ihr Schutz

I. Überblick

1. Der Begriff der Firma

1 Die Firma ist nach § 17 Abs. 1 HGB der **Name**, unter dem der Kaufmann seine Geschäfte betreibt. Die **umgangssprachliche Bedeutung** des Begriffs „Firma" stimmt mit der juristischen Verwendungsweise nicht überein.

> *Merke*
> Während mit „Firma" umgangssprachlich das Unternehmen gemeint ist, handelt es sich juristisch um die Bezeichnung, unter der ein Rechtssubjekt seine Handelsgeschäfte führt. Die Firma weist damit auf den Unternehmensträger hin, wodurch sie sich vor allem auch von der Geschäftsbezeichnung unterscheidet (vgl. dazu Rn 42). Dies ist bei der Verwendung des Begriffs „Firma" immer zu beachten. Als Fachbegriff ist dieser richtig zu benutzen.

> *Examenshinweis*
> Aus dem Vorgenannten ergibt sich, dass die Klage gegen eine Firma nicht zu einer Geschlechtsumwandlung des dahinter stehenden Rechtssubjektes führt. Ist dieses ein Mann, handelt es sich um einen Beklagten.

2 Die **Entstehung** einer Firma hängt nicht davon ab, ob eine Eintragung in das Register vorgenommen wird. Die Bezeichnung, unter der der Kaufmann seine Geschäfte betreibt, ist von vornherein die Firma. Dabei kommt es nicht darauf an, ob diese den Anforderungen des Firmenbildungsrechts entspricht. Auch eine „unzulässige Firma" ist eine Firma im Sinne des § 17 Abs. 1 HGB.

> *Merke*
> Betreibt jemand ein Handelsgeschäft, hat er auch eine Firma.

3 In § 17 Abs. 1 HGB ist insoweit von dem **Namen** die Rede. Ob damit nur eine **Bezeichnung** gemeint ist, die Namensfunktion erfüllen kann, ist zweifelhaft. Denn dann würde der Anwendungsbereich des § 37 Abs. 1 HGB unnötig eingeschränkt. Zur Namensfunktion siehe Rn 16 ff.

4 Auch im **Prozess** kommt der Firma eine Bedeutung zu, vgl. § 17 Abs. 2 HGB. Die hiermit zusammenhängenden Fragen sind im Abschnitt über das Prozessrecht behandelt.

2. Fallgestaltungen

5 Die Firma kann in drei verschiedenen Richtungen Gegenstand von rechtlichen Überlegungen und Fällen sein.

6 a) Die erste Fallgruppe befasst sich mit den **Firmenbildungsregeln**. Diese Fallgestaltungen haben in erster Linie im Rahmen der Handelsregisteranmeldungen Bedeutung. Denn im Rahmen des Registerverfahrens wird geprüft, ob die angemeldete Firma den gesetzlichen Anforderungen entspricht. Eine nicht den Anforderungen entsprechende Firma wird nicht eingetragen.[1] Das Firmenbildungsrecht wird in Rn 15 ff. behandelt.

---

1 Zu dem Problem der „Erwirkung", eine unzulässige Firma wird über Jahrzehnte geführt und soll nunmehr aufgrund erlangten Besitzstandes eingetragen werden: Baumbach/*Hopt*, § 17 Rn 36.

In diesen Bereich gehören letztlich auch die Verfahren nach § 37 HGB. Da diese aber auch zum Schutz der Firma eingesetzt werden können und insbesondere § 37 Abs. 2 HGB mit den dortigen Ansprüchen konkurriert, wird die Vorschrift unter diesem Aspekt behandelt.

b) Die zweite Fallgruppe befasst sich mit dem **Schutz der Firma**. Wegen der besonderen Bedeutung, die eine Bezeichnung eines Geschäftsbetriebs bei entsprechendem Bekanntheitsgrad erlangen kann und häufig erlangt (Guter Ruf!), besteht ein Interesse des Inhabers der Firma daran, sich gegen Ausbeutungen oder andere Beeinträchtigungen dieses Rufs zu schützen. Insoweit kommen insbesondere Ansprüche aus § 15 MarkenG, § 12 BGB, § 37 HGB sowie aus § 1 UWG und § 823 BGB in Betracht. Der Firmenschutz wird in Rn 37 ff. behandelt. 7

c) In einer dritten Fallgruppe spielt die Firma nur als Tatbestandsmerkmal eine Rolle. Es geht hierbei um die Fälle der **Haftungsüberleitung** nach § 25 HGB. Dort wird nämlich die Fortführung der Firma als Tatbestandsmerkmal vorausgesetzt. Insoweit handelt es sich aber nicht um eine Fallgruppe, die durch die Firmenfortführung abschließend charakterisiert wird. Nach § 28 HGB findet nämlich eine Haftungsübernahme auch statt, wenn die Firma nicht beibehalten wird. Dieser Bereich wird daher eigenständig in § 9 dieses Buches behandelt. 8

II. Allgemeine Grundsätze und Abgrenzungen

1. Der Grundsatz der Firmeneinheit

Im Firmenrecht gilt der **Grundsatz der Firmeneinheit**. Danach darf für **ein Handelsgeschäft nur eine Firma** benutzt werden. Dies schließt es nicht aus, dass der Unternehmensträger in der Werbung nur einzelne Bestandteile der Firma oder Abkürzungen derselben verwendet. Derartige besondere Geschäftsbezeichnungen unterliegen sogar einem selbständigen wettbewerbsrechtlichen Schutz nach § 15 Abs. 2 MarkenG i.V.m. § 5 MarkenG.[2] Wird diese Geschäftsbezeichnung aber firmenmäßig, also anstelle der Firma benutzt, so ist dies wegen des Grundsatzes der Firmeneinheit unzulässig.[3] Dagegen kann nach § 37 HGB vorgegangen werden.[4] 9

Da die Handelsgesellschaften im Geschäftsverkehr nur unter ihrer Firma auftreten können, weil ihnen, anders als dem Einzelkaufmann, ein bürgerlicher Name fehlt, können sie auch nur ein Handelsgeschäft betreiben.[5] Anderes gilt für den **Einzelkaufmann**. Denn dieser kann neben seinem bürgerlichen Namen eine Vielzahl weiterer Namen wählen und zu Firmenbezeichnungen machen. Er kann daher mehrere Handelsgeschäfte führen. Dies setzt aber voraus, dass diese auch tatsächlich organisatorisch getrennt sind. Ist dies nicht der Fall, liegt auch hier ein Verstoß gegen den Grundsatz der Firmeneinheit vor, weil mehrere Firmen für ein Handelsgeschäft benutzt werden. Auch den Körperschaften des öffentlichen Rechts ist das Betreiben 10

---

2 BGH NJW 1991, 2023, 2024.
3 Baumbach/*Hopt*, § 37 Rn 3; *Koller/Roth/Morck*, § 17 Rn 7.
4 BGH NJW 1991, 2023, 2024.
5 Baumbach/*Hopt*, § 17 Rn 8; kritisch: *Koller/Roth/Morck*, § 17 Rn 15.

mehrerer Handelsgeschäfte möglich. Zum Betreiben mehrerer Handelsgeschäfte vgl. auch § 3 Rn 34 f.

2. Der Grundsatz der Untrennbarkeit

11 Ein weiterer firmenrechtlicher Grundsatz ist der **Grundsatz der Untrennbarkeit**. Dieser hat seinen Niederschlag in § 23 HGB gefunden. Danach darf die Firma nicht ohne das Handelsgeschäft übertragen werden. Ein Verstoß gegen die Vorschrift führt zur Nichtigkeit der dinglichen Übertragung der Firmenrechte. Die Bedeutung des § 23 HGB ist allerdings gesunken, weil nunmehr durch die Neuregelung des Firmenrechts mit dem Handelsrechtsreformgesetz fast jede Firma originär gebildet werden kann. Die Bildung einer neuen Firma kann allerdings am Irreführungsverbot, aber auch an § 30 HGB scheitern.

3. Der Grundsatz der Firmenbeständigkeit und weitere Grundsätze

12 Nach dem **Grundsatz der Firmenbeständigkeit** darf eine einmal gewählte Firma trotz Inhaber-, Gesellschafterwechsel oder einfachem Namenswechsel beibehalten werden. Dies ergibt sich etwa aus den §§ 21, 22 und 25 HGB, aber auch aus Art. 22 EGHGB. Es handelt sich dann um eine sog. **abgeleitete Firma**. Dieser Grundsatz steht im Widerstreit mit dem **Grundsatz der Firmenwahrheit**, der im Folgenden beim Firmenbildungsrecht zu behandeln ist (vgl. Rn 20).[6] Die Fortführung einer bisher zulässigen Firma ist danach nur unter der Voraussetzung zulässig, dass sie nicht irreführend ist. Ist sie dies, muss die Irreführung unter Umständen durch Zusätze ausgeschlossen werden. Für die Fortführung einer einfachen Personenfirma[7] bedarf es aber nach den §§ 21, 22 HGB keines Nachfolgezusatzes.[8] Insoweit hat der Grundsatz der Firmenbeständigkeit Vorrang. Durch den Grundsatz der Firmenbeständigkeit wird dem Firmeninhaber die Verwertung des in der Firma enthaltenen Wertes ermöglicht.

13 Nach § 22 HGB bedarf es bei einer Firmenfortführung einer ausdrücklichen **Einwilligung des Namensträgers** bzw. seiner Erben, wenn dessen Name in der Firma enthalten ist. Aus dieser Regelung ergibt sich der persönlichkeitsrechtliche Einschlag des Firmenrechts. Ausdrücklich ist eine Einwilligung dabei dann, wenn sie zweifelsfrei vorliegt.[9] Sie kann danach auch stillschweigend, etwa durch die Mitwirkung bei der Anmeldung, erklärt werden.[10] Anerkannt ist insoweit allerdings, dass diese Einwilligung dann nicht erforderlich ist, wenn der Name in der Firma einer Kapitalgesellschaft verwandt wird, weil dort kein Zwang zur Verwendung des Familiennamens bestand.[11] Folgerung aus der Notwendigkeit der Einwilligung ist, dass das Handelsgeschäft in der Insolvenz nicht ohne Einwilligung des Namensträgers mit der Firma

---

6 Welcher Grundsatz das Prinzip ausdrückt und welcher die Ausnahme, ist umstritten. Für die Firmenwahrheit als vorrangiges Prinzip: RGZ 152, 365, 368; Baumbach/*Hopt*, § 22 Rn 1; a.A. *K. Schmidt*, § 12 III 2 a, S. 366.
7 Eine Personenfirma liegt vor, wenn die Firma den bürgerlich-rechtlichen Namen des Einzelkaufmanns oder bei Gesellschaften eines der Gesellschafter enthält. Eine Sachfirma liegt vor, wenn die Firma dem Unternehmensgegenstand entlehnt ist.
8 Beispiele für Nachfolgezusätze: Baumbach/*Hopt*, § 22 Rn 15; *Koller/Roth/Morck*, § 22 Rn 17.
9 BGH NJW 1994, 2025.
10 BGHZ 68, 271, 276 = NJW 1977, 1291; nicht ausreichend ist die Vereinbarung über die Übertragung des Handelsgeschäfts, vgl. BGH NJW 1994, 2025.
11 BGHZ 85, 221 = NJW 1983, 755.

durch den Insolvenzverwalter veräußert werden kann.¹² Ob dies auch noch für eine nach der Änderung des Firmenbildungsrechts gebildete Firma gilt, ist offen.

Ein weiterer Grundsatz des Firmenrechts ist der **Grundsatz der Firmenausschließlichkeit**. Dieser Grundsatz ist in § 30 HGB verankert. Danach muss sich die gewählte Firma von den anderen in dasselbe Handelsregister eingetragenen Firmen deutlich unterscheiden. Zu diesem Grundsatz, der ebenfalls ein wichtiger Bestandteil des Firmenbildungsrechts ist, siehe Rn 30 ff. 14

III. Das Firmenbildungsrecht

1. Überblick

Eine Firma ist ordnungsgemäß gebildet, wenn 15
- sie die Namensfunktion nach § 18 Abs. 1 HGB erfüllt,
- nicht irreführend im Sinne des § 18 Abs. 2 S. 1 HGB ist,
- den Rechtsformzusatz nach § 19 HGB enthält und
- sich schließlich von allen bereits im Handelsregister eingetragenen Firmen aus demselben Ort oder derselben Gemeinde deutlich unterscheidet, vgl. § 30 HGB.

2. Die Namensfunktion (§ 18 Abs. 1 HGB)

Die Firma muss nach § 18 Abs. 1 HGB zur Kennzeichnung geeignet und unterscheidungskräftig sein. Der Übergang zwischen diesen Tatbestandsmerkmalen ist fließend. Dies ergibt sich daraus, dass mit einer fehlenden Unterscheidungskraft auch die Kennzeichnungsfähigkeit entfällt. 16

Wichtig ist zunächst, dass die Bezeichnung **überhaupt zur Kennzeichnung geeignet** ist. Dabei geht es, wie sich aus § 17 Abs. 1 HGB ergibt, um eine namensmäßige Kennzeichnung. Die Firma muss damit aus Worten bestehen. Bildzeichen scheiden – auch als Firmenbestandteil – aus.¹³ Im Übrigen besteht aber keine Bindung in der Schreibweise. Dies gilt allerdings nicht für die Schreibweise der Firma im Handelsregister. Denn für die Eintragung bestimmt das Registergericht das Schriftbild (Schrifttype, Groß- und Kleinschreibung etc.).¹⁴ 17

Soweit demnach eine Bezeichnung zur **namensmäßigen Kennzeichnung** geeignet ist, stellt sich die Frage der Unterscheidungskraft. Die Bezeichnung muss der **Individualisierung** dienen können. Nicht der Individualisierung dienen Gattungsbegriffe in Alleinstellung wie Buch, Bau, Großhandel etc.¹⁵ Das Gleiche gilt für nicht sprechbare Buchstabenfolgen in Alleinstellung.¹⁶ Individualisierend wirken diese Bezeichnungen 18

---

12 BGHZ 32, 103, 108 = NJW 1960, 1008; dazu auch Baumbach/*Hopt*, § 17 Rn 47; *Koller/Roth/Morck*, § 17 Rn 25.
13 BGHZ 14, 155, 159 = NJW 1954, 1681; KG BB 2000, 1957; zum @: BayObLG NJW 2001, 2337; LG München I BB 2001, 854; allgemein: Baumbach/*Hopt*, § 18 Rn 4; *Koller/Roth/Morck*, § 18 Rn 3; *Müther*, Handelsregister, § 5 Rn 35 m.w.N.
14 Vgl. *Müther*, Handelsregister, § 5 Rn 35.
15 Baumbach/*Hopt*, § 18 Rn 6; *Koller/Roth/Morck*, § 18 Rn 4.
16 OLG Celle DB 1999, 40; OLG Frankfurt NJW 2002, 2400; anders unter Hinweis auf § 8 Abs. 2 Nr. 2 MarkenG: Baumbach/*Hopt*, § 18 Rn 4; *Koller/Roth/Morck*, § 18 Rn 3.

aber dann, wenn ihnen Verkehrsgeltung[17] zukommt. Dies gilt etwa für die Buchstabenfolgen AEG und BMW.

19 Die Verwendung von Gattungsbegriffen und nicht sprechbaren Buchstabenfolgen ist allerdings immer dann möglich, wenn sie nur als **Zusatz** verwandt werden. Werden sie mit Personennamen oder Sachbegriffen kombiniert, fehlt es nicht mehr an der Unterscheidungskraft.

> *Beispiele*
> - Unzulässig ist danach die Buch OHG. Zulässig aber die ABC Buch OHG.
> - Unzulässig ist die GMB GmbH, zulässig ist die GMB Meyer GmbH oder die GMB Auto GmbH.

3. Das Irreführungsverbot (§ 18 Abs. 2 HGB)

a) Der Grundsatz der Firmenwahrheit

20 Nach § 18 Abs. 2 S. 1 HGB darf die Firma keine Angaben enthalten, die geeignet sind, über die geschäftlichen Verhältnisse irrezuführen. Dabei geht es allerdings nur um die geschäftlichen Verhältnisse, die für die angesprochenen Verkehrskreise wesentlich sind. Die Vorschrift ist Ausfluss des Grundsatzes der Firmenwahrheit. Von dem Irreführungsverbot wird die gesamte Firma erfasst.[18] Sie gilt daher nicht nur für Zusätze, sondern auch den Firmenkern.

21 Die Regelung schützt den Geschäftspartner, die Mitbewerber und die Lauterkeit des Wettbewerbs.[19] Die Nähe zum **wettbewerbsrechtlichen Irreführungsverbot** ist bewusst erfolgt. Bei der Auslegung gelten in etwa die gleichen Grundsätze. Zu berücksichtigen sind aber die jeweiligen Schutzzwecke. § 3 UWG und § 18 Abs. 2 S. 1 HGB schließen sich auch nicht gegenseitig aus. Wird eine Firma etwa in das Handelsregister eingetragen, steht dies der Anwendung des § 3 UWG nicht entgegen.[20] Die Feinsteuerung soll gerade mit Hilfe des Wettbewerbsrechts erfolgen.

22 Irreführend ist eine Angabe dann, wenn sie bei den maßgeblichen Verkehrskreisen (Kunden, Zulieferer, Banken) **unrichtige Vorstellungen** hervorruft. Die Eignung zur Irreführung reicht aus. Zu einem Erfolg muss es nicht kommen. Auch ist eine Absicht zur Irreführung unerheblich.[21]

23 Im Übrigen bestehen im Rahmen des § 18 Abs. 2 S. 1 HGB ähnliche Auslegungsprobleme wie bei § 3 UWG:[22] **Welcher Maßstab** ist für die Irreführung anzulegen? Reichen etwa 10 % der angesprochenen Verkehrskreise? Oder ist entsprechend den europarechtlichen Vorgaben vielmehr von einem Durchschnittsbetroffenen auszugehen, der Lesen und Schreiben kann und in gewisser Weise an seiner Umwelt interessiert ist? Man wird insoweit mit dem BGH[23] das letztere Leitbild zugrunde legen können.

---

17 Nach *Koller/Roth/Morck*, § 18 Rn 4 kommt es auf einen beachtlichen Teil des Verkehrs an, der die Bezeichnung als die eines bestimmten Unternehmens verstehen muss. Nach BGH NJW-RR 1994, 1255 sind strenge Anforderungen zu stellen, wenn ein Freihaltebedürfnis für die Bezeichnung besteht.
18 BayObLG BB 1982, 1572; NJW-RR 1988, 617; Baumbach/*Hopt*, § 18 Rn 9; *Koller/Roth/Morck*, § 18 Rn 6.
19 BayObLG BB 1982, 1572.
20 BayObLG NJW 2000, 1648; Baumbach/*Hopt*, § 18 Rn 14.
21 BayObLG BB 1997, 1707.
22 Baumbach/*Hopt*, § 18 Rn 12; *Koller/Roth/Morck*, § 18 Rn 9.
23 Zum UWG und Markenrecht: NJW-RR 2000, 1136 (Space-Fidelity Peep-Show); NJW 2000, 2821 (Tageszulassung II); NJW 2001, 153 (Möbelumtauschrecht); NJW 2002, 600 (Warsteiner III).

Denn die Vorschrift sollte mit ihrer Beschränkung auf die wesentlichen Umstände eine Anpassung an den weniger strengen europäischen Maßstab bewirken.[24]

Die Irreführung muss sich überdies auf **geschäftliche Verhältnisse** beziehen, die für den Verkehr wesentlich sind. Bedeutet der Hinweis auf geschäftliche Verhältnisse, dass hier rein private Bereiche nicht erfasst werden, so stellt sich aber die Frage, wann es sich um wesentliche Verhältnisse handelt. Mit dieser Formulierung lehnt sich das Gesetz an § 13 a UWG an. Wesentlich ist danach eine Angabe, wenn sie bei verständiger Würdigung für die angesprochenen Verkehrskreise unter Berücksichtigung des konkreten Geschäftszwecks für den Vertragsschluss ausschlaggebend sein kann.[25]

Aus diesem Grund sind etwa alle eine **nicht zutreffende Unternehmensgröße suggerierenden Angaben** irreführend im Sinne des § 18 Abs. 2 S. 1 HGB, weil mit der Unternehmensgröße im Regelfall eine größere Kapitalausstattung, entsprechende Vertriebsbereiche und höherer Umsatz vermittelt werden. Bezeichnet sich ein Unternehmen daher als „Ortsname" Bau GmbH, so wird zumeist angenommen, dass es sich um ein führendes Unternehmen an diesem Ort in dieser Branche handelt. Für die Bestandteile „europäisch" und „deutsch" hat der BGH[26] bisher jedenfalls noch angenommen, dass die Verkehrserwartung auf ein Unternehmen gerichtet sei, das nach Größe, Bedeutung und Marktstellung den Anforderungen an einen europäischen bzw. deutschen Markt entspricht. Unter Umständen werden sich nunmehr in dieser Hinsicht wegen der Erleichterungen im Firmenrecht Veränderungen ergeben.[27]

Etwaige irreführende Bestandteile können durch **Zusätze** entschärft werden. So ist anerkannt, dass der in der Firma enthaltene akademische Titel beibehalten werden kann, wenn die Firma mit einem Nachfolgezusatz (vgl. zu diesem § 22 Abs. 1 HGB) fortgeführt wird. Das Vertrauen, das einem Träger eines akademischen Titels auch heute noch entgegengebracht wird, entfällt in diesem Fall.[28]

Fraglich ist, ob nach der Änderung des Firmenrechts durch das Handelsrechtsreformgesetz auch **Namen von Personen** in der Firma auftauchen dürfen, die mit dem Handelsgeschäft nichts zu tun haben. Diese Fallkonstellation kommt öfter bei Gesellschaften in Betracht. Die Frage wird unterschiedlich beantwortet und ist durch die Rechtsprechung noch nicht geklärt.[29] Unter Berücksichtigung des Wortlauts des § 18 Abs. 2 S. 1 HGB, dem Zweck der Liberalisierung des Firmenrechts und der Tatsache, dass sich eine Namensangabe häufig gar nicht von einem Fantasienamen unterscheiden lässt, sollte eine derartige Namensgebung zugelassen werden. Die Grenze ist erst dann erreicht, wenn der Name einer bekannten Person oder Familie gewählt wird, so dass die Rückschlüsse des Verkehrs auf die Gesellschaft beabsichtigt erscheinen (Beispiel: Rockefeller GmbH).

---

24 Baumbach/*Hopt*, § 18 Rn 13; *Koller/Roth/Morck*, § 18 Rn 9.
25 *Köhler/Piper*, UWG, 4. Aufl., § 13 a Rn 5; *Baumbach/Hefermehl*, UWG, 22. Aufl., § 13 a Rn 5.
26 Zu § 3 UWG: Euro-Spirituosen GmbH: BGHZ 53, 339 = NJW 1970, 1364; NJW 1997, 2817 (Euromint Europäische Münzen und Medaillen GmbH); GRUR 1982, 239 (Allgemeine Deutsche Steuerberatungsgesellschaft); NJW-RR 1987, 1178 (Deutsche Heilpraktiker e.V.).
27 So hält etwa das LG Heilbronn (Rpfleger 2002, 158) eine vorangestellte Ortsbezeichnung in der Regel nicht für irreführend.
28 BGH NJW 1998, 1150 (Dr. St. Nachf.).
29 Vgl. Baumbach/*Hopt*, § 19 Rn 16; *Koller/Roth/Morck*, § 18 Rn 15; für Unzulässigkeit: LG Frankfurt GmbHR 2002, 966; für Zulässigkeit: OLG Oldenburg BB 2001, 1373 mit dem unzutreffenden Hinweis, dass die Gesellschafter einer GmbH mit den geschäftlichen Verhältnissen nichts zu tun hätten.

28 Auch ein erheblicher Zeitablauf steht der Geltendmachung der Irreführung einer Firma grundsätzlich nicht entgegen. Denn das Irreführungsverbot dient auch öffentlichen Interessen. Deshalb scheidet eine Anwendung der Grundsätze der Verwirkung regelmäßig aus. Für die Beurteilung der Irreführung kommt es immer auf den **Entscheidungszeitpunkt** an.[30] Das bedeutet, dass eine ursprünglich einwandfreie Firma später irreführend geworden sein kann.[31] Andererseits kann eine ursprünglich irreführende Firma später zulässig werden.

b) Die Irreführung im Handelsregisterverfahren

29 Nach § 18 Abs. 2 S. 2 HGB ist eine Eignung der Firma zur Irreführung im Registerverfahren nur dann zu berücksichtigen, wenn diese ersichtlich ist. Das Verfahren vor den Registergerichten ist ein Verfahren der freiwilligen Gerichtsbarkeit. Derartige Verfahren unterliegen dem Prinzip der **Amtsermittlung** (vgl. § 12 FGG). Um dieses Verfahren von einer langwierigen Tatsachenfeststellung zu befreien, ordnet die Vorschrift hier nur eine grobe Sichtung der Firmen in Bezug auf die Irreführungsgefahr an. Zu beanstanden sind daher nur solche Firmen, deren Täuschungseignung nicht allzu fern liegt und ohne umfangreiche Beweisaufnahme festgestellt werden kann. Betroffen sind zunächst alle Verfahren vor dem Registergericht auf Eintragung einer Firma. Dies gilt etwa für die Anmeldung des Einzelkaufmanns nach § 29 Abs. 1 HGB, aber auch die Anmeldung einer OHG oder KG, vgl. §§ 106, 161 Abs. 2, 162 HGB, oder einer Kapitalgesellschaft. Erfasst wird natürlich aber auch die Anmeldung auf Eintragung einer Firmenänderung. Daneben kommen noch die Verfahren auf Löschung einer unzulässigen Eintragung nach § 142 FGG[32] und das Verfahren nach § 37 Abs. 1 HGB, § 140 FGG[33] in Betracht. In allen Verfahren kann das Registergericht die Stellungnahme der jeweils zuständigen Industrie- und Handelskammer einholen, vgl. § 126 FGG.

> *Merke*
> Die Sonderregelungen für das Registerverfahren weisen darauf hin, dass ein zweigleisiges Verfahren vorliegt: Die Eintragung einer Firma in das Handelsregister bewahrt das Unternehmen nicht vor Ansprüchen Dritter. Eine Verneinung der Voraussetzungen des § 3 UWG bindet das Registergericht nicht.

4. Die Unterscheidbarkeit nach § 30 HGB

30 Die gewählte Firma muss sich nach § 30 HGB auch von den bereits in dem Ort bzw. der Gemeinde eingetragenen Firmen so deutlich unterscheiden, dass die Gefahr einer Verwechslung für das allgemeine Publikum ausgeschlossen ist. Die Unterscheidbarkeit nach § 30 HGB ist demnach allein nach den im selben Register eingetragenen Firmen zu prüfen. **Normzweck** ist der Schutz des Publikums vor Firmenverwechslung. Das dadurch zum Tragen kommende **öffentliche Interesse** an der Unterscheidbarkeit schließt einen Verzicht der Beteiligten auf eine Geltendmachung der fehlenden Unterscheidbarkeit aus.[34]

---

30 BGH WRP 2003, 640 = BGH-Report 2003, 448.
31 BGHZ 10, 196, 201 = NJW 1953, 1348.
32 Näher *Müther*, Handelsregister, § 14 Rn 40 ff.
33 Näher *Müther*, Handelsregister, § 14 Rn 19 f. und zum Zwangsgeldverfahren: § 14 Rn 5 ff.
34 BGHZ 46, 7, 10 f. = NJW 1966, 1813.

Eine **Verwechslungsgefahr** ist anhand des vollen Firmenwortlauts und eventuell auch denkbarer Abkürzungen nach dem audiovisuellen Gesamteindruck vorzunehmen. Bei Personenfirmen reicht insoweit für die Unterscheidbarkeit ein ausgeschriebener Vorname aus.[35] Bei Namensgleichheit ist ein unterscheidungskräftiger Zusatz zu verwenden. Bei Sachfirmen stört ein ähnlicher Wortklang nicht, wenn ein unterschiedlicher Wortsinn vorhanden ist.[36] Der Rechtsformzusatz nach § 19 HGB reicht für eine Unterscheidbarkeit allein nicht aus.[37]

Vor der Handelsrechtsreform hat sich ein besonderes Problem bei der **Firmenbildung in der GmbH & Co. KG** ergeben, wenn sowohl die Komplementär-GmbH als auch die KG im selben Register einzutragen waren. Denn nach altem Recht musste der Name des Komplementärs in der Firma der KG enthalten sein. Bei korrekter Anwendung dieser Regel unterschieden sich dann die Firmen der GmbH und der KG allein durch den Rechtsformzusatz, der auch damals nicht als ausreichend unterscheidungskräftig angesehen worden ist. Der BGH ließ aus diesem Grund eine Ausnahme von der vollständigen Übernahme der GmbH-Firma zu.[38] Die Komplementär-GmbH wurde daher häufig als ABC-Verwaltungs-GmbH bezeichnet, wobei der Zusatz „Verwaltung" in der KG-Firma entfiel. Diese Problematik ist durch das Handelsrechtsreformgesetz entschärft, weil die Firma der Komplementärin nicht mehr in der KG-Firma enthalten sein muss. Das Problem kann gleichwohl immer noch auftreten.[39]

Die Bedeutung des § 30 HGB ist in der Regel auf die Erstanmeldung der Firma zum Register beschränkt. Insoweit gilt der **Prioritätsgrundsatz**.[40] Die neue Firma muss sich von den bereits eingetragenen Firmen unterscheiden. Bei zwei Anmeldungen, die beide noch nicht zur Eintragung geführt haben, ist die frühere Anmeldung bevorrechtigt. Durch die Beschränkung der Prüfung auf die örtlichen Gegebenheiten versperrt § 30 HGB nicht die privatrechtliche Geltendmachung der Verwechslungsgefahr nach anderen Vorschriften. In Betracht kommen insoweit etwa Ansprüche nach § 15 MarkenG oder § 12 BGB.

5. Rechtsprechungsbeispiele zur Irreführung

Das OLG Frankfurt[41] hat die Verwendung des Namenszusatzes „**Institut**" in der Bezeichnung einer Partnerschaftsgesellschaft, bei der § 18 Abs. 2 HGB über § 2 Abs. 2 PartGG ebenfalls gilt, als irreführend angesehen. Der Begriff „Institut" werde nämlich häufig von wissenschaftlichen Zwecken dienenden Einrichtungen verwandt. Die Verwendung des Begriffs „Institut" ist damit anderen Namensträgern zwar nicht generell untersagt. Insoweit müsse aber für eine deutliche Unterscheidung gesorgt werden, dass es sich nicht um eine öffentliche oder unter öffentlicher Aufsicht stehende, wissenschaftliche Einrichtung handelt. Die Eingliederung in eine Universität

---

35 BGH NJW 1993, 2236.
36 BGH WM 1989, 1584.
37 BGHZ 46, 7, 12 = NJW 1966, 1813.
38 BGHZ 80, 353 = NJW 1981, 2746.
39 Zu dem Problem, ob es ausreicht, wenn der GmbH-Firma nur Zusätze fehlen, *Müther*, Handelsregister, § 8 Rn 11.
40 Baumbach/*Hopt*, § 30 Rn 6; *Koller/Roth/Morck*, § 30 Rn 4.
41 DB 2001, 1664 = Rpfleger 2001, 428 (Kardiologisches Institut Prof. R.).

oder andere wissenschaftliche Einrichtung sei für die angesprochenen Verkehrskreise in aller Regel von besonderer Aussagekraft und Bedeutung und damit ein wesentliches Merkmal.

35 Das BayObLG[42] hat in einem Handelsregisterverfahren die Firma „**Profi-Handwerker**" für eine GmbH beanstandet. Auch nach neuem Firmenrecht sei die **Verwendung bloßer Branchen- oder Gattungsbezeichnungen** nicht zulässig. Anderes gelte nur dann, wenn sich eine solche Bezeichnung im betroffenen Wirtschaftsraum als Herkunftshinweis für ein bestimmtes Unternehmen herausgebildet habe oder aber die Gattungsbezeichnung durch individualisierende Zusätze von anderen Firmen unterscheidbar gemacht worden ist. Diese Voraussetzungen lägen hier aber nicht vor. Der Gattungsbegriff „Handwerker" sei durch den einzigen Zusatz „Profi" nicht ausreichend individualisiert worden, weil er allein auf die berufliche Ausübung des Handwerks hinweise. Dies treffe aber auf jeden Handwerksbetrieb zu und könne daher keine Individualisierung herbeiführen. Auf die Frage, ob die Firma nicht auch irreführend ist, weil das Unternehmen nur bestimmte Gewerke ausüben sollte, kam es nicht an.

36 Der Bundesgerichtshof[43] hat in einer zu § 3 UWG ergangenen Entscheidung angenommen, dass die Firmenbezeichnung „**Gemeinnützige Wohnungsgesellschaft**" als irreführend anzusehen sei, wenn die Voraussetzungen der Gemeinnützigkeit nach § 52 AO nicht vorliegen und es auch an der entsprechenden Anerkennung durch die Finanzverwaltung fehle. Denn der Verkehr erwarte, dass von einem derartigen Unternehmen nur ein die Selbstkosten deckendes Entgelt verlangt und die Leistungen zu einem niedrigeren Preis angeboten werden als von Wettbewerbern. Einer Beanstandung stehe auch nicht entgegen, dass diese Voraussetzungen (möglicherweise) zunächst vorgelegen hätte. Denn für die Beurteilung der Irreführung komme es auf den Entscheidungszeitpunkt an. Besitzschutz komme regelmäßig nicht in Betracht, Art. 22 EGHGB ändere daran nichts. Diese Entscheidung wird auch für § 18 Abs. 2 HGB verwertbar sein, weil die Gemeinnützigkeit nach den Ausführungen des BGB für den Verkehr wesentlich ist und diese ohne weiteres durch die entsprechende Bestätigung der Finanzverwaltung nachgewiesen werden kann. Voraussetzung für die Erteilung ist überdies, dass die Gesellschaft keine Gewinnerzielungsabsicht haben darf. Ob dies der Fall ist, ergibt sich aber schon aus dem jeweiligen Gesellschaftsvertrag.

IV. Der Firmenschutz

1. Grundlagen

37 Eine Firma enthält verschiedene Elemente, die Gegenstand einer rechtlichen Betrachtung sein können. So sind **Persönlichkeitsrechte** betroffen, wenn in der Firma der Name eines Beteiligten aufgenommen wird, sog. **Personenfirma**. In derartigen Fällen stellt sich die Frage, inwieweit die Firma ohne Zustimmung des Betroffenen weiterverwandt bzw. verwertet werden darf. Dieser Bereich betrifft die Grundlagen des Firmenrechts. Er ist bereits angesprochen worden (vgl. Rn 13). Aber auch insoweit stellt sich die Frage, **welche Ansprüche der Namensträger gegen die unbefugte Verwendung seines Namens** geltend machen kann.

---

[42] NJW-RR 2003, 1544.
[43] WRP 2003, 640 f. = BGH-Report 2003, 448.

Darüber hinaus stellt die Firma häufig einen **Vermögenswert** dar, der sich aus dem **Ruf des Unternehmens** ergibt.[44] Der Verwender der Firma wird darauf bedacht sein, die vermögensrechtlichen Vorteile der Verwendung der Bezeichnung für sich zu behalten. Schließlich wird ein Konkurrent unter Umständen auch durch die Verwendung einer unzulässigen Bezeichnung beeinträchtigt. 38

Examenshinweise
Aus der folgenden Darstellung kann kein zwingender Aufbau für eine firmenschutzrechtliche Prüfung abgeleitet werden. Grundlegender Ausgangspunkt aller Überlegungen sollte die Frage sein, ob der Verletzer im **geschäftlichen Verkehr** handelt. Denn nur dann kommt ein Firmengebrauch im Sinne des § 37 HGB in Betracht und es können markenrechtliche Ansprüche Anwendung finden (vgl. dazu Rn 40 und 47 ff.). Ist dies nicht der Fall, können lediglich Ansprüche nach den §§ 12, 823 BGB eingreifen. Soweit sich die Frage auf ein Eingreifen des Registergerichts bezieht, kommt das Verfahren nach § 37 Abs. 1 HGB in Betracht, und soweit die Firma bereits eingetragen ist, zusätzlich oder alternativ das Löschungsverfahren nach § 142 FGG.

2. Ansprüche aus § 37 HGB

a) Aufbau der Norm

§ 37 HGB enthält zwei grundverschiedene Regelungen: 39
- Nach **Abs. 1** hat das Registergericht gegen den Gebrauch einer nach den §§ 18 ff. HGB unzulässigen Firma durch Festsetzung eines Ordnungsgeldverfahrens einzuschreiten.
- **Abs. 2** gewährt einen zivilrechtlichen Anspruch auf Unterlassung. Der Private wird damit zur Durchsetzung öffentlicher Interessen eingesetzt.[45] Daraus folgt, dass für § 37 Abs. 2 HGB eine unmittelbare Beeinträchtigung eigener Rechte nicht vorliegen muss (siehe näher Rn 45).

Examenshinweis
§ 37 HGB findet auch im Bereich der Partnerschaftsgesellschaft Anwendung, vgl. § 2 Abs. 2 PartGG i.V.m. § 37 HGB.[46]

b) Das Registerverfahren wegen unzulässigen Firmengebrauchs

Das Registergericht kann auch außerhalb eines Eintragungsverfahrens gegen als Firma benutzte Bezeichnungen vorgehen. Die Regelung in § 37 Abs. 1 HGB dient dem **öffentlichen Interesse an der Einhaltung des Firmenrechts im Geschäftsverkehr**. Das Gericht wird insoweit von Amts wegen tätig. Allerdings soll hier ein gebundenes Ermessen vorliegen, bei dem das öffentliche Interesse an einem Einschreiten ausnahmsweise dann zurücktreten kann, wenn die entgegenstehenden privaten Interessen deutlich überwiegen.[47] Die Verfahrensregelungen sind in § 140 FGG i.V.m. §§ 132 bis 139 FGG enthalten (vgl. dazu § 18 Rn 15). Funktionell zuständig ist der Rechtspfleger. Das Verfahren ist auf Unterlassung des Gebrauchs einer bestimmten 40

---

44 Sie gehört deshalb grundsätzlich auch zur Insolvenzmasse: BGHZ 85, 221, 222/223 = NJW 1983, 755.
45 Baumbach/*Hopt*, § 37 Rn 1.
46 So ist die Verwendung des Rechtsformzusatzes „und Partner" auch in ähnlichen Varianten nur der Partnerschaft vorbehalten, vgl. dazu BGHZ 135, 257, 259 = NJW 1997, 1854.
47 KG NJW 1965, 254: alte, besonders wertvolle Firma.

Firma, nicht Teilen davon und auch nicht auf den Gebrauch einer bestimmten Firma gerichtet.[48]

41 Das Verfahren richtet sich in erster Linie gegen **falsch firmierende Kaufleute**. Der nach der Vorschrift notwendige Gebrauch einer Firma liegt in jeder Handlung, die unmittelbar auf den Betrieb des Geschäfts Bezug hat und den Willen des Geschäftsinhabers bekundet, auf Dauer die Bezeichnung als Firma, d.h. zur Individualisierung des Geschäftsinhabers, zu verwenden.[49] Ein solcher Gebrauch liegt etwa in der Anmeldung zum Handelsregister, der Duldung der Eintragung, der Verwendung der Bezeichnung im Geschäftsverkehr, vor allem beim Abschluss von Rechtsgeschäften, zur Briefunterzeichnung, auf den Briefköpfen und auf Türschildern. Maßgebend für die Frage, ob ein Firmengebrauch vorliegt, ist immer die Verkehrsanschauung, wobei danach zu fragen ist, ob der Verkehr die Verwendung der Firma an dieser Stelle erwartet. Dementsprechend ist etwa in der Werbung nicht immer von einem Firmengebrauch auszugehen. Kein Firmengebrauch liegt in der Verwendung einer Geschäftsbezeichnung (siehe hierzu Rn 9 und 42).

42 Der Anwendungsbereich des § 37 HGB erstreckt sich nach allgemeiner Meinung auch auf **Nichtkaufleute**, die eine Firma führen.[50] Denn die Firmenführung ist Kaufleuten vorbehalten und die Vorschrift wendet sich gegen jeden rechtswidrigen Gebrauch. Zu beachten ist aber, dass auch Nichtkaufleute Bezeichnungen im Verkehr führen dürfen. Das gilt insbesondere für **Geschäftsbezeichnungen**. Mit diesen wird, anders als mit der Firma, nicht der Unternehmensträger bezeichnet, sondern das Unternehmen bzw. das Geschäft selbst. Geschäftsbezeichnungen finden sich häufig bei Hotels („Hotel zur Post") oder Gaststätten („Gaststätte zur letzten Instanz"). Sie sind schutzfähig über § 5 MarkenG und bei entsprechender Unterscheidungskraft nach § 12 HGB. Wann nunmehr nach der Handelsrechtsreform eine Firmenführung durch einen Nichtkaufmann vorliegt, ist umstritten. § 37 HGB greift jedenfalls ein, wenn sich der Nichtkaufmann eines Rechtsformzusatzes nach § 19 HGB bedient. Im Übrigen unterscheidet sich die Firma gerade durch einen derartigen Zusatz, so dass ein Verstoß gegen das Firmenführungsrecht ohne Rechtsformzusatz nur dann möglich wäre, wenn man es auf die Führung einer offensichtlich unzulässigen Firma erweiterte.

43 Während der Nichtkaufmann überhaupt keine Firma führen darf, ist für den Kaufmann der **Gebrauch einer Bezeichnung als Firma unbefugt**, wenn die Bezeichnung als Firma unzulässig ist. Dies richtet sich nach den Vorschriften über die Firmenbildung. In Betracht kommt daher eine Nichtbeachtung der Grundsätze über die Namensbildung nach § 18 Abs. 1 HGB, ein Verstoß gegen die Pflicht zur Führung des Rechtsformzusatzes nach § 19 HGB, gegen das Unterscheidbarkeitsgebot nach § 30 HGB oder das Irreführungsverbot in § 18 Abs. 2 HGB. Im Einzelnen siehe Rn 15 ff.

> *Praxishinweis*
> Zu beachten ist, dass auch im Verfahren nach § 37 Abs. 1 HGB – anders als bei Abs. 2 – die Einschränkung des § 18 Abs. 2 S. 2 HGB gilt.[51]

---

[48] RGZ 132, 311.
[49] BGH NJW 1991, 2024; Baumbach/*Hopt*, § 37 Rn 3; *Koller/Roth/Morck*, § 37 Rn 4.
[50] OLG Karlsruhe BB 1978, 519; NJW-RR 1986, 582; BayObLG BB 1960, 996; OLG Frankfurt DB 1981, 153; Baumbach/*Hopt*, § 37 Rn 2; *Koller/Roth/Morck*, § 37 Rn 2.
[51] Baumbach/*Hopt*, § 37 Rn 4; *Koller/Roth/Morck*, § 37 Rn 5.

Ein Verstoß liegt aber auch dann vor, wenn nicht die im Handelsregister eingetragene Firma verwandt wird.⁵² Denn dann wird gegen den **Grundsatz der Firmeneinheit** verstoßen (vgl. dazu Rn 9 f.). Aus dem gleichen Grund ist die Verwendung einer geänderten, aber noch nicht eingetragenen Firma unzulässig. Bei den Kapitalgesellschaften sind insoweit Änderungen des Gesellschaftsvertrags oder der Satzung notwendig, die erst mit der Eintragung in das Handelsregister wirksam werden, vgl. § 54 Abs. 3 GmbHG, § 181 Abs. 3 AktG. Weiter ist zu beachten, dass die Eintragung einer Firma in das Handelsregister nicht bedeutet, dass diese in jedem Fall zulässig ist. In diesen Fällen wird es allerdings häufig an einer Vorwerfbarkeit der fehlerhaften Firmenführung fehlen. Dies schadet aber nicht. Denn Verschulden ist für ein Eingreifen des § 37 Abs. 1 HGB allgemein nicht erforderlich.⁵³

44

> *Merke*
> Auf Verstöße gegen namens-, marken- oder wettbewerbsrechtliche Vorschriften kann die Unterlassung nach § 37 Abs. 1 HGB nicht gestützt werden.⁵⁴ Dies gilt nicht für § 37 Abs. 2 HGB.

c) Der Unterlassungsanspruch wegen unzulässigen Firmengebrauchs

§ 37 Abs. 2 HGB stellte eine **zivilrechtliche Anspruchsgrundlage** dar, die entsprechend vor den Zivilgerichten durchzusetzen ist.⁵⁵ Der Anspruch ist unter den gleichen Voraussetzungen gegeben wie nach § 37 Abs. 1 HGB (vgl. dazu Rn 41 ff.). Der Anspruch selbst ist nur auf **Unterlassung** gerichtet.⁵⁶ Aus § 37 Abs. 2 S. 2 HGB ergibt sich aber, dass ein unzulässiger Firmengebrauch im Sinne des Absatz 2 auch auf die Verletzung von namens- oder kennzeichnungsrechtlichen Vorschriften gestützt werden kann, soweit diese dem Anspruchsteller zustehen. Im Übrigen braucht der Kläger aber trotz des Wortlauts nicht unmittelbar in eigenen Rechten verletzt zu sein.⁵⁷ Nach der neueren Rechtsprechung meint die Vorschrift nicht nur absolute Rechte, sondern jedes unmittelbare rechtliche Interesse wirtschaftlicher Art, das z.B. bei einem Wettbewerber vorliegt.⁵⁸ Dies folgt daraus, dass die Norm andernfalls keinen selbständigen Anwendungsbereich hätte. § 13 Abs. 2 Nr. 2 UWG eröffnet aber keine Klagebefugnis für Ansprüche aus § 37 Abs. 2 HGB.⁵⁹

45

> *Praxishinweis*
> Fehlt es an der Verletzung eigener Rechte, ist die Darlegung des unmittelbaren rechtlichen Interesses wirtschaftlicher Art Teil der Prozessführungsbefugnis und gehört damit zur Zulässigkeit der Klage.⁶⁰

---

52 BGH NJW 1991, 2023.
53 Baumbach/*Hopt*, § 37 Rn 4; *Koller/Roth/Morck*, § 37 Rn 5.
54 Baumbach/*Hopt*, § 37 Rn 4; *Koller/Roth/Morck*, § 37 Rn 5.
55 Vermögensrechtliche Streitigkeit, wobei der Streitwert im Einzelfall nach dem Interesse des Klägers zu bestimmen ist. Beim Landgericht kommt eine Zuständigkeit der Kammer für Handelssachen in Betracht, vgl. § 95 Abs. 1 Nr. 4 Buchst. b GVG.
56 Für den Antrag und Tenor beachte §§ 890 ff. ZPO, insbesondere wegen der Androhung.
57 So aber noch RGZ 114, 90, 93 f.; 132, 311, 316.
58 BGHZ 53, 65, 70 = NJW 1970, 704; WM 1979, 523; NJW 1991, 2023.
59 BGH NJW 1997, 2819, str.
60 BGH NJW 1991, 2023: Der BGH beanstandet die Behandlung dieser Frage durch das Berufungsgericht im Rahmen der Zulässigkeit nicht.

46 Wegen des Zwecks der Vorschrift wird der **Einwand der Verwirkung** in der Regel nicht durchschlagen. Soweit allerdings der unbefugte Gebrauch auf der Verletzung von absoluten Rechten beruht, kann der Einwand der Verwirkung nicht dadurch umgangen werden, dass der Unterlassungsanspruch auf § 37 Abs. 2 HGB gestützt wird. In seltenen Fällen wird aber auch im Rahmen des § 37 Abs. 2 HGB das (rein) öffentliche Interesse an der Durchsetzung des Firmenrechts ausnahmsweise zurücktreten müssen, wenn es um einen besonders wertvollen Besitzstand geht.[61]

3. Ansprüche aus § 15 Abs. 4 und 5 MarkenG

a) Die geschäftliche Bezeichnung

47 § 15 MarkenG befasst sich mit dem Schutz von geschäftlichen Bezeichnungen. **Geschäftliche Bezeichnungen** sind nach § 5 Abs. 1 MarkenG neben Werktiteln auch Unternehmenskennzeichen. Und zu diesen gehört nach § 5 Abs. 2 MarkenG auch die Firma. Die geschützte geschäftliche Bezeichnung stellt nach § 15 Abs. 1 MarkenG ein **absolutes Recht** dar.

> *Merke*
> Geschützt wird aber, wie auch in allen anderen namens- und kennzeichenrechtlichen Vorschriften, nur die zulässig gebrauchte Firma.

b) Der Schutz vor Verwechslung

48 Nach § 15 Abs. 2 MarkenG ist die Firma im geschäftlichen Verkehr zunächst gegen **Verwechslungen** geschützt. Bei der Beurteilung der Verwechslungsgefahr, die unter Berücksichtigung aller maßgeblichen Umstände vorzunehmen ist, besteht eine Wechselwirkung zwischen dem Ähnlichkeitsgrad der einander gegenüberstehenden Bezeichnungen, der Kennzeichnungskraft des Kennzeichens des Klägers und dem wirtschaftlichen Abstand der Tätigkeitsgebiete der Parteien.[62] Je näher also die Tätigkeitsbereiche liegen, desto weniger nah müssen die Bezeichnungen und ihre Kennzeichnungskraft sein. Je ferner die Tätigkeitsbereiche liegen, desto näher müssen sich die Bezeichnungen und so stärker deren Kennzeichnungskraft sein.

49 Eine Verwechselungsgefahr liegt dabei nicht nur dann vor, wenn die Unternehmen für identisch gehalten werden (Verwechslungsgefahr im engeren Sinne). Es reicht aus, wenn eine besondere Beziehung, etwa im Sinne einer Konzernzugehörigkeit oder Verbindung durch Lizenzverträge, nahe gelegt wird (Verwechslungsgefahr im weiteren Sinne).[63]

> *Praxishinweis*
> Ob eine Verwechselungsgefahr vorliegt, ist eine Rechtsfrage und damit in der Revision überprüfbar.[64]

---

[61] BGH WM 1977, 26 (Ostfriesische Teegesellschaft); NJW 1991, 752 (Dr. S. Arzneimittel) – insoweit gelten die gleichen Grundsätze wie bei § 3 UWG. Aktuell dazu BGH GRUR 2003, 628 (Klosterbrauerei).
[62] BGH NJW 2002, 3551 (defacto); NJW-RR 1999, 1202 (Altberliner); GRUR 2001, 1161, 1162 (CompuNet/ComNet).
[63] Zur Verwechslungsgefahr auch Palandt/*Heinrichs*, § 12 Rn 30.
[64] BGHZ 120, 103 = NJW 1993, 459; NJW-RR 1990, 1318 (Datacolor); NJW-RR 1986, 196 (Zentis).

c) Die Rufausbeutung und die Rufbeschädigung

Nach § 15 Abs. 3 MarkenG ist ein Unterlassungsanspruch auch dann gegeben, wenn keine Verwechslungsgefahr besteht, soweit mit der Verwendung der Firma im geschäftlichen Verkehr ihre Unterscheidungskraft oder Wertschätzung ausgenutzt oder unlauter beeinträchtigt wird. Insoweit gilt hier das Gleiche wie im Wettbewerbsrecht bei der Beurteilung der Fallgruppe des unlauteren Ausnutzens der Leistung eines anderen.[65]

d) Prioritätsvorrang und Schadensersatz

Nehmen beide Beteiligten das Recht auf Nutzung der Bezeichnung für sich in Anspruch, entscheidet sich der Vorrang nach Maßgabe des **§ 6 MarkenG**. Danach kommt es in erster Linie auf den Zeitrang an.

Ist die Verletzung schuldhaft vorgenommen worden, so kommen neben dem Unterlassungsanspruch auch **Schadensersatzansprüche** nach § 15 Abs. 5 MarkenG in Betracht. Dieser Schadensersatz kann auf dreifache Weise berechnet werden. Der Verletzte kann den ihm entgangenen Gewinn geltend machen (§ 252 BGB), er kann eine fiktive Lizenzgebühr verlangen oder die Herausgabe des Verletzergewinns fordern.

e) Anspruchsgegner

§ 15 Abs. 6 MarkenG verweist auf § 14 Abs. 7 MarkenG, der den Anspruch auch auf den Geschäftsinhaber überträgt, wenn die Handlung in einem Geschäftsbetrieb durch einen Angestellten oder Beauftragten vorgenommen wurde. Auch die wettbewerbsrechtliche Rechtsprechung zum Störerbegriff wird in diesem Rahmen Anwendung finden. Für die Organe einer Gesellschaft hat diese nach § 31 BGB einzustehen. § 31 BGB gilt dabei nunmehr auch für die BGB-Gesellschaft.[66]

f) Das Verhältnis zu anderen Vorschriften

Nach § 2 MarkenG schließt der Schutz nach dem MarkenG die Anwendung anderer Vorschriften zum Schutz der Kennzeichen, also in diesem Fall der Firma, nicht aus. Gleichwohl hat der Bundesgerichtshof entschieden, dass etwa Ansprüche aus § 1 UWG und § 823 BGB[67] sowie aber auch aus § 12 BGB[68] nur dann eingreifen, wenn der Anwendungsbereich des MarkenG nicht eröffnet ist. Insbesondere die letztere Vorschrift kann daher Anwendung finden, wenn die Verletzungshandlung nicht im geschäftlichen Verkehr stattfindet.

> *Examenshinweis*
> Da § 2 MarkenG eine Behandlung des § 15 MarkenG als Spezialgesetz gerade nicht nahe legt, sollten alle Anspruchsgrundlagen geprüft werden. Im Falle der Bejahung sollte dann die Frage nach den Konkurrenzen gestellt werden.

---

65 Zur Verwässerungsgefahr auch Palandt/*Heinrichs*, § 12 Rn 31.
66 BGH NJW 2003, 1445.
67 BGHZ 138, 349 = NJW 1998, 3781 (Mac Dog).
68 BGHZ 149, 191 = NJW 2002, 2031 (shell.de); NJW 1998, 2045.

4. Ansprüche aus § 12 BGB

a) Anwendungsbereich

55 Nach allgemeiner Meinung findet § 12 BGB entgegen seiner systematischen Stellung nicht nur auf den Namen einer natürlichen Person Anwendung. Erfasst wird insbesondere auch die **Firma**[69] eines Einzelkaufmanns oder einer Handelsgesellschaft,[70] aber auch der Name einer BGB-Gesellschaft[71] oder der Name einer Partnerschaft. Darauf, dass in diesen Bezeichnungen der Name einer natürlichen Person enthalten ist, kommt es nicht an.[72] Geschützt werden auch **Firmenbestandteile**, insbesondere dann, wenn diese Verkehrsgeltung haben und im Verkehr als Name des Firmeninhabers oder des Geschäfts angesehen werden. Diese Fallgestaltung kommt insbesondere bei den als Domain-Namen bezeichneten Internet-Adressen in Betracht.[73] Sind die Bestandteile selbst unterscheidungskräftig und erscheinen sie geeignet, sich im Verkehr als schlagwortartige Hinweise auf das Unternehmen durchzusetzen, kommt es weder darauf an, dass sie bereits dementsprechend verwandt werden, noch dass sie Verkehrsgeltung haben.[74]

b) Verletzungshandlungen

56 Als Verletzungshandlung sieht § 12 BGB die Namensbestreitung und die Namensanmaßung vor. Ein Fall der **Firmenbestreitung** liegt etwa dann vor, wenn von einem Dritten für den Unternehmensträger immer eine andere Bezeichnung benutzt wird. Auf eine besondere Interessenverletzung kommt es insoweit nicht an, weil jeder das Recht darauf hat, mit seinem richtigen Namen angesprochen zu werden.

57 Von praktisch größerer Bedeutung ist die Fallgruppe der **Namensanmaßung**. Ein Fall der Namensanmaßung liegt nicht nur dann vor, wenn ein anderer eine identische Bezeichnung benutzt. Auch hier kommt eine Verletzung durch Herbeiführung einer Verwechslungsgefahr in Betracht (siehe bereits Rn 48 f.).

c) Einwendungen

58 Auch wenn die Namensrechte als nicht übertragbar angesehen werden, ist die Gestattung der Nutzung möglich.[75] Die Gestattung steht dem Anspruch aus § 12 BGB entgegen. Daneben kommt auch eine Verwirkung in Betracht. Anders als im Rahmen des § 37 HGB (siehe dazu Rn 40) steht der Annahme einer Verwirkung nicht ein

---

69 BGHZ 14, 155 = NJW 1954, 1681.
70 Auch der Vorgesellschaften wie der Vor-GmbH: BGHZ 120, 103, 106 = NJW 1993, 459.
71 KG WRP 1990, 38.
72 BGHZ 14, 155 = NJW 1954, 1681; Baumbach/*Hopt*, § 17 Rn 33 m.w.N.
73 OLG Hamm NJW-RR 1998, 909 (Krupp.de); BGHZ 149, 191 = NJW 2002, 2031 (shell.de); der BGH hat insoweit klargestellt, dass eine Namensanmaßung und keine Namensleugnung vorliegt. Ebenso BGH NJW 2003, 2978 (maxem).
74 BGH NJW 1997, 1928 (NetCom).
75 Gestattungsvertrag, vgl. Palandt/*Heinrichs*, § 12 Rn 17; zum Warenzeichenrecht: BGHZ 44, 372, 375 = NJW 1966, 823.

irgendwie geartetes öffentliches Interesse entgegen. Für die Verwirkung an sich gelten keine Besonderheiten.[76]

d) Konkurrenzen

Soweit man einen Vorrang des MarkenG annimmt (siehe dazu Rn 54), kommt § 12 BGB insbesondere dann zur Anwendung, wenn der Verletzer nicht im geschäftlichen Verkehr handelt. **59**

5. Ansprüche aus § 823 BGB, § 1 UWG

Neben den genannten Vorschriften kommt eine Anwendung des § 823 BGB zur Ergänzung des § 12 BGB dann in Betracht, wenn von dem Verletzer nicht nur Unterlassung oder Beseitigung verlangt wird, sondern auch **Schadensersatz**. **60**

Eine Anwendung des § 1 UWG ist dann zu prüfen, wenn Ansprüche aus dem MarkenG oder aus § 12 BGB ausscheiden. Das ist nur dann der Fall, wenn es an der **Kennzeichnungskraft** der jeweiligen Bezeichnung fehlt. Die Kennzeichnungskraft fehlt, wenn es um eine rein beschreibende Bezeichnung geht.[77] **61**

---

[76] Zu dieser und ihren Voraussetzungen: Palandt/*Heinrichs*, § 242 Rn 87 ff.; Jauernig/*Vollkommer*, § 242 Rn 53 ff.
[77] Beispiel: BGHZ 148, 1 = NJW 2001, 3262 (Mitwohnzentrale).

§ 9 Der Übergang des Handelsgeschäfts

I. Überblick

1 Rechtlich relevant kann der Übergang eines Handelsgeschäfts unter zwei Aspekten sein. Zum einen stellt sich die Frage, wie der Übergang durchgeführt werden soll. Was ist etwa bei der Abfassung eines Kaufvertrages über ein Handelsgeschäft zu beachten?[1] Welche Regelungen hat dieser Vertrag zu enthalten? Kommt auch ein nur zeitweiser Übergang des Handelsgeschäfts in Betracht?[2]

2 Zum anderen ist der Übergang eines Handelsgeschäfts rechtlich interessant, weil er unter den Voraussetzungen der §§ 25, 27 und 28 HGB auch zu einem Rechtsträgerwechsel führt. Dieser Rechtsträgerwechsel verschafft einem Gläubiger unter Umständen einen weiteren Schuldner (vgl. §§ 25 Abs. 1 S. 1, 26 Abs. 1 S. 1 HGB), einem Schuldner unter Umständen einen anderen Gläubiger (vgl. § 25 Abs. 1 S. 2 HGB).

Im Folgenden wird zunächst die zweite Fallgruppe behandelt (vgl. Rn 3 ff.). Die erste Fallgruppe hat ihren Schwerpunkt nicht in spezifisch handelsrechtlichen Fragestellungen; sie wird daher nur kurz gestreift (vgl. Rn 50 ff.).

II. Der Übergang eines Handelsgeschäfts mit Firmenfortführung (§ 25 HGB)

1. Grundlagen

3 § 25 Abs. 1 HGB behandelt nicht nur die Voraussetzungen für die häufig gehörte Rechtsfolge „Haftung" des Erwerbers. § 25 Abs. 1 S. 2 HGB regelt überdies auch den Übergang von in dem Handelsgeschäft begründeten Forderungen. Dies wird häufig übersehen.

> *Merke*
> § 25 HGB führt nach der Rechtsprechung nicht zu einer Vertragsübernahme,[3] sondern lediglich zu einem Schuldbeitritt bzw. zu einem Forderungsübergang (vgl. näher Rn 18).

4 Zum **Verständnis der Regelung** soll von folgendem **Grundfall** ausgegangen werden:

> *Grundfall*
> Der K erwirbt das Einzelhandelsgeschäft des V mit dem Recht zur Firmenfortführung. Dieser ist unter HRA 12345 im Handelsregister des zuständigen Amtsgerichts unter der Firma V. Einzelhandelsgeschäft e.K. eingetragen. Der K führt das Geschäft unter dieser Bezeichnung fort.
>
> Soweit nun im Handelsregister kein Haftungsausschluss eingetragen wird und keine Mitteilung an Dritte erfolgt (vgl. § 25 Abs. 2 HGB), hat K für die bereits vor dem Erwerb begründeten Verbindlichkeiten einzustehen.

---

1 Zum Problem des Unternehmenskauf: Palandt/*Heinrichs*, § 453 Rn 1 ff.; *Jauernig*, § 453 Rn 1 ff.
2 Ja, im Wege der Unternehmenspacht, des Unternehmensnießbrauchs und der Unternehmenstreuhand.
3 Zum Mietrecht vgl. BGH NJW 2001, 2251; a.A. *K. Schmidt*, § 8 I 4 c, S. 229.

Ob der Hintergrund des § 25 HGB nun darin zu sehen ist, dass hier ein Rechtsschein in die Haftungskontinuität erzeugt wird[4] oder der Haftungsfonds auf einen anderen übergeht,[5] ist äußerst umstritten.[6] Die Rechtsprechung ist bisher von einer Einstehenserklärung an die Öffentlichkeit ausgegangen.[7] Geschützt wird jedenfalls die typische, wenn auch fehlerhafte, Verkehrsvorstellung, dass Firma und Rechtsträger identisch sind. Diese Diskussion über den Grund des § 25 HGB hat aber bisher nicht entscheidend zur Lösung von Streitfragen beigetragen. Sie ist daher in einer Falllösung allenfalls kurz anzusprechen, die Entscheidungslösung sollte sich im Examen stark an der Rechtsprechung des BGH orientieren.

Nach dieser Rechtsprechung bedarf es im Ergebnis der auch nur rein faktischen Übernahme eines Handelsgeschäfts (vgl. Rn 6 ff.) und dessen Fortführung unter Beibehaltung der Firma (vgl. Rn 12 ff.). 5

2. Übernahme eines Handelsgeschäfts

a) Das Handelsgeschäft

§ 25 Abs. 1 HGB verlangt zunächst die **Übernahme eines Handelsgeschäfts**. Das Geschäft muss damit die Voraussetzungen des § 1 Abs. 2 HGB erfüllen. Es muss sich daher nicht nur um einen Gewerbebetrieb handeln (vgl. § 3 Rn 4 ff.). Er muss auch noch einen besonderen Umfang besitzen (vgl. dazu § 3 Rn 18 ff.). Auf eine Eintragung der Firma in das Handelsregister kommt es dabei nicht an.[8] 6

Nicht ausreichend ist aber ein **einfacher Gewerbebetrieb**. Zur Begründung wurde bis zur Handelsrechtsreform immer darauf abgestellt, dass ein minderkaufmännischer Betrieb nicht in das Handelsregister eingetragen werden und daher auch der Haftungsausschluss nicht eingetragen werden konnte.[9] Dieser Argumentation ist nunmehr im Prinzip durch § 2 HGB der Boden entzogen. Allerdings setzt § 25 HGB nach seinem ausdrücklichen Wortlaut die Fortführung eines Handelsgewerbes voraus. Auch die systematische Stellung der Vorschrift im Rahmen der Vorschriften über die Firma sprechen nach wie vor gegen eine Anwendung auf die Übernahme nicht kaufmännischer Gewerbebetriebe. 7

> *Examenshinweis*
> Erfüllt ein Gewerbebetrieb nicht die Anforderungen des § 1 Abs. 2 HGB und ist er auch nicht nach § 2 HGB in das Handelsregister eingetragen, scheidet nach der Rechtsprechung eine Anwendung des § 25 HGB aus.

Das Geschäft muss bereits betrieben werden und darf noch nicht endgültig stillgelegt sein. Eine **vorübergehende Stilllegung** schadet dabei nicht, solange die innere Organisation und Geschäftsbeziehungen so aufrechterhalten bleiben, dass eine jederzeitige Wiederaufnahme des Betriebs möglich ist.[10] So hat der BGH etwa die Betriebseinstel- 8

---

4 Dagegen spricht, dass auch die Firmenfortführung mit Nachfolgezusatz erfasst wird.
5 Insoweit ist nicht verständlich, warum überhaupt auf eine Firmenfortführung abgestellt wird.
6 Näher Baumbach/*Hopt*, § 25 Rn 1; *Koller/Roth/Morck*, § 25 Rn 2.
7 BGHZ 18, 248, 250 = NJW 1955, 1916; BGHZ 22, 234, 239 = NJW 1957, 179; BGHZ 29, 1, 3 = NJW 1959, 241; BGHZ 32, 60, 62 = NJW 1960, 959; BGHZ 38, 44, 47 = NJW 1962, 2297.
8 BGH NJW 1982, 577; BB 1953, 1025.
9 BGHZ 18, 248, 250 = NJW 1955, 1916; NJW 1982, 577; NJW 1992, 112.
10 BGH NJW 1992, 911.

lung aufgrund der Zurückweisung eines Antrags auf Eröffnung eines Konkursverfahrens mangels Masse (vgl. nun § 26 Abs. 1 S. 1 InsO) als nicht schädlich angesehen, nachdem der Übernehmer den Geschäftsbetrieb zeitnah weitergeführt hat.[11] Indiz dafür kann sein, dass die Betriebsmittel und Geschäftsverbindungen noch vorhanden sind. Dementsprechend schadet es auch nicht, wenn die Firma im Register schon gelöscht ist.

b) Der Erwerb

9 § 25 Abs. 1 S. 1 HGB verlangt weiter die Fortführung eines erworbenen Handelsgeschäfts. Als von der Norm erfasster Normalfall ist daher der Kauf des Handelsgeschäfts vom bisherigen Inhaber und dessen Fortführung durch den Erwerber anzusehen. Dass insoweit ein **Erwerb im Wege der Einzelrechtsnachfolge** und nicht der Erwerb von Todes wegen gemeint ist, ergibt sich aus dem Wortlaut und aus der Regelung des § 27 HGB.

10 Dieser Normalfall ist zu ergänzen: Der Erwerb muss nicht rechtlich wirksam sein, es reicht ein **rein tatsächlicher Erwerb** aus. Die Wirksamkeit des Veräußerungsvertrages ist damit unerheblich, weil diese ohnehin nicht für den Verkehr erkennbar ist.[12] Ist demnach allein auf den Wechsel des Unternehmensträgers abzustellen, kann es auch nicht schaden, wenn die Übernahme wie bei einer Pacht nur zeitweise erfolgen soll und auch keine Abrede mit dem bisherigen Betreiber, sondern lediglich mit dem Eigentümer des Geschäfts getroffen wird.[13] Diese Fallkonstellation liegt etwa bei der Übernahme eines bisher bereits verpachteten Handelsgeschäfts vor.

> *Praxis- und Examenshinweis*
> Für § 25 HGB kommt es auf den Wechsel des Unternehmensträgers an, ein Erwerb des Handelsgeschäfts liegt daher bereits in der rein faktischen Weiterführung des Geschäfts.[14]

11 Der demnach weit zu verstehende Begriff des Erwerbs wird aber aus Zweckmäßigkeitsgründen dahin eingeschränkt, dass der **Erwerb eines Handelsgeschäfts von einem Insolvenzverwalter** die Voraussetzungen des § 25 Abs. 1 S. 1 HGB nicht erfüllt.[15] Der Grund für diese Rechtsprechung liegt in der Aufgabe des Insolvenzverwalters.[16] Denn dieser hat die Vermögensgegenstände des Gemeinschuldners zu verwerten und dabei im Interesse der Gläubiger den höchstmöglichen Erlös im Rahmen der Verwertung zu erzielen. Mit dieser Aufgabe wäre es unvereinbar, wenn der Erwerber eines zur Masse gehörenden Unternehmens nach § 25 Abs. 1 HGB haften müsste. Eine Veräußerung des Unternehmens mit sämtlichen Schulden, die zum Zusammenbruch des bisherigen Trägers geführt haben, wäre nur in den seltensten Fällen erreichbar. Der Insolvenzverwalter wäre deshalb in aller Regel darauf beschränkt, eine Verwertung des Schuldnervermögens durch Zerschlagung durchzuführen. Dies würde Sinn und Zweck des § 25 Abs. 1 HGB, der den Gläubiger begünstigen soll,

---

11 BGH NJW 1992, 911; BGHZ 21, 66 = NJW 1956, 1557; BayObLG WM 1984, 52 = BB 1984, 92.
12 BGHZ 18, 248, 252 = NJW 1955, 1916; BGHZ 22, 234, 239 = NJW 1957, 179; NJW 1984, 1186.
13 BGH NJW 1984, 1186. Auch die spätere Rückabwicklung lässt den Erwerb nicht entfallen, vgl. OLG Düsseldorf NJW 1963, 545.
14 BGH NJW 1984, 1186; 1986, 582; 1992, 911.
15 BGHZ 66, 217, 228 = NJW 1976, 1398; NJW 1987, 1019, 1020; NJW 1988, 1912.
16 Eingehend: BGH NJW 1988, 1912.

widersprechen. Diese Rechtsprechung gilt aber nicht, wenn der Veräußerer nur überschuldet war, ohne dass ein Insolvenzverfahren anhängig war, oder nur Sicherungsmaßnahmen nach den §§ 21 ff. InsO angeordnet wurden.[17] Auch die Abweisung des Antrags auf Eröffnung des Insolvenzverfahrens nach § 26 Abs. 1 InsO (siehe dazu Rn 8) schließt die Anwendung des § 25 Abs. 1 S. 1 HGB nicht aus.[18] Denn diese Fälle sind dem Handeln des Insolvenzverwalters nicht vergleichbar, weil es nicht um die gleichmäßige Befriedigung der Gläubiger in einem geordneten Verfahren geht.

3. Fortführung des Geschäfts und der Firma

Da ein wesentlicher Aspekt der Haftungsanordnung des § 25 Abs. 1 S. 1 HGB die Unternehmenskontinuität ist, setzt die Norm die **Fortführung des Handelsgeschäfts** zwar nicht in vollem Umfang, aber die Fortführung des wesentlichen Kerns voraus.[19] Dies ist etwa der Fall, wenn die bisherige Büroeinrichtung und das Geschäftslokal weiter genutzt werden, auch wenn aufgrund eines neuen Mietvertrages, das Personal teilweise weitergeführt oder in bestehende Aufträge eingetreten wird.[20] Allein die Übernahme der Telefon- und Faxnummern soll nicht ausreichend sein.[21] Auch die Fortführung einer im Verkehr selbständigen Zweigniederlassung reicht aus.[22] Voraussetzung ist aber, dass die Niederlassung über eine eigene Buch-, Kassen- und Kontenführung sowie Kundenabrechnung verfügt. Die Haftung bezieht sich insoweit auf die in der Zweigniederlassung begründeten Verbindlichkeiten.[23] 12

Die alleinige Fortführung des Handelsgeschäfts reicht aber nicht aus. § 25 Abs. 1 S. 1 HGB verlangt zusätzlich auch eine **Firmenfortführung**. Die Fortführung einer Geschäftsbezeichnung reicht nicht.[24] Eine Firmenfortführung liegt sicher immer dann vor, wenn dieselbe Firma fortgeführt wird, wobei es auf eine Einwilligung nach § 22 Abs. 1 HGB schon deshalb nicht ankommen kann, weil auch keine rechtsgeschäftliche Verbindung zwischen früherem Inhaber und Fortführendem verlangt wird (vgl. dazu Rn 9). Nach der Rechtsprechung muss die Firma aber auch nicht buchstabengetreu übernommen werden, weil die Verkehrsauffassung für die Frage maßgeblich ist, ob eine Fortführung vorliegt. Es reicht daher aus, dass der Kern der alten und der neuen Firma übereinstimmt.[25] Immerhin schadet nach § 25 Abs. 1 HGB auch ein Nachfolgezusatz einer Haftung gerade nicht. Eine andere Firma liegt aber auch nicht allein deshalb vor, weil der Rechtsformzusatz ein anderer ist. Unerheblich ist, ob die Firma vorher oder jetzt zu Recht geführt wird,[26] dementsprechend ist auch eine Eintragung des Handelsgeschäfts in das Handelsregister nicht notwendig (siehe dazu Rn 6). Maßgeblich ist allein, ob der maßgebliche Verkehr eine Fortführung annimmt. Das setzt allerdings auch ein entsprechendes Auftreten am Markt voraus. Die **Beispiele** aus der **Rechtsprechung** sind vielfältig: 13

---

17 BGHZ 104, 151 = NJW 1988, 1912.
18 Vgl. BGH NJW 1992, 911.
19 BGHZ 18, 248, 250 = NJW 1955, 1916; NJW 1982, 1647; NJW 1992, 911.
20 Vgl. Baumbach/*Hopt*, § 25 Rn 6; *Koller/Roth/Merck*, § 25 Rn 5.
21 Vgl. OLG Hamm NJW-RR 1995, 735.
22 BGH NJW 1972, 1859; WM 1963, 664.
23 Vgl. BGH NJW 1972, 1859; WM 1963, 664; WM 1979, 576.
24 BGHZ 22, 234, 237 = NJW 1957, 179.
25 BGH NJW 1982, 577, 578; 1986, 581, 582.
26 BGHZ 146, 374 = NJW 2001, 1352; NJW 1986, 582.

Rechtsprechungsbeispiele: Firmenfortführung bejaht[27]
- alt: v.A.; neu: v.A.-GmbH& Co., Gaststättenbetriebs- und Vertriebskommanditgesellschaft (BGH NJW 1982, 577);
- alt: Elektro-S., Alfred S.; neu: Elektro-S. GmbH (BGH NJW 1986, 582);
- alt: Druckerei H-St; neu: Druckerei H-St, Inhaber W-F (BGH NJW 1984, 1186);
- alt: K.R. Metallwarenfabrik GmbH; neu: K.R. KG Metallwarenfabrik (BGH NJW 1992, 911);
- alt: HS Handelsagentur Lieferant von Additiven für die Lebensmittelindustrie; neu: HS Handelsagentur Lieferant von Additiven für die Lebensmittelindustrie GmbH (BGHZ 146, 374 = NJW 2001, 1352);
- alt: Kfz-Küpper, Internationale Transporte, Handel mit Kfz.-Teilen und Zubehör aller Art; neu: Kfz-Küpper Transport und Logistik GmbH (BGH NJW-RR 2004, 1173).

Rechtsprechungsbeispiele: Firmenfortführung verneint
- alt: G. R. & Sohn; neu: G. R. (m.E. zweifelhaft und auch nicht mit den Besonderheiten des Falls zu begründen) (RGZ 133, 25);
- alt: Eugen Mutz & Co. GmbH; neu: Eumuco Aktiengesellschaft (RGZ 145, 274);
- E. & Co.; neu: F. & Co., vormals E. (BGH WM 1964, 296);
- alt: A. K., Baumaschinen, Import und Export; neu: A. K. Baumaschinen GmbH (zweifelhaft, das OLG stützt sich übrigens gerade auf die Entscheidung RGZ 133, 25) (OLG Frankfurt NJW 1980, 1398);
- alt: Franz L Schrot Vertrieb, Inhaber Peter L; neu: F & L Schrotvertriebs-GmbH (F & L waren nur Abkürzungen, während das L in der alten Firma für den Familiennamen steht) (OLG Koblenz NJW-RR 1995, 767).

14 Entscheidend ist eine **tatsächliche Fortführung von Firma und Handelsgeschäft**; ein Schein der Fortführung reicht für eine Haftung aus § 25 HGB nicht aus, es kommt allenfalls eine Rechtsscheinhaftung in Betracht.[28] Dieser Schein könnte sich etwa daraus ergeben, dass gleichnamige Firmen vorhanden sind, was jedenfalls für denselben Ort oder dieselbe Gemeinde durch § 30 HGB verhindert werden soll (vgl. dazu § 8 Rn 30).

4. Rechtsfolgen

a) Haftung

15 Liegt eine Fortführung eines Handelsgeschäfts unter der bisherigen Firma vor, haftet der Übernehmer für die Verbindlichkeiten des bisherigen Betreibers,[29] wenn nicht die Voraussetzungen eines Haftungsausschlusses nach § 25 Abs. 2 HGB vorliegen. Welcher Rechtsgrund der Verbindlichkeit zugrunde liegt, ist unerheblich. Der Erwerber tritt dabei nicht an die Stelle des bisherigen Inhabers des Handelsgeschäfts. Denn dieser haftet unter den Voraussetzungen des § 26 HGB ebenfalls, und zwar sogar dann, wenn noch nicht alle Voraussetzungen für das Entstehen des Anspruchs vorliegen.[30] Es liegt vielmehr nur ein **gesetzlicher Schuldbeitritt** vor.[31] Es besteht ein Gesamtschuldverhältnis. Der Erwerber kann die dem Veräußerer zustehenden Einwendungen und Einreden geltend machen, wie sich aus den §§ 422 ff. BGB ergibt.

---

27 Die Abkürzungen stehen jeweils für die Namen einer natürlichen Person.
28 Str., vgl. OLG Frankfurt NJW 1980, 1398; Baumbach/*Hopt*, § 25 Rn 6.
29 Also auch für die des Vorpächters, vgl. BGH NJW 1984, 1186, 1187.
30 BGH NJW 1974, 1081, 1082.
31 BGHZ 42, 381, 384 = NJW 1965, 439; WM 1989, 1219; dazu Palandt/*Heinrichs*, Überbl. v. § 414 Rn 2.

Teilweise wird allerdings davon ausgegangen, dass nicht nur einzelne Verbindlichkeiten übergehen, sondern dass das ganze Rechtsverhältnisse betroffen ist, so dass der Erwerber auch in einen bestehenden Vertrag eintritt. Einen solchen **Vertragsübergang** hat der BGH jedenfalls für das Mietrecht ausdrücklich verneint, weil der Vermieter ein besonderes Interesse an der Person seines Mieters hat, so dass die Annahme eines Vertragsübergangs die speziellen Regelungen des Mietrechts unterlaufen würde.[32] Eine allgemeine Auffassung hat sich noch nicht gebildet. Es wird auf den Einzelfall abzustellen sein. 16

Die Haftung bezieht sich auf die Verbindlichkeiten, die zum Zeitpunkt des Übergangs bereits entstanden waren. Fraglich ist, wie die Behandlung von **Dauerschuldverhältnissen** erfolgen soll. Insoweit wird es in der Praxis häufig zu einer konkludenten Vertragsübernahme kommen, wenn das Vertragsverhältnis ohne weiteres mit dem Übernehmer fortgesetzt wird. Zweifelhaft ist insoweit aber regelmäßig, ob der bisherige Vertragspartner auch tatsächlich aus dem Vertrag ausgeschieden ist. Dies wird ohne besondere Anhaltspunkte, die sich auch auf die Kenntnis des Vertragspartners vom Ausscheiden des Veräußerers beziehen müssten, nicht anzunehmen sein. 17

b) Forderungsübergang

Nach § 25 Abs. 1 S. 2 HGB gilt der Erwerber gegenüber dem jeweiligen Schuldner einer vor der Übertragung begründeten Forderung als Inhaber dieser Forderung mit der Folge, dass der Schuldner an den Erwerber auch dann mit schuldbefreiender Wirkung leisten kann, wenn ein Forderungsübergang zwischen Erwerber und Veräußerer des Handelsgeschäfts nicht vereinbart worden ist. 18

Unklar ist, welche konkrete Bedeutung die Regelung haben soll.[33] Teilweise wird sie als reine **Schuldnerschutzvorschrift** verstanden. Sie beinhaltet danach eine widerlegliche Vermutung dahin, dass die Forderung beim Fehlen der Voraussetzungen des § 25 Abs. 2 HGB auf den Erwerber übergegangen ist. Verlangt nun der Veräußerer gleichwohl die Zahlung, ist er darlegungs- und beweispflichtig, dass er noch Inhaber der Forderung ist.[34] Ist die Forderung tatsächlich an den Erwerber abgetreten worden, wird der Schuldner bei Zahlungen an den Veräußerer durch § 407 BGB geschützt. Nach anderer Auffassung stellt § 25 Abs. 1 S. 2 HGB eine **Abtretungsfiktion** dar. Das bedeutet, dass der Erwerber im Verhältnis zum Schuldner zum Inhaber der Forderung geworden ist und unabhängig von anderen Abreden mit dem Veräußerer die Leistung verlangen kann.[35] Der Bundesgerichtshof hat jedenfalls ausgesprochen, dass der Schuldner einer Klage des Veräußerers in jedem Fall den Forderungsübergang entgegen halten kann, wenn nicht die Voraussetzungen des § 25 Abs. 2 HGB vorliegen.[36] Auf einen Nachweis des fehlenden Übergangs kommt es dann nicht an. Dies entspricht einer **unwiderleglichen Vermutung** jedenfalls zu Gunsten des Schuldners. 19

---

32 BGH NJW 2001, 2251.
33 Dazu Baumbach/*Hopt*, § 25 Rn 21; *Koller/Roth/Morck*, § 25 Rn 10.
34 OLG München DB 1992, 518, 519; Baumbach/*Hopt*, § 25 Rn 21.
35 Der Schuldner soll sich allerdings bei einer Leistung an den Veräußerer auf § 407 BGB berufen können, vgl. Staub/*Hüffer*, HGB, 4. Aufl., § 25 Rn 70; noch weitergehend *K. Schmidt*, § 8 I 4 b, S. 227: gesetzlicher Forderungsübergang.
36 BGH NJW-RR 1992, 866, 867.

20 Voraussetzung ist allerdings, dass der Veräußerer bzw. seine Erben in die **Firmenfortführung eingewilligt** haben. Ausgeschlossen ist daher ein Forderungsübergang bei einer nur faktischen Übernahme des Handelsgeschäfts (vgl. dazu Rn 10). Auf die Wirksamkeit eines die Einwilligung enthaltenden Übertragungsgeschäfts wird es aber auch hier nicht ankommen.

c) Anwendungsausschluss nach § 25 Abs. 2 HGB

21 Die Haftung des Erwerbers und die Wirkungen des § 25 Abs. 1 S. 2 HGB können nach § 25 Abs. 2 HGB ausgeschlossen sein. Eine Vereinbarung zwischen Veräußerer und Erwerber allein reicht hierfür aber nicht aus. **Notwendig** ist die **Eintragung** des Haftungsausschlusses in das Handelsregister und dessen **Bekanntmachung**. Möglich ist aber auch die **Mitteilung** der Vereinbarung vom Erwerber oder Veräußerer an den Dritten.

22 Fraglich ist, ob der einzutragende Ausschluss auch **tatsächlich** eine **Vereinbarung** voraussetzt oder ob eine einseitige Ausschlusserklärung ausreicht. Fehlen kann eine Vereinbarung etwa dann, wenn der Übernahmevertrag mangelhaft ist. Aber auch bei einem Erwerb des Handelsgeschäfts nicht unmittelbar vom vorherigen Betreiber wird es an einer Vereinbarung häufig fehlen. Diese Fallgestaltung kann sich etwa dann ergeben, wenn der Betreiber und der Inhaber des Handelsgeschäfts verschiedene Personen sind, der Betreiber also etwa nur Pächter ist (vgl. dazu Rn 10; zur Betreibereigenschaft siehe § 3 Rn 29 ff.). In der ersten Fallgruppe fehlt es allerdings gar nicht an einer Vereinbarung, es fehlt ihr unter Umständen nur an der Wirksamkeit. Nimmt man in diesen Fällen trotz unwirksamer Übernahmevereinbarung gleichwohl das Vorliegen der Voraussetzungen des § 25 Abs. 1 HGB an, so ist es nur konsequent, auch die Möglichkeit eines wirksamen Anwendungsausschlusses zu bejahen. Ähnlich liegt der Fall dann, wenn eine Übernahme nicht direkt vom Betreiber erfolgt, sondern vom Eigentümer. Hier besteht im Rahmen der Übernahmevereinbarung keine Möglichkeit, Abreden über einen Ausschluss zu treffen. Eine einseitige Ausschlusserklärung muss insoweit zuzulassen sein.[37]

23 Anders zu beurteilen sind aber die Fälle, in denen eine **rein faktische Übernahme** vorliegt. Dies gilt jedenfalls dann, wenn die faktische Übernahme der Verwertung der noch in dem Handelsgeschäft steckenden Werte unter Ausschluss der alten Gläubiger gilt. Diese Fallgestaltung ergibt sich in der Praxis häufig dann, wenn das Geschäft einer vermögenslos gewordenen GmbH, bei der es mangels Masse nicht zur Durchführung eines Insolvenzverfahrens gekommen ist, übernommen wird. Der Ausschluss des § 25 Abs. 1 HGB für den Fall des Erwerbs vom Insolvenzverwalter greift hier gerade nicht (vgl. Rn 11). Einer Anwendung des § 25 Abs. 1 S. 2 HGB steht schon entgegen, dass die Firmenfortführung nicht mit Einwilligung des ehemaligen Inhabers erfolgt.

24 Der Anwendungsausschluss ist nur dann wirksam, wenn die notwendigen Maßnahmen nach § 25 Abs. 2 HGB **mit der Übernahme zusammenfallen**. Der Ausschluss muss daher unverzüglich angemeldet werden, Eintragung und Bekanntmachung müssen in angemessenem Abstand folgen.[38] Neun Monate reichen dafür nicht

---

37 Strenger auch in diesen Fällen u.U. BGH NJW 1984, 1186.
38 BGHZ 29, 1, 2 = NJW 1959, 241.

aus.[39] Das Gleiche gilt für eine die Anwendung des § 25 Abs. 1 HGB ausschließende Mitteilung. Fehlt es an der Unverzüglichkeit, ist der Ausschluss unwirksam. Auf ein Verschulden des Übernehmers an der verspäteten Eintragung kommt es insoweit nicht an.

Praxishinweis
Der Eintragung des Ausschlusses in das Handelsregister steht nicht der Einwand entgegen, die Maßnahmen nach § 25 Abs. 2 HGB seien nicht unverzüglich ergriffen worden. Denn das Handelsregister darf die Eintragung nur dann ablehnen, wenn die Anmeldung offensichtlich verspätet ist.[40]

5. Prozessuale Überlegungen

Liegt bereits ein Vollstreckungstitel gegen den Veräußerer wegen einer aus dem Handelsgeschäft stammenden Verbindlichkeit vor, kommt die Erteilung einer **Vollstreckungsklausel nach § 729 Abs. 2 ZPO** in Betracht. Mit dieser Vollstreckungsklausel kann dann die Forderung auch gegen den Erwerber des Handelsgeschäfts geltend gemacht werden. Soweit es sich bei dem Vollstreckungstitel um ein Urteil handelt, muss dieses vor der Übernahme des Geschäfts rechtskräftig geworden sein. 25

Die Vollstreckungsklausel wird ohne die Durchführung eines weiteren Erkenntnisverfahrens nach § 727 Abs. 1 ZPO erteilt, wenn die Voraussetzungen des § 25 Abs. 1 S. 1 HGB bei dem zuständigen Gericht **offenkundig sind oder durch öffentliche oder öffentlich beglaubigte Urkunden** nachgewiesen werden. Als derartige öffentliche Urkunden kommen in erster Linie beglaubigte Handelsregisterauszüge in Betracht, in denen die Übernahme vermerkt ist. Stehen derartige Unterlagen nicht zur Verfügung, kann der Gläubiger nach § 731 ZPO **Klage auf Erteilung der Vollstreckungsklausel** erheben. In diesem Verfahren stehen ihm alle Beweismittel zur Verfügung, soweit die vorgetragenen Tatsachen nicht ohnehin unstreitig sind. 26

Der Erwerber kann sich gegen die Erteilung einer Vollstreckungsklausel im Verfahren nach § 727 ZPO durch die Einlegung der sog. **Klauselerinnerung** wehren. Da die Klausel in diesem Fall schon erteilt ist und damit eine Vollstreckung möglich ist, kann er einstweilige Anordnungen beantragen, vgl. § 732 Abs. 2 ZPO. Die Klauselerinnerung dient der Geltendmachung des Fehlens der formellen Voraussetzungen für die Klauselerteilung. Derartige Voraussetzungen sind etwa das Vorliegen eines Vollstreckungstitels, das Vorliegen öffentlicher Urkunden zum Nachweis o.Ä. Hat der Erwerber auch sachliche Einwendungen, wie das Fehlen der Voraussetzungen einer Haftung nach § 25 Abs. 1 S. 1 HGB, so kann er **Klauselgegenklage** erheben, vgl. § 768 ZPO. Klauselerinnerung und Klauselgegenklage schließen sich nicht gegenseitig aus. 27

Praxishinweis
Der Antrag bzw. Tenor der Klauselgegenklage lautet: „Die Vollstreckung aus der zu dem Urteil vom ... (u.U. anderer Titel) erteilten Vollstreckungsklausel wird für unzulässig erklärt."

---

39 BGH NJW 1986, 1186.
40 Vgl. *Müther*, Handelsregister, § 9 Rn 42 m.N. aus der Rechtsprechung.

6. Die Haftung ohne Firmenfortführung nach § 25 Abs. 3 HGB

28 Eine Haftung nach § 25 Abs. 1 HGB scheidet aus, wenn es an der Firmenfortführung fehlt. Das Gleiche gilt, wenn die Haftung wirksam nach § 25 Abs. 2 HGB ausgeschlossen worden ist. In diesen Fällen kann sich eine Haftung aber daraus ergeben, dass der Erwerber die Übernahme der Verbindlichkeiten in handelsüblicher Weise bekanntgemacht hat, vgl. § 25 Abs. 3 HGB.

29 Darüber hinaus kann sich eine Haftung aus dem **allgemeinen Zivilrecht** ergeben. Dies ist etwa der Fall, wenn eine Schuldübernahme vorliegt. Dies kann als befreiende Schuldübernahme (vgl. §§ 414 f. BGB), aber auch als Schuldbeitritt erfolgen. Besondere Bedeutung hatte bis zum 1.1.1999 die Regelung des § 419 BGB a.F., nach der bei einer Vermögensübernahme der Übernehmer für Altverbindlichkeiten einzustehen hatte. Die Vorschrift ist zum 31.12.1998 aufgehoben worden, sie gilt aber für die Vermögensübernahmen vor diesem Zeitpunkt weiter, vgl. Art. 223 a EGBGB.

30 Weitere Verpflichtungsgründe können sich aus § 613 a BGB, aus § 826 BGB und vor allem für Steuern aus § 75 AO ergeben.

III. Der Übergang des Handelsgeschäfts von Todes wegen (§ 27 HGB)

1. Grundlagen

31 Aufgrund des § 27 HGB i.V.m. § 25 Abs. 1 HGB findet **keine Erweiterung** der für die Verbindlichkeit Haftenden statt. Die Vorschrift schließt nur die Möglichkeit des Erben aus, die nach dem BGB mögliche Beschränkung seiner Haftung auf den Nachlass vorzunehmen. Denn mit dem Erbfall tritt eine Gesamtrechtsnachfolge hinsichtlich aller Rechte und Pflichten ein, vgl. § 1922 BGB. Der Erbe des Einzelkaufmanns haftet aus diesem Grund auch für die vor dem Erbfall begründeten Verbindlichkeiten. Der Regelung des § 27 HGB bedürfte es insoweit nicht. Er kann aber die Haftung auf den Nachlass beschränken, indem er die Anordnung der Nachlassverwaltung durch das Nachlassgericht oder die Eröffnung der Nachlassinsolvenz nach den §§ 315 ff. InsO erreicht (vgl. § 1975 BGB). Diese dann eintretenden Beschränkungen sind im Ergebnis nicht zu berücksichtigen, wenn der Erbe aus § 27 HGB haftet.

> *Examenshinweis*
> Da wegen § 27 HGB handelsrechtliche und Erbenhaftung zu verschiedenen Ergebnissen führen können, sollten beide Möglichkeiten geprüft und ggf. dargestellt werden.

32 Streitig ist, ob der Verweis auf § 25 HGB als Rechtsfolgenverweisung oder als Rechtsgrundverweisung zu verstehen ist. Liegt nur eine Rechtsfolgenverweisung vor, so wäre etwa der Haftungsausschluss nach § 25 Abs. 2 HGB nicht möglich. Es bedürfte aber auch nicht der Beibehaltung der bisherigen Firma. Bisher wird **§ 27 HGB** aber überwiegend als **Rechtsgrundverweisung** verstanden.[41] Dafür spricht der Wortlaut, der auf die Vorschriften des § 25 HGB verweist.[42]

---

41 Baumbach/*Hopt*, § 27 Rn 3; *Koller/Roth/Morck*, § 27 Rn 5; a.A. *K. Schmidt*, § 8 IV 2 b, S. 268.
42 *Canaris*, § 7 Rn 111.

2. Voraussetzungen

a) Fortführung von Handelsgeschäft und Firma durch die Erben

§ 27 HGB setzt den Übergang des **Handelsgeschäfts eines Einzelkaufmanns** voraus. 33
Die Vorschrift gilt nicht für die Vererbung von Geschäftsanteilen, denn insoweit sind besondere Regelungen vorhanden (vgl. §§ 138, 139, 177 HGB). Die Vorschrift findet aber entsprechende Anwendung, wenn der einzige Kommanditist den einzigen Komplementär beerbt, so dass die Gesellschaft ohne Liquidation beendet wird und das Unternehmen auf den Kommanditisten als Alleininhaber übergeht.[43] Die Vorschrift gilt nicht für kleingewerbliche Unternehmen.[44] Dagegen spricht schon seine systematische Stellung (vgl. Rn 7). Darüber hinaus setzt die Vorschrift eine Firmenfortführung voraus (siehe näher Rn 13 f.). Eine Firma darf aber nur der Kaufmann führen.

§ 27 HGB setzt als Rechtsgrundverweisung (vgl. Rn 32) ebenso wie § 25 HGB die 34
Fortführung der Firma voraus. Die Beifügung eines Nachfolgezusatzes schadet hier aber ebenso wenig wie bei § 25 HGB. Ob eine Firmenfortführung vorliegt, beurteilt sich nach den gleichen Kriterien wie bei § 25 Abs. 1 HGB (siehe Rn 13).

Das Geschäft muss durch den **Erben** fortgeführt werden. Dabei schadet es nicht, 35
wenn mehrere Erben vorhanden sind. Auch die Erbengemeinschaft kann ein einzelkaufmännisches Geschäft auf unbestimmte Zeit fortführen, ohne dass damit eine OHG vorliegt.[45] Der Berufungsgrund (gesetzliche Erbfolge, Testament, Erbvertrag) des oder der Erben ist unerheblich. Die Fortführung durch gesetzliche Vertreter oder Bevollmächtigte ist den Erben zurechenbar und führt zu einer Anwendung des § 27 HGB. Die Fortsetzung durch einen Testamentsvollstrecker im Rahmen der Vollmachtlösung (vgl. dazu § 3 Rn 32) reicht demnach[46] ebenso wie die Fortführung durch einen von mehreren Miterben im auch konkludent erteilten Einverständnis der übrigen aus.[47] Ein Einverständnis liegt dann nicht vor, wenn die anderen Erben annehmen, der die Geschäfte Führende sei Alleinerwerber, oder wenn dieser die Fortführung allein deshalb vornimmt, weil er Prokurist ist. Bei einer Vor- und Nacherbschaft ist die Frage der Fortführung für beide getrennt zu beurteilen. Führt der Nacherbe allerdings fort, so haftet er auch für die von dem Vorerben begründeten Verbindlichkeiten.[48]

b) Haftungsausschluss durch Einstellung in der Bedenkzeit

Die Haftung nach § 27 Abs. 1 HGB i.V.m. § 25 Abs. 1 HGB scheidet aus, wenn die 36
Fortführung des Handelsgeschäfts nach Maßgabe des § 27 Abs. 2 HGB eingestellt wird. Dem Erben steht daher eine **Bedenkzeit** zur Verfügung. Die Bedenkzeit beträgt grundsätzlich drei Monate nach der Kenntnis von dem Anfall der Erbschaft. Die Frist verlängert sich, wenn zum Zeitpunkt des Ablaufs der drei Monate die Ausschlagungsfrist nach § 1944 BGB noch nicht abgelaufen ist. Die Frist endet dann

---

[43] BGHZ 113, 132 = NJW 1991, 844.
[44] Baumbach/*Hopt*, § 17 Rn 2; *Koller/Roth/Morck*, § 27 Rn 3.
[45] BGHZ 17, 299, 302 = NJW 1955, 1227; BGHZ 92, 259, 264 = NJW 1985, 136.
[46] BGHZ 12, 100 = NJW 1954, 636; BGHZ 35, 13, 16 = NJW 1961, 1304.
[47] BGHZ 30, 391, 395 = NJW 1959, 2114; BGHZ 32, 60, 67 = NJW 1960, 959.
[48] BGHZ 32, 60 = NJW 1960, 959.

mit dem Ablauf der Ausschlagungsfrist, vgl. § 27 Abs. 2 S. 3 HGB. Ist der Erbe in der Geschäftsfähigkeit beschränkt, ist § 210 BGB zu beachten.

37 Während der Bedenkfrist stehen dem Erben wegen der Altverbindlichkeiten die **Einreden nach §§ 2014 ff. BGB** zu. Diese haben allerdings nur prozessuale Bedeutung. Der Erbe kann daher verklagt und verurteilt werden. In der Vollstreckung sind dann aber die §§ 782, 783 ZPO zu beachten. Diese Beschränkungen sind durch die Vollstreckungsgegenklage geltend zu machen, vgl. § 785 ZPO.

38 Innerhalb der Bedenkzeit ist das **Geschäft einzustellen**. Dies setzt die Zerschlagung des Unternehmens voraus oder eine sofortige Veräußerung ohne Firma. Eine bloße Änderung der zunächst noch geführten Firma oder die Veräußerung des Geschäfts mit der Firma reicht nicht aus.[49] Denn das Privileg des Absatzes 2 setzt voraus, dass der Rechtsschein überhaupt nicht gesetzt wird.

> *Examenshinweis*
> Die sofortige Firmenänderung verhindert bereits eine Anwendung des Absatzes 1 von § 25 HGB (vgl. Rn 34).

c) Haftungsausschluss nach § 25 Abs. 2 HGB

39 Die Haftung ist weiter ausgeschlossen, wenn die Maßnahmen nach § 25 Abs. 2 HGB ergriffen werden (vgl. dazu Rn 21 ff.). Insoweit ist allerdings streitig, ob § 25 Abs. 2 HGB überhaupt anwendbar ist. Wegen des uneingeschränkten Wortlauts ist § 27 Abs. 1 HGB als Rechtsgrundverweisung zu verstehen (siehe dazu Rn 32), so dass eine Anwendung zu bejahen ist.

3. Prozessuale Überlegungen

40 Ist die Schuld des Erblassers bereits rechtskräftig festgestellt, kommt die Erteilung einer Vollstreckungsklausel gegen die das Handelsgeschäft übernehmenden Erben nach § 729 Abs. 2 ZPO in Betracht. Die Vorschrift erfasst den Fall des § 27 Abs. 1 HGB zwar nicht; sie ist insoweit aber entsprechend anwendbar.[50] Sind die Haftungsgrundlagen nicht offenkundig oder durch öffentliche Urkunden beweisbar, kann gegen die Erben Klage auf Erteilung einer Vollstreckungsklausel nach § 731 ZPO erhoben werden. Wird die Klausel ohne Klage erteilt, können sich die Erben gegen die Erteilung mit der Vollstreckungserinnerung nach § 732 ZPO wehren. Sie können aber auch Klauselgegenklage nach § 768 ZPO erheben. Während mit der Klauselerinnerung das Fehlen der formellen Voraussetzungen der Klauselerteilung geltend zu machen ist, sind die sachlichen Einwendungen mit der Klauselgegenklage zu erheben. Im Übrigen wird auf die prozessualen Überlegungen im Zusammenhang mit § 25 HGB verwiesen (siehe Rn 25 ff.).

---

49 Baumbach/*Hopt*, § 27 Rn 5; *Koller/Roth/Morck*, § 27 Rn 9.
50 Zöller/*Stöber*, § 729 Rn 13.

IV. Die Einbringung des Handelsgeschäfts in eine Personengesellschaft (§ 28 HGB)

1. Grundlagen

§ 28 HGB betrifft die Fälle, in denen der Einzelkaufmann mit anderen zusammen eine Personenhandelsgesellschaft bildet und in diese das einzelkaufmännische Geschäft einbringt. Ebenso wie bei § 25 HGB geht es hier um den Wechsel des Unternehmensträgers. Anders als die §§ 25, 27 HGB setzt § 28 HGB allerdings **keine Firmenfortführung** voraus. Wegen der Haftung für Altverbindlichkeiten bei einem Eintritt in bereits bestehende Gesellschaften gelten die §§ 130, 173 HGB. Der Zweck des § 28 HGB ist ähnlich wie bei § 25 HGB unklar (vgl. dazu Rn 4). Die Rechtsprechung nimmt einen die Haftung auslösenden Zusammenhang von Vermögen und Schulden an.[51]

Die Vorschrift erfasst nur die Einbringung in eine neue Gesellschaft. Soweit die Einbringung des Handelsgeschäfts in eine bestehende Gesellschaft vorgesehen ist, gilt § 25 HGB. Die Einbringung eines Handelsgeschäfts in eine GmbH oder Vor-GmbH wird ebenfalls nur von § 25 HGB und nicht von § 28 HGB erfasst.[52] § 28 HGB stellt eine Sonderregelung zu § 25 HGB dar.

2. Voraussetzungen

Es muss ein **einzelkaufmännisches Geschäft** vorliegen. Dies setzt voraus, dass der „Einzelkaufmann" i.S.d. § 28 HGB die Anforderungen des § 1 Abs. 2 HGB erfüllt oder aber nach § 2 HGB oder § 3 HGB in das Handelsregister eingetragen ist.[53] Die Vorschrift greift aber auch dann ein, wenn eine Erbengemeinschaft das von ihr geführte Handelsgeschäft oder eine GmbH oder eine andere kaufmännische Unternehmensform das Geschäft einbringt.

Für die Einbringung muss eine **Personenhandelsgesellschaft neu gegründet** werden. Die Einbringung in eine BGB-Gesellschaft reicht nicht aus. Die Einbringung in eine bestehende Gesellschaft wird bereits von § 25 HGB erfasst. Ob die Gründung wirksam ist, ist nicht entscheidend, weil die Unwirksamkeit nach den Grundsätzen der fehlerhaften Gesellschaft grundsätzlich nur für die Zukunft wirkt.[54]

Eine Einbringung des Handelsgeschäfts setzt keine dauerhafte Übertragung voraus. Auch die Verpachtung wird von § 28 Abs. 1 HGB erfasst. Mit der Einbringung verbundene Veränderungen, insbesondere Geschäftsausweitungen, schaden nicht. Auch die spätere Einstellung des Handelsgeschäfts ändert an der Haftung nichts. Eine Firmenfortführung ist nach dem ausdrücklichen Wortlaut nicht erforderlich.

Auch im Rahmen des § 28 HGB kann die Haftung wie bei § 25 Abs. 2 HGB ausgeschlossen werden. Auf die dortigen Ausführungen wird verwiesen (siehe Rn 21 ff.).

---

51 BGH NJW 1961, 1766; 1966, 1917.
52 BGHZ 143, 314 = NJW 2000, 1193.
53 BGHZ 31, 397, 400 = NJW 1960, 624; BGHZ 143, 314, 318 = NJW 2000, 1193; NJW 2004, 836.
54 BGH NJW 1992, 1466, 1467; differenzierend *Canaris*, § 7 Rn 89 f.

Der Haftungsausschluss ändert übrigens nichts an der Haftung des ehemaligen Einzelkaufmanns, selbst wenn dieser nun Gesellschafter der neuen Gesellschaft ist.

3. Rechtsfolgen

47 Liegen die Voraussetzungen des § 28 Abs. 1 HGB vor, so haftet die neue Gesellschaft für die alten Verbindlichkeiten. Neben der Gesellschaft haften ihre Gesellschafter nach Maßgabe der §§ 128, 171 ff. HGB.[55] Der **alte Inhaber** haftet ebenfalls als Gesellschafter. Aber auch seine Haftung als alter Inhaber bleibt unberührt. Allerdings ist diese entsprechend § 26 Abs. 1 HGB zeitlich beschränkt. Wird der einbringende Einzelkaufmann Kommanditist, ist § 26 HGB entsprechend anzuwenden ist, vgl. § 28 Abs. 3 HGB. Das bedeutet, dass er innerhalb der Frist unabhängig von seiner Kommanditistenstellung in Anspruch genommen werden kann. Die Berufung auf die Erbringung der Einlage nach § 171 Abs. 1 HGB ist damit unbeachtlich.

48 § 28 Abs. 1 HGB regelt nicht nur den Eintritt der Haftung. Nach § 28 Abs. 1 S. 2 HGB gelten auch die **Altforderungen** als übergegangen. Die Vorschrift entspricht § 25 Abs. 1 S. 2 HGB. Auf die Ausführungen dazu wird verwiesen (siehe Rn 18 ff.).

4. Prozessuale Überlegungen

49 Auch im Rahmen des § 28 Abs. 1 HGB kommt eine Klauselumschreibung nach § 729 Abs. 2 ZPO in Betracht. Die Vorschrift ist auch auf diesen Fall entsprechend anwendbar.[56] Im Übrigen gelten die Ausführungen in Rn 25 ff. entsprechend.

V. Der Unternehmenskauf in Grundzügen[57]

50 Der Erwerb eines Unternehmens als wirtschaftlicher Einheit im Wege des Kaufes ist durchaus möglich, auch wenn das deutsche Recht keine speziellen Regelungen einer derartigen aus Rechten, Sachen und anderen wirtschaftlichen Werten bestehenden Gesamtheit kennt. Insoweit gilt § 453 Abs. 1 BGB.[58] Dabei kann der Erwerb zum einen durch den Kauf aller Geschäftsanteile eines entsprechenden Unternehmensträgers (sog. **share deal**) oder durch den Erwerb aller Sachen, Rechte und sonstigen wirtschaftlichen Werte erfolgen (sog. **asset deal**). In beiden Fällen ist der sachenrechtliche Bestimmtheitsgrundsatz zu beachten. Sachenrechtlich ist daher in jedem Fall über die einzelnen Teile zu verfügen.[59]

51 **Formvorschriften** sind bei dem Erwerb grundsätzlich nicht zu beachten. Anderes gilt dann, wenn für einzelne zu übertragende Vermögensgegenstände Formvorschriften einzuhalten sind. Dies gilt etwa dann, wenn GmbH-Anteile veräußert werden (§ 15 Abs. 3 und 4 GmbHG) oder bei einem asset deal, wenn zu dem Unternehmen Grundstücke gehören (§ 311 b Abs. 1 BGB).

---

55 BGH NJW 1966, 1917, 1918; NJW 1972, 1466, 1467; NJW 2004, 836.
56 Zöller/*Stöber*, § 729 Rn 13; Thomas/*Putzo*, § 729 Rn 3.
57 Dazu Baumbach/*Hopt*, Einl. v. § 1 Rn 42 ff.; Palandt/*Putzo*, § 453 Rn 7; Jauernig/*Berger*, § 453 Rn 12 ff.
58 BGHZ 65, 246, 251 = NJW 1976, 236; NJW 2002, 1043.
59 Baumbach/*Hopt*, Einl. v. § 1 Rn 42.

Die Gewährleistung richtet sich nach dem **Sachmängelrecht**.[60] Das gilt auch dann, wenn alle oder nahezu alle Gesellschaftsanteile an einem Unternehmen erworben werden.[61] Mängel des Unternehmens sind zunächst solche, die diesem insgesamt anhaften. Aber auch die Mängel einzelner Sachen und Rechte können auf das ganze Unternehmen durchschlagen. Das ist dann der Fall, wenn sie die wirtschaftlichen Grundlagen des ganzen Unternehmens erschüttern. Liegt kein Unternehmensmangel vor, kommen nur Ansprüche aus den §§ 280, 311 Abs. 2 BGB in Betracht. 52

Umsätze und Gewinne galten bisher nicht als Beschaffenheitsmerkmale eines Unternehmens, eine Zusicherung war damit ausgeschlossen.[62] Für eine Haftung kamen daher nur Ansprüche wegen Verschuldens bei den Vertragsverhandlungen in Betracht. Nach dem Schuldrechtsmodernisierungsgesetz ist § 434 BGB anzuwenden. Ob insoweit eine andere Auslegung erfolgt, bleibt abzuwarten. Die Sachmängelhaftung führt teilweise zu einer schärferen Haftung, weil insoweit auch fahrlässige Unkenntnis ausreicht. Nimmt man Sachmängelhaftung an, scheidet eine Nachbesserung nach den §§ 437 Nr. 1, 439 BGB regelmäßig aus. 53

Im Zusammenhang mit dem Erwerb von Unternehmen treten vielfach weitere Rechtsgebiete ins Blickfeld. Dies gilt insbesondere für das **Kartellrecht**. So kann der Unternehmenserwerb der Fusionskontrolle nach dem GWB unterfallen. Auch ein vereinbartes Wettbewerbsverbot kann im Hinblick auf § 1 GWB kartellrechtlich von Bedeutung sein. 54

---

60 Palandt/*Putzo*, § 434 Rn 95.
61 Palandt/*Putzo*, § 453 Rn 23; Jauernig/*Berger*, § 453 Rn 16.
62 Baumbach/*Hopt*, Einl. v. § 1 Rn 46a; Jauernig/*Berger*, § 453 Rn 14.

§ 10 Die handelsrechtlichen Vollmachten

I. Grundlagen

1. Arten der handelsrechtlichen Vollmachten im Überblick

1 Der Kaufmann ist aufgrund der Größe seines Geschäftsbetriebes in besonderem Maße darauf angewiesen, auf die Möglichkeiten der Arbeitsteilung zurückzugreifen. Dies bezieht sich auch auf die rechtsgeschäftliche Vertretung.[1] Zur Erleichterung des Rechtsverkehrs steht ihm hierfür die Möglichkeit der Erteilung einer Prokura zur Verfügung (§ 48 HGB, vgl. dazu Rn 6 ff.). Die Besonderheit der Prokura besteht darin, dass sie einen gesetzlich festgelegten Inhalt hat, auf den sich auch der Vertragspartner verlassen kann. Darüber hinaus ist die Prokura auch in das Handelsregister einzutragen, so dass § 15 HGB gilt. Aus dem Register lässt sich daher ohne weiteres erkennen, ob eine Prokura erteilt ist oder nicht. Neben der Prokura sieht das Handelsgesetzbuch noch in verschieden abgestuften Formen die Handlungsvollmachten vor (§ 54 HGB, vgl. dazu Rn 33 ff.). Anders als bei der Prokura wird der Umfang der Handlungsvollmacht nur widerleglich vermutet. Als weitere Regelung ist § 56 HGB zu berücksichtigen (vgl. dazu Rn 43 ff.). Die Vorschrift begründet im Interesse des Verkehrsschutzes eine Vermutung für das Bestehen einer bestimmten Vollmacht.

2. Die allgemeine zivilrechtliche Vollmacht und das unternehmensbezogene Geschäft

2 Neben den handelsrechtlichen Vollmachten gelten die **allgemeinen zivilrechtlichen Vorschriften** zur Vollmacht weiter. Für den Kaufmann kann daher nicht nur aufgrund einer Prokura oder Handlungsvollmacht gehandelt werden. Er kann auch eine einfache Vollmacht im Sinne des § 164 BGB erteilen. War die Erteilung einer Prokura oder Handlungsvollmacht nicht möglich, etwa weil es an einer Genehmigung nach § 1822 Nr. 11 BGB fehlte,[2] kann gleichwohl nach § 140 BGB eine Vollmacht nach § 164 BGB vorliegen, weil diese in den anderen Vollmachtsformen enthalten ist.[3] Die handelsrechtlichen Vollmachten stellen lediglich besondere Formen einer bürgerlich-rechtlichen Vollmacht dar.

3 Dementsprechend finden auch die Vorschriften der §§ 164 ff. BGB auf die handelsrechtlichen Vollmachten ergänzende Anwendung. Im Handelsrecht gilt demnach auch und gerade der Grundsatz des **unternehmensbezogenen Geschäfts**. Danach kommt das Rechtsgeschäft bei einem erkennbar unternehmensbezogenen Geschäft unabhängig von den Vorstellungen des Vertragspartners mit dem wirklichen Inhaber des Unternehmens zustande.[4] Der Grundsatz des unternehmensbezogenen Geschäfts findet in § 164 Abs. 1 S. 2 BGB seine Grundlage. Der Grundsatz ist damit Auslegungs- und nicht Beweisregel.

---

1 Neben dieser Erklärungszurechnung stehen die Handlungszurechnung, die sich aus den §§ 31, 278, 831 BGB ergeben kann, und die Wissenszurechnung nach § 166 BGB. Zur Eigenhaftung des Vertreters siehe § 311 Abs. 3 S. 2 BGB.
2 Fallbeispiel bei *Hadding/Hennrichs*, S. 43 ff.
3 Baumbach/*Hopt*, § 48 Rn 1; *Koller/Roth/Morck*, § 48 Rn 11.
4 BGHZ 62, 216, 218 ff. = NJW 1974, 1191; BGHZ 64, 11, 14 ff. = NJW 1975, 1166; BGH WM 1976, 1084; NJW 1983, 1844; 1990, 2678; 1992, 1381; 1995, 43; 1998, 2897.

Beispiel[5]
Bestellt jemand für eine Firma, deren Inhaber zum Zeitpunkt des Vertragsschlusses nicht mehr er selbst, sondern seine Ehefrau ist, einen LKW, so ist die Ehefrau und nicht der Vertreter Vertragspartner, auch wenn dieser nicht ausdrücklich darauf hingewiesen hat, dass er selbst nicht (mehr) Inhaber der Firma ist.

Praxishinweis
Soweit in einem Verfahren von der Gegenseite der Einwand erhoben wird, man habe nur als Vertreter gehandelt oder der als Vertreter Handelnde habe keine Vollmacht gehabt,[6] ist immer eine Streitverkündung nach § 67 ZPO in Erwägung zu ziehen.

3. Die rechtsgeschäftliche und die organschaftliche Vertretung

Unter „**Vollmacht**" wird zivilrechtlich die rechtsgeschäftliche Vertretungsmacht verstanden. Die handelsrechtlichen Vollmachten beruhen daher auf einer rechtsgeschäftlichen Erteilung. Dem steht die **gesetzliche Vertretungsmacht** gegenüber. Eine solche kommt etwa den Organen der juristischen Personen zu. Insoweit wird von einer **organschaftlichen Vertretung** gesprochen. Eine organschaftliche Vertretung liegt auch vor, wenn die Gesellschafter einer Personengesellschaft diese vertreten.[7] Von Interesse ist die organschaftliche Vertretung in diesem Zusammenhang deshalb, weil sie grundsätzlich gegenüber Dritten nicht beschränkbar ist. Dies zeigen etwa § 126 Abs. 2 HGB, § 37 Abs. 2 GmbHG und § 82 Abs. 1 AktG. Diese organschaftliche Vertretung kann aber an die Mitwirkung eines Prokuristen gebunden werden, vgl. § 125 Abs. 3 S. 1 HGB, § 78 Abs. 3 S. 2 AktG.[8] Handelt ein Prokurist in diesem Zusammenhang, gelten die Beschränkungen seiner Vertretungsmacht nach § 49 HGB nicht.[9] Andererseits kann das Handeln eines Prokuristen als Prokurist an die Mitwirkung eines Vertretungsorgans gebunden werden, sog. **gemischte Gesamtprokura**. In diesen Fällen kommen die Beschränkungen des § 49 HGB wieder zum Tragen.

4

Beispiel
Soll ein Grundstück einer GmbH veräußert werden, so kann der Prokurist mit einem Geschäftsführer die entsprechenden rechtsgeschäftlichen Erklärungen wirksam abgeben, wenn die GmbH durch einen Geschäftsführer gemeinsam mit einem Prokuristen organschaftlich vertreten werden kann. Setzt die organschaftliche Vertretung ein Handeln von zwei Geschäftsführern voraus und ist für den Prokuristen eine Vertretung mit einem Geschäftsführer vorgesehen (gemischte Gesamtprokura), fehlt es ohne Befreiung nach § 49 Abs. 2 HGB an der notwendigen Vertretungsmacht.

Im Handelsverkehr spielt häufig noch eine Vollmacht eine Rolle, die als **Generalvollmacht** bezeichnet wird. Ihr genauer Inhalt ist gesetzlich nicht festgelegt und muss daher durch Auslegung ermittelt werden. Sie kann weiter gehen als die Prokura, deren Umfang durch § 49 HGB bestimmt wird.[10] Eine derartige Bevollmächtigung besitzt besonderes Ansehen. Soweit diese Vollmacht allerdings eine quasi-organschaftliche

5

---

5 Vgl. dazu BGH NJW 1983, 1844.
6 Dann kommt eine Eigenhaftung nach § 179 BGB in Betracht.
7 Allgemein zum Organhandeln: *K. Schmidt*, Gesellschaftsrecht, 4. Aufl., § 10, S. 247 ff.
8 Auch wenn das GmbHG eine entsprechende Regelung nicht vorweisen kann, gilt dort Entsprechendes.
9 BGHZ 13, 61, 64 = NJW 1954, 1158; BGHZ 62, 166, 170 = NJW 1974, 1194; BGHZ 99, 76, 81 = NJW 1987, 841; Baumbach/*Hopt*, § 49 Rn 3; *Koller/Roth/Morck*, § 48 Rn 19; a.A. *Liebs*, in: Münchener Kommentar zum HGB, 1996 ff., § 48 Rn 92.
10 BGHZ 36, 292, 295 = NJW 1962, 738.

Vertretungsmacht einräumen soll, ist sie unwirksam.[11] Denn die organschaftliche Vertretungsmacht ist höchstpersönlicher Art und nicht übertragbar. Eine solche unwirksame Vollmacht liegt vor, wenn die Bevollmächtigung etwa bei der GmbH auf eine Vertretung „wie ein Geschäftsführer" lautet[12] oder wenn der Bevollmächtigte für den Geschäftsführer sämtliche Erklärungen und Rechtshandlungen vornehmen dürfen soll, die ihm in seiner Eigenschaft als Geschäftsführer der von ihm vertretenen Unternehmungen zustehen.[13] Im Fall eines Verstoßes kommt eine Umdeutung nach § 140 BGB in eine Generalhandlungs- oder Einzelhandlungsvollmacht in Betracht (vgl. dazu Rn 33 ff.).[14]

II. Die Prokura

1. Überblick

6 Die Prokura ist eine **handelsrechtliche Vollmacht**. Die Erteilung einer Prokura ist daher ausgeschlossen, wenn die Erteilung nicht durch einen Kaufmann oder eine Handelsgesellschaft erfolgt. Verschlossen ist die Prokura daher den Partnerschaftsgesellschaften. Einem Apotheker ist trotz einer etwaigen Kaufmannseigenschaft eine Prokuraerteilung nach § 7 S. 1 ApothG versagt.[15]

7 Von der **Handlungsvollmacht** nach § 54 HGB unterscheidet sich die Prokura dadurch, dass die Prokura ausdrücklich erteilt werden muss.[16] Anders als die Prokura hat die Handlungsvollmacht auch keinen bindenden gesetzlichen Inhalt. Ein weiterer wichtiger Unterschied liegt in der Registereintragung. Eine Handlungsvollmacht ist mit Ausnahme des in § 13 e Abs. 2 S. 4 Nr. 3 HGB geregelten Falles selbst dann nicht eintragungsfähig, wenn sie den weitestmöglichen Inhalt hat. Dies beruht darauf, dass lediglich für die Prokura eine Eintragung vorgesehen ist. Eintragungsfähig ist aber grundsätzlich nur das, was auch gesetzlich zur Eintragung vorgesehen ist (vgl. § 7 Rn 5).

8 Die Eintragung der Prokura in das **Handelsregister** ist deklaratorischer Natur (vgl. dazu § 7 Rn 14). Die Wirksamkeit der Erteilung ist nicht von der Eintragung abhängig. Dies führt zu einer Anwendbarkeit des § 15 HGB. Fehlt etwa die Eintragung des Widerrufs einer Prokura, gilt § 15 Abs. 1 HGB mit der Folge, dass sich der Kaufmann so behandeln lassen muss, als bestünde die Prokura weiter.

> *Examenshinweis*
> In Fallgestaltungen im Zusammenhang mit der Prokura werden häufig nicht nur allgemeine rechtsgeschäftliche Probleme des Handelsrechts (kaufmännisches Bestätigungsschreiben o.Ä.) behandelt, sondern auch Probleme des § 15 HGB, insbesondere des § 15 Abs. 1 HGB.

9 Da die Prokura Vollmacht ist und damit die Vertretungsmacht bestimmt, ist sie deutlich von dem **zugrunde liegenden Rechtsverhältnis** zu unterscheiden, in dessen

---

11 BGHZ 36, 292, 295 = NJW 1962, 738; NJW 1977, 199; WM 1978, 1047, 1048.
12 Vgl. dazu etwa *Schneider*, in: Scholz, GmbHG, 9. Aufl., § 35 Rn 17 ff.
13 BGH NJW-RR 2002, 1325.
14 BGH NJW-RR 2002, 1325.
15 OLG Celle NJW-RR 1989, 483.
16 Vgl. dazu die Umdeutung einer unzulässigen Generalvollmacht eines Geschäftsführers einer GmbH in eine Handlungsvollmacht, BGH NJW-RR 2002, 1325.

Rahmen sie erteilt wird. Dabei wird es sich häufig um einen Dienstvertrag handeln. Notwendig ist das aber nicht.[17] Ein Gleichlauf zwischen der Vollmacht und dem Vertrag ergibt sich aber in der Regel über § 168 BGB (vgl. Rn 22).

2. Erteilung der Prokura

Die Erteilung der Prokura muss ausdrücklich durch den **Inhaber des Handelsgeschäfts** oder – wie häufig bei den Kapitalgesellschaften – durch dessen gesetzliche Vertreter erfolgen. Dadurch bedarf es beim Vorliegen einer Handelsregisteranmeldung keiner Prüfung, ob die Prokura überhaupt erteilt worden ist. Denn die Erteilung einer Prokura bedarf nicht der Annahme durch den Begünstigten und wird bereits mit der Bekanntgabe gegenüber Dritten wirksam, vgl. § 167 Abs. 1 BGB. 10

Eine entsprechende Anwendung der Vorschriften über die Prokura auf **nichtkaufmännische Unternehmensträger** scheidet aus, weil die Prokura in das Handelsregister einzutragen ist. Dies setzt voraus, dass der Vollmachtgeber ebenfalls eingetragen oder eintragungspflichtig ist. Ist eine Prokura erteilt, aber aus diesem Grund unwirksam, kommt über § 140 BGB die Annahme der Erteilung einer Handlungsvollmacht in Betracht, wenn man § 54 HGB auch auf andere Unternehmensträger für anwendbar hält (vgl. dazu Rn 36). 11

> *Examenshinweis*
> Die Erteilung einer Prokura durch einen nichtkaufmännischen Träger kann den Rechtsscheintatbestand für das Vorliegen eines Scheinkaufmanns erfüllen (vgl. dazu § 4 Rn 10 f.).[18]

Geht es um die Prokuraerteilung bei einem Einzelkaufmann und ist dieser minderjährig, so bedarf der gesetzliche Vertreter bei der Prokuraerteilung der gerichtlichen **Genehmigung nach § 1822 Nr. 11 BGB**. Die Eintragung in das Register heilt die unwirksame Erteilung nicht.[19] 12

Im Rahmen der Prokuraerteilung für eine GmbH stellt sich die Frage, ob für die Eintragung auch die **Zustimmung der Gesellschafterversammlung nach § 46 Nr. 7 GmbHG** vorliegen muss. Nach dem Wortlaut des § 48 HGB wird die Prokura aber durch die gesetzlichen Vertreter, also hier die Geschäftsführer, erteilt. Entsprechend wird die Zustimmung der Gesellschafterversammlung auch als reines Internum angesehen, das bei einer Anmeldung nicht überprüft wird.[20] Das gleiche Problem ergibt sich bei den Personengesellschaften aus § 116 Abs. 3 S. 1 HGB. Auch dort wird die Zustimmung der anderen geschäftsführenden Mitgesellschafter im Außenverhältnis für unerheblich erachtet.[21] 13

Die Prokura kann lediglich an **natürliche Personen** erteilt werden.[22] Dies ergibt sich zwar nicht unmittelbar aus dem Wortlaut der Normen. Die Erteilung der Prokura ist 14

---

17 *Koller/Roth/Morck*, vor §§ 48–58 Rn 9.
18 Baumbach/*Hopt*, § 48 Rn 1; *Koller/Roth/Morck*, § 48 Rn 2.
19 RGZ 127, 153, 158.
20 BGHZ 62, 166, 169 = NJW 1974, 1194.
21 RGZ 134, 303, 307 zur Aktiengesellschaft nach altem Recht.
22 Str., so aber KG Rpfleger 2002, 84 = BB 2002, 478 m. abl. Anm. *Wasmann*; Baumbach/*Hopt*, § 48 Rn 2; *Koller/Roth/Morck*, § 48 Rn 4.

aber, wie aus § 52 Abs. 2 HGB folgt, mit einer besonderen Vertrauensstellung verbunden, die nur durch natürliche Personen ausgeübt werden kann. Da die Prokura nur eine besondere Vollmacht darstellt, kann sie auch einem nur **beschränkt Geschäftsfähigen** erteilt werden, wie sich aus § 165 BGB schließen lässt.[23]

15 **Nicht zum Prokurist** bestellt werden kann der, der selbst Inhaber des Handelsgeschäfts ist, oder sein Organ.[24] Prokura kann daher wegen § 170 HGB zwar dem Kommanditisten,[25] in keinem Fall aber einem vertretungsberechtigten persönlich haftenden Gesellschafter oder dem Komplementär erteilt werden.[26] Stirbt der Inhaber des Handelsgeschäfts, erlischt die dem Erben oder Miterben erteilte Prokura.[27] Ob dem Geschäftsführer der Komplementär-GmbH Prokura für die KG[28] oder dem nicht vertretungsberechtigten persönlich haftenden Gesellschafter für die OHG bzw. KG erteilt werden kann,[29] ist umstritten.

3. Arten und Umfang der Prokura

16 Der **Umfang der Prokura** ergibt sich aus § 49 Abs. 1 HGB. Die Vollmacht erfasst damit Handlungen, die irgendein Handelsgewerbe mit sich bringt. Welches Handelsgewerbe in dem Handelsgeschäft betrieben wird, für das die Prokura erteilt wird, ist unerheblich. Nicht erfasst wird die Befugnis zur Erteilung einer Prokura. Denn diese muss nach § 48 Abs. 1 HGB von dem Inhaber des Handelsgeschäfts oder seinem gesetzlichen Vertreter erteilt werden. Ebenso wenig reicht die Prokura als Vollmacht zur Durchführung von **Grundlagengeschäften** aus, weil die Prokura die Vertretungsmacht für die Verkehrsgeschäfte bestimmt und nicht für die Organisation des Unternehmens. Daher reicht sie etwa nicht zur Änderung des Unternehmensgegenstands, der Einstellung, Veräußerung oder Verpachtung des Handelsgeschäfts sowie für die Aufnahme von Gesellschaftern. Auch für die hierzu notwendigen Anmeldungen zum Handelsregister bedarf es daher einer besonderen Bevollmächtigung.[30] Dies gilt etwa auch für Umwandlungsvorgänge, nicht aber für die Ausübung der Beteiligungsrechte in Tochterunternehmen. Ob die Prokura zur Verlegung des Unternehmenssitzes und der Errichtung und Schließung von Zweigniederlassungen berechtigt, ist streitig.[31]

17 Nach § 49 Abs. 2 HGB kann dem Prokuristen auch das Recht zur Veräußerung und Belastung von Grundstücken erteilt werden. Diese sog. **Immobiliarklausel** bedarf der Eintragung in das Register.[32]

18 Die Prokura ermächtigt nicht zum **Selbstkontrahieren**.[33] Eine Befreiung von den Beschränkungen des § 181 BGB kann aber wie etwa bei den Geschäftsführern einer

---

23 *Koller/Roth/Morck*, § 48 Rn 5.
24 *Baumbach/Hopt*, § 48 Rn 2; *Koller/Roth/Morck*, § 48 Rn 6.
25 BGHZ 17, 392 = NJW 1955, 1394.
26 *Baumbach/Hopt*, § 48 Rn 2; weitergehend *Koller/Roth/Morck*, § 48 Rn 6, wonach auch nur gesamtvertretungsberechtigten Gesellschaftern Prokura erteilt werden kann; zu dem Problem auch *K. Schmidt*, § 16 III 2 c, S. 462.
27 BGHZ 30, 391, 397 = NJW 1959, 2114; BGHZ 32, 60, 67 = NJW 1960, 959.
28 Bejahend BayObLGZ 80, 195, 197 = BB 1980, 1487; OLG Hamm Rpfleger 1973, 172.
29 Bejahend *Baumbach/Hopt*, § 48 Rn 2; *Koller/Roth/Morck*, § 48 Rn 6.
30 BGHZ 116, 190 = NJW 1992, 975.
31 Vgl. dazu *K. Schmidt*, § 16 III 3 a, S. 466; *Baumbach/Hopt*, § 49 Rn 1; *Koller/Roth/Morck*, § 48 Rn 2.
32 BayObLG BB 1971, 844; DB 1980, 2232, 2233; a.A. *K. Schmidt*, § 16 III 2 f, S. 464.
33 BGHZ 77, 7 = NJW 1980, 1577.

GmbH oder dem Vorstand einer Aktiengesellschaft erteilt werden. Dieses ist dann ebenfalls anzumelden und im Handelsregister zu vermerken.[34]

Soweit nichts anderes bestimmt ist, ist der Prokurist allein zur Vertretung befugt. Er hat mit anderen Worten Einzelvertretungsbefugnis. Die Prokura wird als **Einzelprokura** im Handelsregister vermerkt.[35] 19

Aus § 53 Abs. 1 S. 2 HGB ergibt sich weiter, dass die Prokura auch als **Gesamtprokura** erteilt werden kann. Danach sind alle eingetragenen Prokuristen nur gemeinschaftlich zur Vertretung befugt. Die Gesamtprokura kann auch dahin gefasst werden, dass zwei (oder eine andere Zahl von) Prokuristen gemeinsam vertreten, sog. eingeschränkte Gesamtprokura oder Gruppenprokura. Dies ist nach der genannten Vorschrift ausdrücklich zum Handelsregister anzumelden. Unzulässig und nicht eintragungsfähig ist es, wenn das Handeln des Prokuristen an die Mitwirkung des Inhabers gebunden wird.[36] Denn dann liegt in Wirklichkeit kein Vertreterhandeln vor, weil der Vertretene immer selbst mitwirken muss. 20

Ebenfalls zulässig ist die sog. **unechte Gesamtprokura**. In diesem Fall wird die Vertretung nur in Gemeinschaft mit einem (oder mehreren) organschaftlichen Vertretern gestattet. Dass eine derartige Prokuraerteilung möglich ist, hat der BGH in einem Umkehrschluss aus § 125 Abs. 3 S. 1 HGB, § 82 Abs. 1 AktG gefolgert. Nicht hierher gehört die zu verneinende Frage, ob das Handeln des einzigen Organs an die Mitwirkung eines Prokuristen gebunden werden kann. 21

4. Beendigung der Prokura

Die Prokura ist lediglich eine Vollmacht mit gesetzlichem Inhalt, so dass die Vorschriften des bürgerlichen Rechts über die Vertretung Anwendung finden, soweit nicht die Vorschriften über die Prokura eine Abweichung vorsehen. Keine Abweichung findet sich in Bezug auf **§ 168 S. 1 BGB**. Danach endet die Vollmacht automatisch dann, wenn das ihrer Erteilung zugrunde liegende Rechtsverhältnis erlischt. Endet beispielsweise der Arbeitsvertrag, erlischt damit auch die Prokura. Etwaige **Befristungen des Dienstverhältnisses** führen damit zwar auch zu einer Befristung der Prokura, diese Befristung ist aber nicht zur Eintragung in das Handelsregister geeignet. Denn das Gesetz sieht eine derartige Eintragung ebenso wenig vor wie die Eintragung des Zeitpunkts der Erteilung der Prokura. 22

Die Prokura erlischt mit dem **Tode des Prokuristen**. Dies ergibt sich aus § 52 Abs. 2 HGB. Ist die Prokura nicht übertragbar, ist sie auch nicht vererblich. Nicht zu einem Ende der Prokura führt demgegenüber der **Tod des Inhabers**, vgl. § 52 Abs. 3 HGB. Insoweit kommt ein Erlöschen nur dann in Betracht, wenn der Prokurist dadurch etwa als Miterbe zum (Mit-)Inhaber wird (näher Rn 15) oder ein Fall des Inhaberwechsels vorliegt, der aber nicht allein in der Fortführung des Geschäfts durch die Erbengemeinschaft gesehen werden kann (vgl. § 3 Rn 31 und § 9 Rn 35). 23

Ein weiterer Beendigungsgrund ergibt sich daraus, dass der Inhaber des Handelsgeschäfts nicht Prokurist sein kann (vgl. Rn 15). Tritt diese oder eine vergleichbare 24

---

34 BayObLGZ 1980, 195 = BB 1980, 1487.
35 Vgl. dazu näher *Müther*, Handelsregister, § 10 Rn 17.
36 BayObLG NJW 1998, 1162; a.A. OLG Hamm NJW 1971, 1370; zum Problem *K. Schmidt*, § 16 III 3, S. 470.

Konstellation des **Wegfalls der Prokuristenfähigkeit** nach der Erteilung der Prokura ein, erlischt diese automatisch. Für den Fall, dass der Prokurist das Handelsgeschäft fortführt, hat das LG Düsseldorf eine Pflicht zur Anmeldung des Erlöschens der Prokura verneint.[37] Dies dürfte in dieser Allgemeinheit nicht richtig sein, weil das Registerrecht auf Klarheit angelegt ist. Allerdings sind auch die Handelsregisteranmeldungen auslegbar, so dass es bei hinreichenden Anhaltspunkten für einen entsprechenden Anmeldewillen nicht der ausdrücklichen Anmeldung des Erlöschens der Prokura bedarf.

25 Fraglich ist, ob sich der Prokurist auch einseitig von seiner Stellung lösen kann. Insoweit wird tatsächlich teilweise ein **Recht zur Niederlegung** bzw. zum Verzicht behauptet.[38] Der Prokurist kann dann zwar das Erlöschen der Prokura nicht selbst anmelden, weil auch hier wieder der Inhaber bzw. seine gesetzlichen Vertreter in vertretungsberechtigter Anzahl zur Anmeldung verpflichtet sind. Der Fall hat aber Bedeutung für die Frage, ob auf einen Hinweis des niederlegenden Prokuristen hin durch das Registergericht ein Zwangsgeldverfahren eingeleitet werden kann. Denn dieses setzt ein wirksames Erlöschen der Prokura durch Niederlegung voraus. Zu beachten ist allerdings, dass die Prokura lediglich eine rechtsgeschäftliche Vollmacht darstellt, die – anders als etwa die Organstellung des Geschäftsführers – keine weiteren Pflichten mit sich bringt. Zudem endet mit dem Grundverhältnis auch die Prokura, so dass eine Kündigung dieses Vertragsverhältnisses nach § 168 S. 1 BGB auch zum Ende der Prokura führt. Dann aber besteht keine Notwendigkeit, ein Recht des Prokuristen auf Niederlegung anzunehmen.

26 Wichtigster Beendigungsgrund aus dem Bereich des Vollmachtgebers ist der **Widerruf der Prokura nach § 52 Abs. 1 HGB**. Dieses Widerrufsrecht kann jederzeit ausgeübt werden und ist vertraglich nicht einschränkbar. Anderes gilt nur dann, wenn einem Gesellschafter ein **Sonderrecht auf die Prokura** eingeräumt worden ist, wie dies etwa der Fall ist, wenn einem Kommanditisten nach dem Gesellschaftsvertrag die Prokura zu erteilen ist.[39] Dann kommt ein Widerruf nur beim Vorliegen eines wichtigen Grundes in Betracht. Einem Dritten kann ein solches Sonderrecht nicht eingeräumt werden.

27 Die Prokura erlischt ebenfalls dann, wenn das **Insolvenzverfahren** über das Vermögen des Inhabers eröffnet wird. Dies ergibt sich aus § 168 S. 1 BGB i.V.m. § 115 InsO bzw. § 117 InsO.

28 Als in das Handelsregister einzutragende Vollmacht setzt die Prokura die Kaufmannseigenschaft des Inhabers des Handelsgeschäfts voraus. Entfällt diese Eigenschaft, erlischt auch die Prokura. Häufigster Fall ist insoweit die Einstellung des Unternehmens, die zum **Erlöschen der Firma** führt.

29 Da die Prokura ein besonderes Vertrauensverhältnis zwischen dem Inhaber und dem Prokuristen voraussetzt, erlischt die Vollmacht immer im Falle eines **Inhaberwechsels**. Ein solcher Inhaberwechsel liegt dabei nicht schon dann vor, wenn der Inhaber stirbt und ein oder mehrere Erben nachfolgen.[40] Anders liegt der Fall aber dann, wenn jemand nach § 28 HGB als Gesellschafter in ein einzelkaufmännisches Geschäft

---

37 LG Düsseldorf MittRhNotK 1979, 134.
38 So etwa Baumbach/*Hopt*, § 52 Rn 1; *Koller/Roth/Morck*, § 52 Rn 8.
39 BGHZ 17, 392 = NJW 1955, 1394.
40 KG JW 1939, 565.

eintritt[41] oder wenn die übernehmende Erbengemeinschaft zur Weiterführung eine OHG gründet.[42] Kein Inhaberwechsel liegt aber vor, wenn ein Gesellschafterwechsel in der Personenhandelsgesellschaft vorliegt[43] oder eine formwechselnde Umwandlung durchgeführt wird.[44]

5. Wirkungen der Prokura

Liegt eine wirksam erteilte Prokura vor, so besitzt der Prokurist die in § 49 HGB inhaltlich bestimmt umschriebene Vertretungsmacht. Eine **Beschränkung dieser Vertretungsmacht** ist Dritten gegenüber nach § 50 Abs. 1 HGB unwirksam. Eine entsprechende Abrede zwischen dem Prokuristen und dem Inhaber des Handelsgeschäfts bedeutet daher lediglich einen internen Vorbehalt. Dessen Verletzung stellt nur eine Pflichtverletzung des Prokuristen dar, die aber keine Außenwirkung hätte. Dies gilt auch dann, wenn der Dritte von diesen Beschränkungen Kenntnis hat. 30

Einschränkungen der Wirkungen der Prokura werden aber durch die Anwendung der Lehre vom **Missbrauch der Vertretungsmacht** herbeigeführt. Der Missbrauch darf danach nicht nur intern wirken. Der Dritte muss sich an diesem vorwerfbar beteiligen. Dies ist immer dann der Fall, wenn der Prokurist und der Dritte kollusiv zusammenwirken. Der Dritte handelt dabei im Einverständnis mit dem Prokuristen vorsätzlich zum Schaden des Vertretenen. Ein Missbrauch soll aber auch dann vorliegen, wenn der Dritte den Missbrauch der Vertretungsmacht durch den Prokuristen positiv kennt, ohne dass ein Zusammenwirken vorliegt. Teilweise wird sogar grob fahrlässige Nichtkenntnis als ausreichend angesehen.[45] Insoweit kann es sich aber nur um krasse Ausnahmefälle handeln, bei denen der Missbrauch klar ins Auge springt. Denn der Dritte kann sich grundsätzlich auf die Vollmacht verlassen. Das Risiko der abredewidrigen Nutzung der Vollmacht trägt der Vertretene. Aus diesem Grund kann allein die Kenntnis etwaiger interner Beschränkungen nicht ausreichen. 31

Liegt ein Missbrauchsfall vor, kann sich der Dritte auf die Wirksamkeit des Geschäfts nach **§ 242 BGB** nicht berufen. Teilweise wendet die Rechtsprechung auf den Erfüllungsanspruch des Dritten den eigentlich nicht passenden § 254 BGB an, soweit der Vertretene eine gebotene Kontrolle seines Vertreters unterlassen hat.[46] 32

III. Die Handlungsvollmacht

1. Überblick

Die Handlungsvollmacht ist in **§ 54 HGB** geregelt. Der Anwendungsbereich der Norm wird durch § 55 HGB auf die so genannten Abschlussvertreter erweitert. § 57 HGB regelt die Art und Weise der Zeichnung, also der das Vertretungsverhältnis ausweisenden Unterschrift des Handlungsbevollmächtigten. § 58 HGB legt fest, dass die Handlungsvollmacht nur mit Zustimmung des Inhabers des Handelsgeschäfts 33

---

41 BayObLG BB 1971, 238 = Rpfleger 1971, 109.
42 BayObLG BB 1971, 238 = Rpfleger 1971, 109.
43 *Koller/Roth/Morck*, § 52 Rn 9 f.
44 OLG Köln Rpfleger 1997, 29 = GmbHR 1996, 773.
45 BGHZ 50, 112 = NJW 1968, 1379.
46 Vgl. dazu BGHZ 50, 112 = NJW 1968, 1379.

übertragen werden kann. Auf die Handlungsvollmacht finden die §§ 164 ff. BGB ergänzend Anwendung.

34 Die Handlungsvollmacht wird häufig als **kleine Schwester der Prokura** bezeichnet. Anders als diese hat sie aber keinen gesetzlich festgelegten Inhalt. Nach § 54 Abs. 1 HGB wird nur ein bestimmter Inhalt widerleglich vermutet. Nach § 54 Abs. 3 HGB muss ein Dritter sich etwaige Beschränkungen der Vollmacht nur entgegenhalten lassen, wenn er diese kannte oder kennen musste. Insoweit reicht auch einfache Fahrlässigkeit. Eine Erkundigungspflicht des Dritten hinsichtlich des Umfangs der Vollmacht ist aber nicht gegeben.

2. Erteilung und Beendigung

35 Die Anwendung des § 54 HGB ist unproblematisch, wenn der Vollmachtgeber **Kaufmann** im Sinne der §§ 1 ff. HGB ist. Die Vorschrift gilt also für die Erteilung durch den Einzelkaufmann, den eingetragenen Kannkaufmann nach § 2 HGB oder § 3 HGB, den Fiktivkaufmann nach § 5 HGB und die Formkaufleute nach § 6 HGB.

36 Ob die Vorschrift mit ihren Rechtsfolgen auch auf **nichtkaufmännische Unternehmensträger** anzuwenden ist, ist umstritten. Dagegen könnte sprechen, dass der Wortlaut von Geschäften in einem Handelsgewerbe spricht. Gleichwohl wird überwiegend eine entsprechende Anwendung auf gewerbliche Unternehmen auch im Hinblick auf den erweiterten Anwendungsbereich des § 56 HGB bejaht.[47]

37 Voraussetzung für eine Anwendung des § 54 HGB ist aber weiter, dass der Bevollmächtigte eine **Hilfsperson des Vollmachtgebers** ist, er muss Mitglied des Unternehmens sein. Dies folgt aus der Gesetzgebungsgeschichte.[48] Dabei wird in erster Linie der Handlungsgehilfe (§ 59 HGB) erfasst, aber auch mitarbeitende Gesellschafter oder Familienangehörige. Grundsätzlich kommt als Handlungsbevollmächtigter aber anders als bei der Prokura (vgl. Rn 14) auch eine juristische Person in Betracht. Auszuscheiden sind damit Personen, die außerhalb des Unternehmens stehen, wie z.B. ein Handelsvertreter, ein Handelsmakler, ein Rechtsanwalt o.Ä. Eine Anwendung des § 54 HGB auf derartige außenstehende Personen ist daher nur im Rahmen des § 55 HGB möglich.

38 Für die Erteilung der Handlungsvollmacht ist **keine besondere Form** erforderlich, sie kann auch konkludent erteilt werden. Dafür reicht es auch aus, dass der Unternehmensträger den Mitarbeiter für Tätigkeiten einsetzt, die die Vornahme bestimmter rechtsgeschäftlicher Handlungen mit sich bringen.[49]

39 Für die Beendigung der Handlungsvollmacht gelten die allgemeinen Vorschriften des BGB.

---

[47] Baumbach/*Hopt*, § 54 Rn 6; K. Schmidt, § 16 IV 2 a aa, S. 482 f.
[48] K. Schmidt, § 16 IV 1, S. 480 f.
[49] BGH NJW 1982, 1390: Einsatz in einer Reparaturannahmestelle; ohne Hinweis auf § 54 HGB: BGH NJW 1990, 513, 514: Auskunft erteilende Bankangestellte; vgl. Baumbach/*Hopt*, § 54 Rn 4.

3. Umfang und Wirkungen

Nach § 54 Abs. 1 HGB sind drei verschiedene Arten der Handlungsvollmacht zu unterscheiden: 40
- Sie kann zum einen Vollmacht zu allen Geschäften sein, die dieses Handelsgewerbe gewöhnlich mit sich bringt (**Generalhandlungsvollmacht**, § 54 Abs. 1 Var. 1 HGB).
- Es kann auch eine Bevollmächtigung für eine bestimmte Art von Geschäften vorliegen, die dieses Handelsgewerbe gewöhnlich mit sich bringt (**Arthandlungsvollmacht**, § 54 Abs. 1 Var. 2 HGB).
- Eine **Spezialhandlungsvollmacht** (§ 54 Abs. 1 Var. 3 HGB) liegt vor, wenn jemand zur Vornahme einzelner Geschäfte bevollmächtigt ist, die das jeweilige Handelsgewerbe gewöhnlich mit sich bringt.

Beispiel
Der Bankfilialleiter besitzt Generalhandlungsvollmacht. Der Einkäufer einer Firma besitzt Arthandlungsvollmacht für den Einkauf für das Handelsgewerbe, in dem sein Kaufmann tätig ist. Eine Spezialhandlungsvollmacht liegt vor, wenn jemand befugt ist, das Papier für den Bürobetrieb des Import-, Exportgeschäftes zu kaufen.

In diesem Rahmen besteht die **Vermutung eines bestimmten Vollmachtumfangs**, 41 wenn nicht einer der in § 54 Abs. 2 HGB genannten Ausnahmefälle betroffen ist. Für den sich auf eine Vollmacht berufenden Anwalt bedeutet dies, dass er lediglich die Erteilung einer Vollmacht vorzutragen und darzulegen hat, dass das vorliegende Geschäft in dem speziellen Handelsgewerbe gewöhnlich vorkommt und auch von dem Vertreter vorgenommen wird.

Praxishinweis
Vor einer Anwendung des § 54 Abs. 1 HGB muss feststehen, dass eine Vollmacht erteilt worden ist. Dies kann darauf beruhen, dass dies unstreitig ist. Dies kann aber auch darauf beruhen, dass dies aufgrund einer Beweisaufnahme anzunehmen ist.

Etwaige Beschränkungen können dann nur unter den Voraussetzungen des § 54 42 Abs. 3 HGB berücksichtigt werden. Dies aber muss vom Vollmachtgeber vorgetragen werden.

Praxishinweis
Soweit man § 54 HGB als gesetzliche Vermutung ansieht, ist wegen der Beweislast die Regelung des § 292 ZPO zu beachten. Der Vollmachtgeber hat danach nicht nur die Vermutung zu erschüttern, sondern das Gegenteil zu beweisen.[50]

IV. Die Vollmacht nach § 56 HGB

1. Überblick

Anders als § 54 HGB ergibt sich aus § 56 HGB nicht nur eine widerlegliche Ver- 43 mutung für den Umfang einer erteilten Vollmacht. Über § 56 HGB wird im Interesse des Verkehrsschutzes auch die **Erteilung einer Vollmacht vermutet**.[51] Ob diese dann

---

[50] Dafür steht ihm – in den hier interessierenden Fällen aber kaum relevant – die Parteivernehmung des Gegners zur Verfügung, vgl. § 292 S. 2 ZPO als Ausnahme zu § 445 Abs. 2 ZPO.
[51] BGH NJW 1975, 2191; 1988, 2109, 2110.

tatsächlich erteilt ist, spielt keine Rolle. Selbst wenn der Inhaber den Nachweis erbringen würde, eine Innenvollmacht habe nicht bestanden, so wirken die in § 56 HGB festgelegten äußeren Umstände wie die Mitteilung einer entsprechenden Vollmacht (vgl. dazu § 171 BGB). Dem kann lediglich entgegengehalten werden, dass der Dritte Kenntnis oder fahrlässig Unkenntnis von einer fehlenden Vollmacht hatte (vgl. Rn 49).

> *Praxishinweis*
> Wer sich auf die Vertretungsmacht eines Ladenangestellten berufen will, braucht lediglich die Voraussetzungen des § 56 HGB darzutun. Wer sich gegen eine Anwendung des § 56 HGB wendet, hat das Fehlen der Vollmacht (!) und die Bösgläubigkeit des Dritten vorzutragen und zu beweisen.

2. Voraussetzungen

44 § 56 HGB betrifft nach seiner systematischen Stellung in jedem Fall das Ladenlokal und das offene Warenlager eines **Kaufmanns im Sinne der §§ 1 ff. HGB**. Er wird aber auch auf **Kleingewerbetreibende** angewandt. Dies entspricht den Absichten des Gesetzgebers.[52] Vor der Handelsrechtsreform fand die Vorschrift schon deshalb häufig Anwendung, weil sie sich mit dem Warenhandel beschäftigt, der zu einer Stellung als Musskaufmann führte, vgl. § 1 Abs. 2 HGB a.F.

45 Die Vorschrift setzt ein **Geschäftslokal** voraus, das zum freien Zutritt für das Publikum und zum Abschluss von Geschäften bestimmt ist. Dazu ist weder eine feste Niederlassung noch eine Dauereinrichtung notwendig, so dass auch ein Messestand die Voraussetzungen erfüllen kann.[53] Hauptsache ist, dass dort überhaupt Verkaufsgeschäfte in Betracht kommen. Fraglich ist, in welcher örtlichen Beziehung das Geschäft zu dem Geschäftslokal stehen muss. Reicht es etwa, wenn der Verkauf außerhalb des Geschäftslokals stattfindet? Insoweit wird darauf abzustellen sein, ob der durch die äußeren Umstände hervorgerufene Schein der Bevollmächtigung noch gewahrt ist. Dies mag bei einem vor dem Lager abgeschlossenen Geschäft noch der Fall sein, nicht aber wenn man sich so vom Geschäftslokal entfernt, dass dieses dort in jedem Fall nicht mehr wahrgenommen werden kann. Dabei geht es allerdings nur um den Abschluss des Geschäfts; die Erfüllungshandlungen können auch dort vorgenommen werden, wo keine Beziehung zum Geschäftslokal besteht (z.B. Lieferung ins Haus).

46 Die Handlung muss schließlich von einer Person vorgenommen werden, die in dem Geschäftslokal angestellt ist. **Angestellt** ist dabei jeder, der mit Wissen und Wollen des Inhabers an der Verkaufstätigkeit teilnimmt. Eine rechtsgeschäftlich wirksame Grundlage muss dieses Handeln nicht haben, weil dieses für den zu schützenden Dritten ohnehin nicht erkennbar ist. Nicht erfasst werden damit Personen, die sich ohne Wissen oder Willen des Geschäftsherrn in dem Geschäftslokal aufhalten oder dort gerade nicht zu Verkaufszwecken tätig sind. Dies wird etwa bei einer Raumpflegerin oder einem Packer anzunehmen sein.

47 Der Umfang der Vollmacht bezieht sich auf die **gewöhnlichen Geschäfte**. Gewöhnlich ist ein Geschäft dabei, wenn es unter Berücksichtigung der gesamten Umstände

---

52 Regierungsentwurf zum Handelsrechtsreformgesetz, BT-Drucks 13/8444, S. 30.
53 Vgl. RGZ 69, 307, 308 (Automobilausstellung).

des Einzelfalls, insbesondere der Branche, des Ladentyps und des konkreten Vorgangs, noch als üblich anzusehen ist.

Der **Begriff des Verkaufs** ist untechnisch gemeint. Dazu gehört auch der Abschluss von Werk- und Werklieferungsverträgen, die Ausstellung einer Quittung, die Übereignung von Sachen[54] oder die Vermittlung von Verkäufen.[55] Nicht erfasst wird aber der Ankauf von Gegenständen. Dies ergibt sich aus dem Wortlaut, wobei diese Auslegung durch Gesetzgebungsgeschichte und Systematik wegen der Abstufungen der verschiedenen handelsrechtlichen Vollmachten nachvollziehbar ist. Auch eine entsprechende Anwendung scheidet insoweit aus, weil der Zweck der Vorschrift eine Gleichstellung von An- und Verkauf nicht gebietet.[56] Fraglich könnte allerdings sein, wie die Sachlage zu beurteilen ist, wenn der Ankauf im Zusammenhang mit einem Verkauf steht.[57]

3. Wirkungen

Liegen die Voraussetzungen des § 56 HGB vor, ist also die Erteilung einer Vollmacht zu unterstellen und stellt das Geschäft auch ein gewöhnliches Geschäft dar, so ist dieses rechtsgeschäftlich wirksam. Fraglich ist insoweit, ob diese Wirkungen des § 56 HGB ausgeschlossen werden können. Ein **Ausschluss des § 56 HGB** wird für den Fall eines klaren Hinweises im Geschäftslokal bejaht.[58] Denn dadurch wird die in § 56 HGB enthaltene Vermutung bzw. der zugrunde gelegte Rechtsschein beseitigt.

Überwiegend wird auch eine entsprechende Anwendung des **§ 54 Abs. 3 HGB** bejaht. Dies bedeutet aber auch hier nicht, dass der Dritte eine Erkundigungspflicht hätte (siehe dazu Rn 34). Selbst wenn der Dritte das Ladengeschäft und die Verhältnisse kennt, schließt dies eine Anwendung des § 56 HGB außerhalb des § 54 Abs. 3 HGB nicht aus.[59]

§ 56 HGB wirkt unter Umständen auch zum Nachteil eines **Minderjährigen**. Denn der Rechtsschein kann auch durch den für den Minderjährigen handelnden gesetzlichen Vertreter begründet werden.

Aus der Vorschrift ergibt sich kein **Wahlrecht** für den Vertragspartner, ob er das Geschäft gelten lassen will oder nicht. Das Rechtsgeschäft ist daher unter den Voraussetzungen des § 56 HGB in jedem Fall wirksam. Dies folgt daraus, dass § 56 HGB nicht nur Rechtsscheinnorm für den Fall ist, dass eben keine Vollmacht erteilt worden ist. Die Vorschrift erfasst gerade auch die Fälle, in denen der Angestellte tatsächlich Vollmacht hatte.

Nicht durch § 56 HGB geregelt ist die Frage, ob der Ladeninhaber für das Verhalten des Angestellten **schadensersatzrechtlich** einzustehen hat. Dies richtet sich nach den allgemeinen Grundsätzen, insbesondere also § 278 BGB. Dies gilt auch wegen der Frage der Eigenhaftung des Angestellten, vgl. dazu § 311 Abs. 3 BGB.

---

[54] BGH NJW 1988, 2109.
[55] BGH NJW 1975, 642.
[56] BGH NJW 1988, 2109, 2110.
[57] *K. Schmidt*, § 16 V 3 e, S. 496: Keine Anwendung des § 56 HGB.
[58] Baumbach/*Hopt*, § 56 Rn 5.
[59] BGH NJW 1975, 2191.

§ 11 Die Zweigniederlassung und die Handelsbücher

I. Die Zweigniederlassung

1 Nach den Regelungen des HGB muss jeder Kaufmann eine Niederlassung besitzen. In § 29 HGB wird diese als **Hauptniederlassung** bezeichnet. Dieser örtliche Bezugspunkt richtet sich nach dem Ort, an dem tatsächlich die Verwaltung der Unternehmung geführt und von dem aus die Geschäfte betrieben werden. Bedeutung hat die Niederlassung vor allem auch für die Zuständigkeit des Registergerichts (vgl. dazu § 18 Rn 5). Die Hauptniederlassung bestimmt aber etwa auch den Gerichtsstand nach § 17 ZPO (vgl. dazu § 17 Rn 12). Daneben besteht der besondere Gerichtsstand der Niederlassung nach § 21 ZPO (vgl. § 17 Rn 13).

2 Bei den Handelsgesellschaften wird die Hauptniederlassung als **Sitz** bezeichnet, vgl. § 106 HGB. Seine Lage ist bei den Kapitalgesellschaften in den Gesellschaftsvertrag aufzunehmen (vgl. § 3 Abs. 1 Nr. 1, 4 a GmbHG, § 23 Abs. 1 Nr. 1, 5 AktG). Die Wahl des Sitzes ist (nunmehr) an bestimmte Kriterien gebunden.

3 Neben ihrer Hauptniederlassung oder dem Sitz können Unternehmen auch **Zweigniederlassungen** betreiben. Regelungen zu diesen Zweigniederlassung finden sich in den §§ 13 ff. HGB. Die Fassung beruht auf der Umsetzung einer EG-Richtlinie, so dass bei Auslegungsfragen eine Vorlage an den EuGH notwendig werden kann.

4 Eine Zweigniederlassung setzt eine gewisse räumliche Trennung voraus. Sie muss eine **gewisse Selbständigkeit** aufweisen, so dass dort nicht etwa nur bloße Hilfs- oder Ausführungsgeschäfte vorgenommen werden dürfen. Die Zweigniederlassung muss für eine gewisse Dauer eingerichtet werden. Darüber hinaus muss eine der Hauptniederlassung ähnliche Einrichtung bestehen. Es muss demnach ein Geschäftslokal vorhanden sein, ein Bankkonto bestehen und eine gesonderte Buchführung erfolgen.

5 Besteht nach diesen Kriterien eine Zweigniederlassung, so ist diese zum **Handelsregister** anzumelden, vgl. § 13 HGB. Die Eintragungen sind nur deklaratorischer Natur. In Betracht kommt auch die Eintragung der Zweigniederlassung eines ausländischen Unternehmens. Regelungen hierüber sind in den §§ 13 d bis 13 g HGB enthalten.

6 Diese Möglichkeit der Registereintragung spielt in der Praxis auch eine bedeutsame Rolle im Zusammenhang mit **ausländischen Briefkastengesellschaften**. Vielfach werden die deutschen Regelungen über die Kapitalgesellschaften als zu streng empfunden. Man wählt deshalb eine ausländische Gesellschaftsform, bei der etwa die Grundkapitalausstattung geringer ausfallen kann. Die Tätigkeit selbst soll allein in Deutschland ausgeübt werden. Um eine Gleichwertigkeit mit einer deutschen Gesellschaftsform zu erreichen, wird dann eine Eintragung in das Handelsregister angestrebt. Nach der bisher geltenden Sitztheorie war eine derartige Gesellschaftsgründung unwirksam, weil die notwendigen Voraussetzungen des deutschen Rechts nicht eingehalten waren. Es handelte sich bestenfalls um eine BGB-Gesellschaft. Eine Eintragung in das Handelsregister schied aus. Nach der Rechtsprechung des EuGH können jedenfalls die Gesellschaften, die in einem Mitgliedsstaat gegründet worden sind und nach dessen Recht für ihren rechtlichen Bestand keinen weiteren Bezug zu dem Gründungsstaat zu haben brauchen, nicht von einer Eintragung in das Handelsregister

eines anderen Mitgliedsstaates als Zweigniederlassung ausgeschlossen werden.[1] Auch wenn bisher keine auf Deutschland bezogene Entscheidung des EuGH vorliegt, nimmt eine Anzahl von Gerichten bereits an, dass dies auch für das deutsche Recht gilt.[2]

Die Zweigniederlassung ist kein Rechtssubjekt und **keine juristische Person**. Unternehmensträger ist und bleibt der jeweilige Kaufmann oder die jeweilige Handelsgesellschaft. 7

> *Praxishinweis*
> Die gegen die Firma der Zweigniederlassung erhobene Klage ist gegen den Unternehmensträger erhoben (vgl. dazu auch § 17 Rn 10).

Für die Zweigniederlassungen gelten teilweise **besondere Regelungen**. So sind nach § 15 Abs. 4 HGB wegen der Geschäfte mit der Zweigniederlassung die Eintragungen und Bekanntmachungen des Gerichts der Zweigniederlassung maßgebend. Eine Prokura kann beschränkt auf die Zweigniederlassung erteilt werden, wenn diese eine andere Firma als die Hauptniederlassung besitzt, vgl. § 50 Abs. 3 HGB. Auch in der OHG kann die Vertretungsmacht eines persönlich haftenden Gesellschafters auf Zweigniederlassungen beschränkt werden. § 50 Abs. 3 HGB gilt insoweit entsprechend, vgl. § 126 Abs. 3 HGB. Die Verschiedenheit der Firmen von Haupt- und Zweigniederlassung bedeutet aber nicht, dass hier eine grundlegende Ausnahme vom Grundsatz der Firmeneinheit gegeben wäre (vgl. dazu § 8 Rn 9). Die Firma der Zweigniederlassung muss der Firma des Unternehmensträgers entsprechen. Es dürfen aber auf die Zweigniederlassung hindeutende Zusätze gemacht werden. 8

II. Die Handelsbücher[3]

Der Kaufmann ist nach § 238 Abs. 1 HGB zur Führung von Handelsbüchern verpflichtet. Die Einzelheiten werden durch die Grundsätze ordnungsgemäßer Buchführung bestimmt. Der Kaufmann hat dabei auch Kopien des Schriftverkehrs zurückzubehalten. Ihn treffen entsprechende Aufbewahrungspflichten, vgl. § 257 HGB. Der gesamte Bereich wird betriebswirtschaftlich als **betriebliches Rechnungswesen** bezeichnet. 9

> *Praxishinweis*
> Nach § 258 HGB kann das Gericht auf Antrag oder von Amts wegen in einem Rechtsstreit die Vorlegung der Handelsbücher einer Partei anordnen.

Auch wenn die Bedeutung der Handelsbücher, der Buchführungspflicht und der weiteren, die Rechnungslegung betreffenden Vorschriften im Examen nicht besonders groß ist – regelmäßig kommt es auf genauere Kenntnis etwa nur bei der Frage der Überschuldung im Rahmen der kapitalersetzenden Gesellschafterdarlehen nach §§ 32 a, 32 b GmbHG, § 172 a HGB an –, sollten gewisse Grundlagen bekannt sein. 10

Der Kaufmann hat zu Beginn seines Handelsgewerbes ein **Inventarverzeichnis** aufzustellen, vgl. § 240 HGB. Ein solches Verzeichnis ist dann in der Folge jeweils zum 11

---

[1] EuGH BB 2002, 2402 (Überseering B.V.); BB 2003, 2195 (Inspire Art).
[2] OLG Zweibrücken BB 2003, 864; KG BB 2003, 2644.
[3] Vgl. dazu *Wöhe*, Die Handels- und Steuerbilanz, 2. Aufl. 1990; *Peters/Brühl/Stelling*, Betriebswirtschaftslehre, 11. Aufl. 2003, 6. Teil.

Schluss eines jeden Geschäftsjahres aufgrund der Durchführung einer entsprechenden Inventur neu aufzustellen.

12 Der Kaufmann hat weiter zu Beginn seines Handelsgewerbes eine **Eröffnungsbilanz** aufzustellen, vgl. § 242 HGB. Auch dieses Verzeichnis, das alle Angaben über das Vermögen und die Schulden zu enthalten hat, die das Handelsgewerbe betreffen, ist jährlich neu aufzustellen. Insoweit handelt es sich um die Jahresbilanz. Diese Jahresbilanz wird durch eine Gewinn- und Verlustrechnung ergänzt. Bilanz und Gewinn- und Verlustrechnung ergeben zusammen den **Jahresabschluss**. Für die Kapitalgesellschaften und die Handelsgesellschaften nach § 264 a HGB gelten insoweit weitere Vorschriften. Bei diesen hat der Jahresabschluss noch einen Anhang und einen Lagebericht zu enthalten. Insoweit finden sich auch genaue Vorgaben, wie die Bilanz, vgl. §§ 266 ff. HGB, oder die Gewinn- und Verlustrechnung, vgl. § 275 HGB, auszusehen haben. Ab einer bestimmten Größenordnung sind die Jahresabschlüsse durch externe Prüfer zu prüfen, vgl. §§ 316 ff. HGB.

13 Auch wenn die Gewinnermittlung für die Steuer nach den Vorschriften des Einkommensteuergesetzes erfolgt, verweist § 5 Abs. 1 EStG darauf, dass die buchführungspflichtigen Personen das als Betriebsvermögen anzusetzen haben, was nach den handelsrechtlichen Grundsätzen ordnungsgemäßer Buchführung auszuweisen ist. Dies wird auch als **Grundsatz der Maßgeblichkeit** der Handelsbilanz für die Steuerbilanz bezeichnet.

4. Kapitel: Die Handelsgeschäfte

§ 12 Die allgemeinen Vorschriften zu den Handelsgeschäften

I. Überblick

Die §§ 343 bis 372 HGB enthalten allgemeine Vorschriften zu den Handelsgeschäften. Es handelt sich dabei um das sog. **Sonderprivatrecht der Kaufleute** im Sinne des Art. 2 Abs. 1 EGHGB. Denn diese Vorschriften stellen besondere Regelungen auf, die Abweichungen der im Bürgerlichen Gesetzbuch enthaltenen Vorschriften darstellen. Unter diesem Gesichtspunkt legen die §§ 343 bis 345 HGB den Anwendungsbereich dieser Vorschriften fest (vgl. dazu Rn 2 ff.). In den §§ 346, 350, 362 HGB finden sich besondere Regelungen zu Rechtsgeschäften (vgl. dazu Rn 18 ff.). Vorschriften, die das allgemeine Schuldrecht betreffen, sind in den §§ 347 bis 349, 352 bis 361, 369 bis 372 HGB enthalten (vgl. dazu Rn 62 ff.). Und schließlich sind in den §§ 366, 367 und 368 HGB Regelungen zu finden, die dem Sachenrecht zuzuordnen sind (vgl. dazu Rn 104 ff.). Die Vorschriften zu den handelsrechtlichen Wertpapieren werden hier nicht behandelt. Sie haben in der gerichtlichen Praxis wenig Bedeutung. Insoweit wird auf die Spezialliteratur zum Wertpapierrecht verwiesen.

II. Das Handelsgeschäft

1. Bedeutung der Regelung

Als Handelsgeschäft ist nach § 343 Abs. 1 HGB jedes Geschäft anzusehen, das zum Betrieb des Handelsgeschäfts eines Kaufmanns gehört. Liegt ein Handelsgeschäft vor, finden die §§ 346 ff. HGB Anwendung.

> *Examenshinweis*
> Auf das Vorliegen eines Handelsgeschäfts kommt es dann für die Anwendung der handelsrechtlichen Vorschriften nicht an, wenn eine Norm die Vorschriften des Ersten Abschnitts des Vierten Buches gleichwohl für anwendbar erklärt. Dies ist etwa in den §§ 383 Abs. 2, 407 Abs. 3 S. 2, 453 Abs. 3 und 467 Abs. 3 S. 2 HGB der Fall.

Durch die Regelung in § 343 Abs. 1 HGB wurde früher auch der Anwendungsbereich vieler anderer Normen bestimmt. So sah etwa § 24 Nr. 1 AGBG a.F. den Ausschluss bestimmter Vorschriften des AGBG vor, wenn der Verwendungsgegner Kaufmann war und der Vertrag zum Betriebe seines Handelsgewerbes gehörte. Nach § 1027 Abs. 2 ZPO a.F. bedurfte ein Schiedsvertrag nicht der Schriftform, wenn er mit einem Kaufmann abgeschlossen wurde und für beide Teile ein Handelsgeschäft vorlag. In diesen Vorschriften ist der Begriff des Kaufmanns nunmehr durch den **Begriff des Unternehmers** (§ 13 BGB) bzw. des Verbrauchers (§ 14 BGB) ersetzt worden. Auf das Vorliegen eines Handelsgeschäfts kommt es insoweit nicht mehr an.

4 § 38 Abs. 1 ZPO[1] erwähnt demgegenüber nach wie vor den Kaufmann. Nach dieser Vorschrift sind Gerichtsstandsvereinbarungen mit einem Kaufmann ohne Einhaltung der Schriftform und bereits vor dem Entstehen der Streitigkeit möglich. Nach § 38 Abs. 1 ZPO ist die Möglichkeit der Prorogation aber nicht auf Handelsgeschäfte begrenzt.[2] Auf die Voraussetzungen des § 343 Abs. 1 HGB kommt es daher nicht an. Näher zu § 38 Abs. 1 ZPO siehe § 17 Rn 19 ff.

2. Geschäft im Sinne des § 343 Abs. 1 HGB

5 § 343 Abs. 1 HGB erfasst zunächst alle Rechtsgeschäfte. Erfasst werden aber auch alle rechtsgeschäftsähnlichen Handlungen, wie Mahnungen, Unterlassungen, wie das Schweigen (vgl. dazu § 362 HGB und Rn 32 ff.), sowie Leistungen und ihre Annahme. Nicht erfasst werden unerlaubte Handlungen, Vermischung und Verarbeitung, Halten, Fahren und Fahrenlassen von Kfz.[3]

6 Stoßen zwei Kaufleute mit ihren Kraftfahrzeugen zusammen, so ist der Schadensersatz nicht nach § 353 HGB zu verzinsen.[4] Die Streitigkeit gehört auch nicht vor die Kammer für Handelssachen, vgl. § 95 Nr. 1 GVG.

3. Geschäft eines Kaufmanns

7 Voraussetzung für ein Handelsgeschäft ist zunächst ein Geschäft eines Kaufmanns. Ob jemand Kaufmann ist, richtet sich nach den §§ 1 bis 6 HGB. Kaufmann ist daher derjenige, der unter § 1 HGB fällt und zwar unabhängig von einer Eintragung in das Handelsregister. Kaufmann ist auch derjenige, der die Voraussetzungen der §§ 2 und 3 HGB erfüllt, wenn er in das Handelsregister eingetragen ist. Auch der Fiktivkaufmann nach § 5 HGB ist Kaufmann im Sinne des § 343 HGB. Denn die Vorschrift will gerade den Streit über die Kaufmannseigenschaft entbehrlich machen (vgl. dazu näher § 4 Rn 3). Als Kaufmann sind schließlich die Formkaufleute im Sinne des § 6 HGB anzusehen.

8 Finden auf einen Rechtsträger die Grundsätze über den Scheinkaufmann Anwendung, so ist auch dieser als Kaufmann im Sinne des § 343 HGB anzusehen. Allerdings ist jeweils von Norm zu Norm zu prüfen, ob die Vorschrift auch zu Lasten des Scheinkaufmanns angewandt werden kann (vgl. dazu § 4 Rn 22). Liegt kein Kaufmann vor, ist immer unter Berücksichtigung von Sinn und Zweck der Vorschrift zu prüfen, ob gleichwohl eine entsprechende Anwendung in Betracht kommt (vgl. dazu § 4 Rn 28 ff.).

9 Zur Anwendung des § 343 Abs. 1 HGB kommt es immer dann, wenn die Kaufmannseigenschaft zum Zeitpunkt der Vornahme des Geschäfts vorliegt. Dabei gehören auch Geschäfte, die der Vorbereitung der Aufnahme des eigentlichen Gewerbebetriebs

---

[1] Vgl. auch Art. 23 Abs. 1 S. 3 lit. c EuGVVO.
[2] Zöller/*Vollkommer*, § 38 Rn 19; Thomas/*Putzo*, § 38 Rn 9.
[3] Baumbach/*Hopt*, § 343 Rn 1.
[4] Vgl. aber § 852 BGB.

dienen, zu den Handelsgeschäften.[5] Auch abwickelnde Geschäfte, etwa der auf die Veräußerung des Unternehmens gerichtete Vertrag, sind Handelsgeschäfte.

4. Geschäft, das zum Betrieb des Handelsgewerbes gehört

Das jeweilige Geschäft muss auch zu dem Betrieb des Handelsgeschäfts gehören. Insoweit greift die **Vermutungsregel** des § 344 Abs. 1 HGB ein. Es ist lediglich ein mittelbarer, entfernter Zusammenhang mit dem Handelsgewerbe erforderlich. Es genügt daher, wenn das Geschäft in irgendeiner Weise dessen Gegenstand oder Zweck berührt.[6] Ob das Geschäft nach Art des Betriebs ungewöhnlich ist, schadet nicht.[7] Aufgrund der Vermutungsregelung des § 344 Abs. 1 HGB gehört ein Geschäft zum Betrieb des Handelsgeschäfts. Nur dann, wenn feststeht, dass es sich um ein Privatgeschäft des Kaufmanns handelt, liegt kein Handelsgeschäft vor.

10

Dies bedeutet, dass ein Kaufmann, soweit er die Anwendung der handelsrechtlichen Vorschriften abwenden möchte, darlegen und beweisen muss, dass das jeweilige Geschäft seiner Privatsphäre zugehört. § 344 Abs. 1 HGB ist eine **Beweislastnorm**.

11

§ 344 Abs. 2 HGB geht in seinen Wirkungen noch weiter. Von einem Kaufmann gezeichnete Schuldscheine gelten als zum Betriebe des Handelsgeschäfts gehörig. Etwas anderes gilt nur dann, wenn sich dies aus dem Schuldschein selbst ergibt. Als Schuldscheine sind die in § 371 BGB (Quittung) und § 952 Abs. 1 BGB genannten Urkunden, aber auch Bürgschaftsurkunden[8] (wichtig wegen § 349 HGB) und andere schriftliche Vertragsbestätigungen anzusehen. Erfasst wird jede vom Schuldner zum Zwecke des Beweises für das Bestehen einer Schuld unterzeichnete Urkunde, unabhängig davon, ob damit die Schuldverpflichtung bestätigt oder erst begründet werden sollte.[9] Da die Vermutung an einen bestimmten Rechtsschein anknüpft, bleibt für sie allerdings dort kein Raum, wo die maßgeblichen Tatsachen unstreitig sind und der Empfänger der Erklärung gewusst hat, dass der Schuldschein nicht im Betrieb des Handelsgewerbes gezeichnet worden ist.[10] Die Vermutung des § 344 Abs. 2 HGB greift demnach nicht ein, wenn der Gläubiger wusste, dass der Bürge den Schuldschein nicht im Betrieb seines Handelsgewerbes gezeichnet hat.[11]

12

Die Bedeutung des § 344 HGB ist in der Praxis ist nicht besonders groß. Dies folgt daraus, dass lediglich der Einzelkaufmann neben dem Handelsgewerbe noch eine weitere Sphäre hat. Für die Handelsgesellschaften gilt dies nicht.[12] Allerdings betreibt auch eine **öffentlich-rechtliche Körperschaft** in der Regel nicht nur das Handelsgewerbe, so dass auch hier ein Anwendungsbereich für § 344 HGB verbleibt.

13

---

5 Baumbach/*Hopt*, § 343 Rn 3; *Koller/Roth/Morck*, § 343 Rn 5.
6 BGHZ 63, 32, 35 = NJW 1974, 1462; NJW 1997, 1779, 1780; NJW 1960, 1852, 1853; WM 1976, 424, 425.
7 Baumbach/*Hopt*, § 343 Rn 3 m.w.N.; *Koller/Roth/Morck*, § 343 Rn 4.
8 BGH NJW 1997, 1779, 1780.
9 RGZ 120, 86, 89; BGH NJW 1997, 1779, 1780; WM 1976, 974, 975.
10 BGH NJW 1997, 1779, 1780.
11 BGH NJW 1997, 1779, 1780.
12 BGH NJW 1960, 1852.

> *Beispiel*
> Der Johanniter Orden, eine öffentlich-rechtliche Körperschaft, betreibt u.a. ein Krankenhaus. Ist darin ein Gewerbe zu sehen,[13] das auch kaufmännischen Umfang hätte, wäre hinsichtlich eines Kaufvertrags des Ordens § 344 HGB anzuwenden und zu prüfen, welchem Bereich der Kaufvertrag zuzurechnen ist (vgl. dazu auch § 3 Rn 14).

14 Der Begriff des Rechtsgeschäfts in § 344 Abs. 1 HGB ist genau so zu verstehen wie in § 343 Abs. 1 HGB. Siehe dazu Rn 5.

5. Einseitige und beiderseitige Handelsgeschäfte

15 Von § 343 Abs. 1 HGB werden unproblematisch die Geschäfte erfasst, bei denen auf jeder Seite ein Kaufmann steht. Nach § 345 HGB reicht es aber grundsätzlich aus, wenn nur ein Kaufmann beteiligt ist. Auf welcher Seite der Kaufmann steht, ist grundsätzlich unerheblich. Diese Handelsgeschäfte werden als **einseitige Handelsgeschäfte** bezeichnet.

16 Allerdings kann das Gesetz von diesem Grundsatz auch Ausnahmen vorsehen. Dies ist in zweierlei Hinsicht geschehen. Teilweise findet eine Norm nach ihrem ausdrücklichen Wortlaut nur Anwendung, wenn der Handelnde ein Kaufmann ist. Diese Fallgestaltung soll hier als **streng einseitiges Handelsgeschäft** bezeichnet werden. Das Vorliegen eines streng einseitigen Handelsgeschäfts verlangen etwa die §§ 347 bis 350 HGB.

17 Ein weitere Ausnahme ist dann gegeben, wenn das Gesetz auf beiden Seiten das Vorliegen eines Handelsgeschäfts verlangt. Denn dann muss auf jeder Seite ein Kaufmann stehen, um die entsprechende Norm zur Anwendung zu bringen. Dies ist etwa in § 377 HGB, aber auch in § 379 HGB der Fall. Hierfür wird üblicher Weise der Begriff des **beiderseitigen Handelsgeschäfts** verwandt.

III. Besondere rechtsgeschäftliche Regelungen

1. Der Handelsbrauch

a) Bedeutung und Voraussetzungen

18 Zwischen Kaufleuten ist wegen der Bedeutung und Wirkung ihrer Handlungen und Unterlassungen nach § 346 HGB auf die im Handelsverkehr geltenden Gewohnheiten und Gebräuche Rücksicht zu nehmen.

19 Ein bestehender Handelsbrauch kann sich aus diesem Grund auf die **Auslegung einer Willenserklärung oder eines Vertrags** auswirken. Er stellt die Verkehrssitte unter Kaufleuten dar und ergänzt insoweit die §§ 133, 157 BGB.[14] Ein wichtiges praktisches Beispiel sind die sog. **Handelsklauseln**.

20 Ein Handelsbrauch kann sich auch auf die **Herleitung von Vertragspflichten** auswirken, er ergänzt insoweit § 242 BGB. Schließlich kann er Grundlage für eine **ergänzende Vertragsauslegung** sein.

---

13 Vgl. dazu die Entscheidung OLG Düsseldorf NJW-RR 2003, 1120.
14 Dazu Palandt/*Heinrichs*, § 133 Rn 21; *Jauernig*, § 133 Rn 4.

Ein **Handelsbrauch** liegt vor, wenn 21
- eine tatsächlich, von den beteiligten Verkehrskreisen allgemein und einheitlich befolgte Übung besteht,
- die sich über einen längeren Zeitraum gebildet hat und
- von der Zustimmung von Handel und Gewerbe und der Bereitschaft getragen wird, als verpflichtende Regel befolgt zu werden.[15]

Kein Handelsbrauch stellt daher die **Handelsübung** dar, weil ihr der Verpflichtungscharakter fehlt.

> *Examenshinweis*
> Als Merkformel für den Handelsbrauch gilt: Zeitraum, Zustimmung und tatsächliche Übung.

Liegen diese Voraussetzungen vor, gilt der Handelsbrauch, u.U. aber nur regional 22
und auf bestimmte kaufmännische Kreise beschränkt, ohne Vereinbarung der Parteien und auch **ohne Kenntnis** über das Bestehen des Handelsbrauchs. Aus diesem Grund ist auch eine **Anfechtung** wegen Irrtums über das Bestehen des Brauchs unmöglich. Denn andernfalls käme es dann doch auf die Kenntnis des Handelsbrauchs an.

Der Handelsbrauch gilt regelmäßig nur unter den zum Verkehrskreis gehörenden 23
Kaufleuten. Eine Anwendung im Verkehr mit Nichtkaufleuten bzw. unter Nichtkaufleuten kommt nur dann in Betracht, wenn der Handelsbrauch zu einer allgemeinen Verkehrssitte erstarkt ist oder sich der Nichtkaufmann dem Handelsbrauch unterworfen hat.[16]

Der Handelsbrauch bricht nicht zwingendes Recht, geht dem **nachgiebigen Recht** 24
vor und unterliegt nicht den Regeln über die Allgemeinen Geschäftsbedingungen. Ein gegen Treu und Glauben verstoßender Handelsbrauch ist aber unwirksam.

b) Der Handelsbrauch im Prozess

Der Handelsbrauch ist kein Gewohnheitsrecht und damit auch keine Rechtsnorm. 25
Es handelt sich vielmehr um eine **Tatsache**,[17] die im Prozess grundsätzlich vorgetragen werden muss. Dies ergibt sich unter anderem auch aus § 114 GVG. Danach darf eine Kammer für Handelssachen (vgl. dazu § 17 Rn 26) über das Bestehen von Handelsbräuchen aus eigener Sachkunde entscheiden. Eine Beweisaufnahme ist insoweit nicht notwendig. Eine entsprechende Sachkunde muss allerdings vorhanden sein und im Urteil dargelegt werden. Fraglich ist, ob das Gericht, das Kenntnis von einem bestimmten relevanten Handelsbrauch hat, diesen ohne entsprechenden Vortrag einer Partei verwerten darf. Insoweit werden die für § 291 ZPO geltenden Grundsätze anzuwenden sein,[18] ein gerichtlicher Hinweis ist in jedem Fall notwendig.[19]

Das Bestehen, der Inhalt und der Geltungsbereich eines Handelsbrauchs sind **Tatfrage** 26
und daher in der Revisionsinstanz nicht mehr überprüfbar.[20] Insoweit kann nur das

---

15 Baumbach/*Hopt*, § 346 Rn 12; *Koller/Roth/Morck*, § 346 Rn 4.
16 BGH NJW 1952, 257.
17 BGH NJW 1977, 385; OLG München NJW-RR 1990, 698; Baumbach/*Hopt*, § 346 Rn 13; *Koller/Roth/Morck*, § 346 Rn 5.
18 Dort ist die Verwertung von offenkundigen Tatsachen ohne Parteivortrag allerdings streitig, vgl. Zöller/*Greger*, § 291 Rn 2.
19 Zu § 291 ZPO: BGH NJW-RR 1993, 1122; Zöller/*Greger*, § 291 Rn 2; Thomas/Putzo/*Reichold*, § 291 Rn 4.
20 BGH MDR 1952, 155; NJW 1966, 502; WM 1973, 363.

Verfahren zur Feststellung des Handelsbrauchs gerügt oder es müssten Fehler bei der Auslegung des Handelsbrauchs geltend gemacht werden.

27 Die **Darlegungs- und Beweislast** für das Vorliegen eines Handelsbrauchs trägt immer die Partei, welche sich auf das Bestehen beruft.[21] Dies entspricht den allgemeinen Regeln. Fraglich könnte sein, welche Anforderungen an einen Vortrag zu stellen sind, mit dem ein Handelsbrauch behauptet wird. Ist etwa **konkreter Vortrag** zu einer tatsächlichen Übung und zu ihrem zeitlichen Umfang notwendig? Allgemein dürfen an die Substanziierungslast des Darlegungspflichtigen nach der Rechtsprechung des BGH keine überzogenen Anforderungen gestellt werden. Eine Partei genügt ihrer Darlegungslast, wenn sie Tatsachen vorträgt, die in Verbindung mit einem Rechtssatz geeignet und erforderlich sind, das geltend gemachte Recht zu begründen. Die Angabe näherer Einzelheiten ist grundsätzlich nur dann erforderlich, wenn diese für die Rechtsfolgen von Bedeutung sind; dabei hängt es vom Einzelfall, insbesondere der Einlassung des Gegners und dem, was der Partei an näheren Angaben möglich und zumutbar ist, ab, in welchem Maße die Partei ihr Vorbringen durch die Darlegung konkreter Einzeltatsachen noch weiter substanziieren muss.[22] Zum Handelsbrauch hat der BGH ausgeführt: „Die Beklagte hat unter Beweisantritt vorgetragen, dass es üblich sei und einem Handelsbrauch im Versteigerungsgewerbe entspreche, dass eine Vereinbarung über ein Meta-Geschäft erst verbindlich zustande gekommen sei, wenn der Vertragspartner des Metisten diesem die Hälfte des verauslagten Kaufpreises und sonstiger Erwerbskosten für das Versteigerungsgut erstattet habe. Damit hat sie eine nach ihrer Ansicht zwischen den Parteien geltende konkrete Regelung ausreichend substantiiert dargelegt. ..."[23]

28 Ist das Bestehen eines Handelsbrauchs streitig und verfügt das Gericht nicht über die entsprechende Sachkunde, aus der sich das Bestehen oder Nichtbestehen des Handelsbrauchs ergibt, so ist eine **Beweiserhebung** notwendig. Geeignetes Beweismittel ist der Sachverständigenbeweis.[24]

> *Praxishinweis*
> Der Sachverständigenbeweis wird durch die Behauptung des Bestehens eines entsprechenden Handelsbrauchs und dem Hinweis auf Sachverständigengutachten angetreten (vgl. § 403 ZPO).

29 Wird eine andere Fassung gewählt, wie etwa die Bezugnahme auf die Auskunft der IHK, darf das Gericht diesen Vortrag als **unzureichenden Beweisantritt** nur dann übergehen, wenn es zuvor darauf hingewiesen hat. Denn in der Praxis wird regelmäßig ein Gutachten der jeweiligen Industrie- und Handelskammer eingeholt.[25] Das Gutachten hat das Gericht auf die Schlüssigkeit seiner Begründung hin zu untersuchen,[26] weil nur ein schlüssiges Gutachten der Entscheidung zugrunde gelegt werden darf.

---

21 OLG Celle NJW-RR 2000, 178; Baumbach/*Hopt*, § 346 Rn 13; *Koller/Roth/Morck*, § 346 Rn 5.
22 St. Rspr.; vgl. BGH NJW-RR 2003, 754; NJW 1984, 2888 = MDR 1985, 315; NJW 1991, 2707, 2709; NJW-RR 1998, 1409; NJW 2000, 3286, 3287; NJW-RR 2002, 1433.
23 BGH NJW 2002, 2862, 2863; vgl. auch BGH NJW 1991, 1292; wesentlich strenger OLG Celle NJW-RR 2000, 178: Wer sich auf einen Handelsbrauch beruft, hat dessen persönlichen, zeitlichen und räumlichen Geltungsbereich sowie die eigenen Erkenntnisquellen darüber substantiiert darzulegen.
24 Baumbach/*Hopt*, § 346 Rn 13.
25 BGH WM 1980, 1122; *Koller/Roth/Morck*, § 346 Rn 5.
26 BGH NJW 1966, 502.

c) Praktische Beispiele[27]

aa) Auslegung eines GmbH-Geschäftsführer-Vertrags (BGH NJW 2003, 431)

Dem Verfahren lag die Klage eines gekündigten GmbH-Geschäftsführers auf Weiterzahlung seines Gehaltes zugrunde. Die fristlose Kündigung der GmbH wurde u.a. darauf gestützt, dass der Kläger den Firmenwagen, den er nach dem Anstellungsvertrag auch privat nutzen durfte, auch für seine private Nutzung auf Kosten der Beklagten betankt hatte. Der BGH rügt, dass das Berufungsgericht ohne weiteres angenommen habe, dass der Kläger dazu nicht befugt gewesen sei. Denn die mit zwei Handelsrichtern neben dem Vorsitzenden besetzte Kammer für Handelssachen habe in ihrem erstinstanzlichen Urteil ausgeführt, sie wisse auf Grund eigener Sachkunde (§ 114 GVG), dass bei einer Vertragsgestaltung der vorliegenden Art die Überlassung eines Dienstwagens zu dienstlicher und privater Nutzung auch die Erstattung der anfallenden Benzinkosten unabhängig davon umfasse, ob diese privat oder dienstlich veranlasst seien. Zudem habe der Kläger in zweiter Instanz Beweis für einen entsprechenden „Handelsbrauch" durch Auskunft der zuständigen Industrie- und Handelskammer angetreten. Das Berufungsgericht habe nicht dargelegt, dass es über eine überlegene Sachkunde auf diesem Gebiet verfüge.

30

bb) Handelsbrauch und MwSt (BGH NJW 2001, 2464)[28]

Die Beklagte veräußerte an die Klägerin notariell beurkundet Bergwerkseigentum an Bergwerksfeldern. Nachdem die Beklagte vom Finanzamt zur Zahlung der Mehrwertsteuer aufgefordert worden war, verlangte sie entsprechende Nachzahlungen von der Klägerin. Die Klägerin verlangte ihrerseits die Ausweisung der Mehrwertsteuer aus dem beurkundeten Kaufpreis. Der Bundesgerichtshof wies darauf hin, dass grundsätzlich von der Vereinbarung eines Bruttopreises auszugehen sei, weil die Aufwendungen für die Mehrwertsteuer nur unselbständiger Teil des Entgelts seien. Etwas anderes ergebe sich dann, wenn die Parteien einen Nettopreis vereinbart hätten. Dies könne nicht nur ausdrücklich erfolgen, sondern auch aufgrund einer Verkehrssitte oder eines Handelsbrauchs. Das Berufungsgericht habe aber rechtsfehlerfrei einen Handelsbrauch (§ 346 HGB) oder eine Verkehrssitte (§ 157 BGB) zum Zeitpunkt des Abschlusses der Verträge der Parteien verneint, nach denen die auf den Kaufpreis zu veranschlagende Umsatzsteuer nachzuentrichten wäre. Die Feststellung des Bestehens eines Handelsbrauchs oder einer Verkehrssitte sei Tatfrage, ihr Inhalt daher im Revisionsrechtszuge nicht nachprüfbar. Dass das Berufungsgericht den sachlich-rechtlichen Begriff des Brauchs oder der Sitte verkannt hätte, sei nicht ersichtlich. Auch Verfahrensfehler seien nicht erkennbar. Die Beklagte hätte in erster Instanz eine Mitteilung der Industrie- und Handelskammer zu Berlin (IHK) vom 16.3.1995 vorgelegt, wonach die Kammer anlässlich eines an den DIHT gerichteten Auskunftsersuchens aus dem Jahre 1973 in ihrem Bezirk Ermittlungen angestellt hatte. Danach habe eine Mehrheit („weitaus überwiegender Teil") der Befragten angegeben, zum vereinbarten Preis sei die Mehrwertsteuer hinzuzurechnen, eine Minderheit habe das verneint. Das LG habe

31

---

27 Vgl. auch BGH NJW-RR 2004, 555: Handelsbrauch über Veräußerung unter verlängertem Eigentumsvorbehalt; BGH NJW-RR 2003, 754: Einbeziehung von AGB durch Handelsbrauch; NJW-RR 2003, 192: Handelsbrauch für Erfüllungsort; NJW-RR 2002, 1324: Handelsbrauch zum Inhalt eines isolierten Umschlagvertrags.
28 Dazu auch BGH NJW 2002, 2312.

eine Auskunft der IHK eingeholt, welche auf Grund einer „kleinen Handelsbrauchumfrage" seine 1995 vertretene Auffassung, der behauptete Handelsbrauch bestehe, bestätigt sah. Eine vom LG anhand eines Fallbeispiels veranlasste Umfrage unter Handelsrichtern habe eine Mehrheit zu Gunsten eines „Nettopreises" ergeben. Im Hinblick auf die marginale Bereiche deutlich überschreitenden Minderheitsstimmen (bei den Handelsrichtern ca. 25 %) sei es dem Berufungsgericht nicht verwehrt gewesen, von der Feststellung eines Handelsbrauchs oder einer Verkehrssitte abzusehen; denn der Brauch muss auf einer gleichmäßigen und einheitlichen Übung beruhen. Auch sei die Wertung des Berufungsgerichts, die Mitteilungen der IHK stellten weitgehend die Wiedergabe einer Rechtsauffassung dar, möglich.[29]

2. Das Schweigen im Handelsverkehr

a) Überblick

32 Dem Schweigen kommt **im bürgerlichen Recht** grundsätzlich nur eine verneinende Wirkung zu. So bedeutet das Schweigen nach §§ 108 Abs. 2 S. 2, 177 Abs. 2 S. 2 BGB aufgrund der gesetzlichen Fiktion gerade die Verweigerung der Genehmigung des schwebend unwirksamen Geschäfts. Auch § 151 BGB misst dem Schweigen keine positive Wirkungen zu. Nach allgemeiner Meinung wird unter den Voraussetzungen des § 151 BGB nämlich nicht die Erklärung der Annahme, sondern lediglich der Zugang der Annahme für entbehrlich erklärt.[30] Im bürgerlichen Recht gilt damit der Grundsatz, dass Schweigen grundsätzlich keine Willenserklärung darstellt. Dem widerspricht auch die Regelung des § 663 BGB nicht. Nach dieser Vorschrift wird der Schweigende nicht so gestellt, als habe er eine Willenserklärung abgegeben. Er begeht nur eine Pflichtverletzung und ist deshalb zum Schadensersatz verpflichtet, der sich aber nur auf den Vertrauensschaden bezieht.

33 **Im Handelsrecht** gelten teilweise andere Regeln. Nach § 362 HGB gilt das Schweigen grundsätzlich als Annahme, so dass durch Schweigen ein Vertrag zustande kommen kann (vgl. dazu Rn 34 ff.). Auch die Regeln über das kaufmännische Bestätigungsschreiben können zu einem Vertragsschluss durch Schweigen führen (vgl. dazu Rn 40 ff.). Allerdings führen diese Regeln grundsätzlich nur zur Bestimmung des Inhalts eines Vertrags, weil diese eigentlich einen (mündlichen) Vertragsschluss voraussetzen. Nur ausnahmsweise kommt dem kaufmännischen Bestätigungsschreiben eine Bedeutung für den Vertragsschluss zu. Abgesehen von diesen Ausnahmen kommt dem Schweigen auch im Handelsrecht allenfalls die Wirkung einer Ablehnung zu.[31]

b) Das Schweigen nach § 362 HGB

aa) Grundlagen

34 Nach § 362 Abs. 1 S. 1 HGB gilt das Schweigen auf ein Vertragsangebot unter bestimmten Voraussetzungen als Annahme des Antrags, so dass nach allgemeinen Regeln ein Vertrag zustande kommt, aus dem sich Erfüllungsansprüche und Vertragspflichten ergeben können. Daraus folgt, dass § 362 Abs. 1 HGB immer an der Stelle

---

29 Zu Meinungsäußerungen bei Umfragen über Handelsbräuche vgl. BGH WM 1973, 677.
30 *Jauernig*, § 151 Rn 1; Palandt/*Heinrichs*, § 151 Rn 2.
31 BGHZ 61, 282, 285 = NJW 1973, 2106; BGHZ 101, 357, 364/365 = NJW 1988, 55; NJW 1981, 44.

zu prüfen ist, an der es an einer ausdrücklichen oder stillschweigenden Annahme eines Vertragsangebotes fehlt.

bb) Voraussetzungen

§ 362 HGB bindet nach seinem Wortlaut nur den **Kaufmann**. Kaufmann in diesem Sinne sind auch der Kaufmann nach § 5 HGB und der Scheinkaufmann.[32] Eine entsprechende Anwendung auf unternehmerisch tätige Nichtkaufleute ist umstritten.[33] Rechtsprechung zu dieser Frage steht noch aus. Für eine entsprechende Anwendung könnte jedenfalls sprechen, dass § 362 HGB durch Verweisung etwa in § 383 Abs. 2 S. 2 HGB auch in anderen Fällen auf Nichtkaufleute Anwendung findet, ohne dass für diese unterschiedliche Behandlung einleuchtende Gründe zu erkennen sind. 35

§ 362 Abs. 1 HGB setzt voraus, dass dem Kaufmann ein **Antrag auf Abschluss eines Vertrags** zugeht. Für den Zugang gilt § 130 BGB. Der Antrag muss sich auf einen Geschäftsbesorgungsvertrag beziehen. Eine Geschäftsbesorgung ist eine selbständige Tätigkeit wirtschaftlicher Art, die nicht in einer bloßen Leistung an einen anderen, sondern in der Wahrnehmung seiner Vermögensinteressen besteht.[34] Nicht erfasst wird also der Antrag auf Abschluss eines Kaufvertrages, wohl aber der Antrag auf Abschluss eines Kommissionsvertrages oder eines anderen Vertrags, in denen der Beauftragte auf fremde Rechnung handeln soll. Erfasst werden daher insbesondere auch Bank- und Börsengeschäfte. Der Antrag muss die allgemeinen Anforderungen erfüllen und damit auch hinreichend bestimmt sein.[35] 36

Ein Vertragsschluss durch Schweigen kann aber nur dann zustande kommen, wenn der Kaufmann einen **Gewerbebetrieb** hat, der die Besorgung der entsprechenden Geschäfte mit sich bringt. Weiter muss nach § 362 Abs. 1 S. 1 HGB zwischen den Beteiligten eine **Geschäftsverbindung** bestehen. Das ist der Fall, wenn die geschäftliche Beziehung objektiv auf gewisse Dauer angelegt ist. Ob allein ein tatsächlicher Kontakt ausreicht oder ob eine rechtsgeschäftliche Beziehung notwendig ist, ist bisher von der Rechtsprechung noch nicht entschieden worden.[36] Sieht man den Zweck des § 362 HGB im Vertrauensschutz, müsste eine tatsächliche Beziehung aber ausreichend sein, wenn sich aus ihr eine entsprechende Vertrauensgrundlage ergeben hat. Auf die Geschäftsverbindung kommt es dann nicht an, wenn der Kaufmann von sich aus dem Antragenden ein Angebot auf die Besorgung derartiger Geschäfte gemacht hat, vgl. § 362 Abs. 1 S. 2 HGB. 37

Ein Vertrag kommt zustande, wenn auf den Antrag **nicht unverzüglich geantwortet** wird. Unverzüglich bedeutet auch hier wie in § 121 BGB ein Handeln ohne schuldhaftes Zögern.[37] An einem Verschulden wird es regelmäßig nicht fehlen, weil der Kaufmann sein unternehmerisches Organisationsrisiko trägt. Dem Kaufmann schadet aber nur Schweigen. Antwortet er sofort, sei es auch nur in dem Sinne, dass die Vertragsverhandlungen in der Schwebe gehalten werden, ist für eine Anwendung dieser 38

---

32 Baumbach/*Hopt*, § 362 Rn 3; *Koller/Roth/Morck*, § 362 Rn 5.
33 Bejahend: *K. Schmidt*, § 19 II 2d, S. 555; Baumbach/*Hopt*, § 362 Rn 3; *Koller/Roth/Morck*, § 362 Rn 5.
34 Palandt/*Sprau*, § 675 Rn 2 ff.; Jauernig/*Teichmann*, § 675 Rn 4.
35 BGH NJW-RR 1988, 925 = WM 1988, 1134.
36 Offen gelassen in BGH NJW-RR 1988, 925 = WM 1988, 1134.
37 Baumbach/*Hopt*, § 362 Rn 2; *Koller/Roth/Morck*, § 362 Rn 8. Zur Auslegung kann auf § 121 BGB zurückgegriffen werden.

Vorschriften kein Raum. Der Auftraggeber kann dann nicht mehr darauf vertrauen, dass der Auftrag ausgeführt wird; er weiß vielmehr, woran er ist.[38] Insoweit reicht auch eine stillschweigende Ablehnung, die vorliegt, wenn trotz des Angebots eine von diesem abweichende Handhabung fortgesetzt wird.[39] Lehnt der Kaufmann den Auftrag ab, trifft ihn eine Obhutspflicht für bereits übersandte Waren nach § 362 Abs. 2 HGB.

39 Gilt das Schweigen als Annahme, kommt auch eine **Anfechtung** dieser Wirkungen nicht in Betracht. Denn es liegt schon keine anfechtbare Erklärung vor (vgl. dazu auch Rn 55). Eine Anfechtung aus anderen Gründen bleibt aber möglich.

c) Das kaufmännische Bestätigungsschreiben[40]

aa) Grundlagen

40 Die Grundsätze über das kaufmännische Bestätigungsschreiben haben sich aus Handelsbrauch entwickelt. Sie sind aber nunmehr zu **Gewohnheitsrecht** erstarkt.[41] Dies bedeutet, dass es sich insoweit anders als bei den Handelsbräuchen (vgl. dazu Rn 18 ff.) um Rechtsnormen und nicht um Tatsachenvortrag handelt. Ein Bestreiten des Bestehens dieser Regeln und ihres Inhalts ist daher – anders als bei einem Handelsbrauch (vgl. dazu 25) – nicht möglich bzw. unerheblich. Im Übrigen gilt aber § 293 ZPO.

41 Die Regeln über das kaufmännische Bestätigungsschreiben finden in jedem Fall dann Anwendung, wenn ein Kaufmann beteiligt ist. Dies gilt auch für den Scheinkaufmann. Die Regeln werden aber erweiternd auch auf Nichtkaufleute angewandt (vgl. im Einzelnen Rn 46 f.). Insoweit wird häufig schon von einem **beruflichen Bestätigungsschreiben** gesprochen.

42 Die **Voraussetzungen für die Anwendung** der Regeln lassen sich wie folgt zusammenfassen:
1. Der persönliche Anwendungsbereich muss gegeben sein.
2. Es müssen Vertragsverhandlungen stattgefunden haben, die grundsätzlich nicht schriftlich fixiert worden sein dürfen.
3. Das Bestätigungsschreiben muss erkennbar den Vertragsinhalt wiedergeben wollen und es muss auch ein enger zeitlicher Zusammenhang zwischen den Vertragsverhandlungen und dem Bestätigungsschreiben bestehen.
4. Das Bestätigungsschreiben muss zwar nicht zur Kenntnis des Empfängers gelangen, es muss ihm aber zugehen, vgl. dazu § 130 BGB.
5. Es darf kein unverzüglicher Widerspruch gegen den Inhalt des Schreibens erfolgt sein.
6. Der Inhalt des Bestätigungsschreibens darf auch nicht bewusst unwahr wiedergegeben worden sein oder so stark von dem Vereinbarten abweichen, dass ein Widerspruch unnötig erscheint.

---

38 BGH NJW 1984, 866.
39 BGH NJW-RR 1988, 925 = WM 1988, 1134.
40 Vgl. dazu auch die Kommentierungen: Palandt/*Heinrichs*, § 148 Rn 8 ff.; *Jauernig*, § 147 Rn 5; Baumbach/*Hopt*, § 346 Rn 16 ff.; *Koller/Roth/Morck*, § 346 Rn 22 ff.
41 Baumbach/*Hopt*, § 346 Rn 18; *Koller/Roth/Morck*, § 346 Rn 23.

Das Bestätigungsschreiben stellt eine **Beweisurkunde** dar. Liegen die genannten Voraussetzungen vor, ist davon auszugehen, dass der geschlossene Vertrag den Inhalt hat, der sich aus dem Bestätigungsschreiben ergibt. Das Bestätigungsschreiben wirkt insoweit **deklaratorisch**, weil es den Inhalt des Vertrags festlegt. Das Bestätigungsschreiben hat aber auch eine Beweiswirkung hinsichtlich eines Vertragsabschlusses. Das Bestätigungsschreiben wirkt insoweit **konstitutiv**: Selbst wenn zuvor tatsächlich kein Vertrag abgeschlossen worden ist, weil es an den übereinstimmenden Willenserklärungen für einen Vertragsschluss fehlt, ergibt sich aus dem fehlenden Widerspruch auf das Bestätigungsschreiben ein Vertragsschluss. 43

Dies bedeutet, dass die Prüfung des kaufmännischen Bestätigungsschreibens an zwei verschiedenen Stellen erfolgen kann. Ist lediglich der **Vertragsinhalt** streitig, so ist nach der Feststellung eines Vertragsschlusses auf den durch das Bestätigungsschreiben niedergelegten Inhalt des Vertrags abzustellen. Ist schon der **Abschluss eines Vertrags** streitig, so ist die Prüfung des Vorliegens eines Bestätigungsschreibens an der Stelle vorzunehmen, an der der Vertragsschluss zu prüfen ist. 44

Die **Beweislast** für die tatsächlichen Voraussetzungen eines Bestätigungsschreibens trägt insoweit derjenige, der sich auf die Rechtswirkungen des Schweigens beruft.[42] Ist die andere Seite der Auffassung, dass der Inhalt des Bestätigungsschreibens so weit von dem Vereinbarten abweicht, dass ein Widerspruch unnötig war, so trägt sie die Beweislast für diese Abweichung.[43] 45

bb) Die Voraussetzungen im Einzelnen

Die Regeln über das kaufmännische Bestätigungsschreiben finden in jedem Fall Anwendung, wenn sowohl die **Verfasserseite als auch die Empfängerseite Kaufmann** ist. Dies folgt bereits aus dem Ursprung der Grundsätze aus einem Handelsbrauch. Eine Beschränkung auf Handelsgeschäfte wird aber für zu eng empfunden. Soweit das Geschäft zum Geschäftsbereich des Empfängers gehört, lässt die Rechtsprechung es daher genügen, wenn der **Empfänger ähnlich einem Kaufmann** am Geschäftsverkehr teilnimmt und von ihm erwartet werden kann, dass er nach kaufmännischer Sitte verfährt. Dies ist bejaht worden für einen Grundstücksmakler,[44] einen Architekten,[45] einen Insolvenzverwalter[46] und einen Rechtsanwalt.[47] Ausreichend ist dabei allein die unternehmerische Tätigkeit, wobei diese nach Art und Umfang jedenfalls in der Nähe der Voraussetzungen des § 1 Abs. 2 HGB stehen muss.[48] Denn nur dann kann von einer einem Kaufmann ähnlichen Teilnahme am Geschäftsverkehr gesprochen werden. 46

Umstritten ist die Frage, welche **Qualifikationen der Absender** aufweisen muss. Die Rechtsprechung verlangt insoweit die gleichen Voraussetzungen wie bei einem Empfänger.[49] Nach anderer Ansicht reicht als Absender auch ein Verbraucher aus.[50] 47

---

42 BGH NJW-RR 2001, 680; NJW 1990, 336.
43 BGH NJW-RR 2001, 680, 681; NJW 1974, 991, 992.
44 BGHZ 40, 42, 43 = NJW 1963, 1922.
45 BGH WM 1973, 1376.
46 BGH NJW 1987, 1940.
47 OLG Bamberg BB 1973, 1372; BGH für RA als Absender: BGH BB 1976, 664.
48 BGHZ 11, 1, 3 = NJW 1954, 105.
49 BGHZ 40, 42, 43 = NJW 1963, 1922.
50 Baumbach/*Hopt*, § 346 Rn 19; a.A. BGH NJW 1975, 1358.

48 Weiter müssen **ernsthafte Vertragsverhandlungen** stattgefunden haben, die jedenfalls nicht schriftlich, sondern mündlich, telefonisch oder telegraphisch geführt wurden, so dass es an einer ausreichenden schriftlichen Fixierung fehlt. An einer solchen ausreichenden schriftlichen Fixierung soll es dabei auch dann fehlen, wenn sich nur die eine Seite schriftlich geäußert hat.[51] Keine Anwendung können die Grundsätze finden, wenn die Parteien ohnehin Schriftform für den Vertrag vereinbaren wollten.[52] Denn dann kann mit dem Schreiben der Inhalt des bereits (vermeintlich) abgeschlossenen Vertrags nicht wiedergegeben worden sein.

49 Diesen Verhandlungen muss das Bestätigungsschreiben **unmittelbar zeitlich nachfolgen**, damit der Empfänger auf das Schreiben vorbereitet ist und mit ihm rechnet.[53] Dabei muss das Verstreichen weniger Tage nicht schaden. Wie das Schreiben bezeichnet wird, ist unerheblich. Entscheidend ist, dass es eine Wiedergabe des Inhalts des tatsächlich oder auch nur vermeintlich abgeschlossenen Vertrags darstellen soll.

> *Examenshinweis*
> Die in der Praxis sehr häufige Bezeichnung eines Schreibens als „Auftragsbestätigung" steht der Anwendung der Grundsätze über das kaufmännische Bestätigungsschreiben dann nicht entgegen, wenn das Schreiben den Inhalt eines geschlossenen Vertrags wiedergeben und nicht die Annahme eines früheren Angebots darstellen soll.

50 Das Bestätigungsschreiben muss weiter **entsprechend § 130 BGB zugehen**. Es muss also derart in den Machtbereich des Empfängers gelangen, dass dieser nach der Lebenserfahrung Kenntnis nehmen kann. Ob dies auch tatsächlich geschieht, ist demgegenüber unerheblich. Ein für die Anwendung der Grundsätze ausreichender Zugang ist daher auch zu bejahen, wenn der Brief nach Zugang von einem Mitarbeiter unterschlagen oder einfach abgelegt wird.

> *Examenshinweis*
> Das Risiko der Kenntnisnahme des Inhalts eines Bestätigungsschreibens trägt der Adressat, das Risiko des Zugangs trägt der Absender.

51 Liegen die obigen Voraussetzungen vor, wird der Inhalt des Schreibens als richtig und die Tatsache eines Vertragsschlusses ohne weiteres unterstellt, wenn nicht dem Bestätigungsschreiben **unverzüglich widersprochen** wird. Für die Unverzüglichkeit gelten die gleichen Grundsätze wie bei § 121 BGB. Ein Widerspruch muss daher ohne schuldhaftes Zögern erfolgen. Bei einem Widerspruch gegenüber einem Abwesenden ist die rechtzeitige Absendung des Widerspruchs ausreichend, vgl. § 121 Abs. 1 S. 1 BGB.

> *Praxishinweis*
> Ein Widerspruch mehr als eine Woche nach Zugang ist regelmäßig verspätet.[54]

52 Bei der Beurteilung sind immer die **Umstände des Einzelfalls** zu berücksichtigen. Organisationsmängel gehen aber immer zu Lasten des Empfängers. Der Widerspruch muss dabei wie nach § 143 Abs. 2 BGB im Anfechtungsrecht in der Regel dem Vertragspartner gegenüber erklärt werden. Besonderheiten können sich aus einem davon abweichenden Handelsbrauch oder einer Vereinbarung der Parteien ergeben.[55]

---

51 BGHZ 54, 236, 240 = NJW 1970, 2021.
52 BGH NJW 1970, 2104.
53 BGH NJW-RR 2001, 680; JZ 1967, 575; WM 1975, 324.
54 BGH NJW 1962, 246; BB 1966, 425; 1969, 933.
55 BGH WM 1983, 684; Baumbach/*Hopt*, § 94 Rn 3; *Koller/Roth/Morck*, § 94 Rn 10.

Ein **Widerspruch ist unnötig**, wenn der Inhalt der Bestätigung, aus welchem Grund 53
auch immer, so weit von dem unstreitigen oder bewiesenen Inhalt der Verhandlungen
abweicht, dass der Bestätigende bei verständiger Würdigung nicht mit einem Einverständnis rechnen kann. Dass das Bestätigungsschreiben zusätzliche Bedingungen
enthält, schadet allerdings dann nicht, wenn diese zumutbar sind. Dies ist etwa der
Fall, wenn lediglich die üblichen Verbandslieferbedingungen oder andere AGB einbezogen werden, die in dem jeweiligen Geschäftszweig üblich sind.

cc) Besondere Problemfälle

Bei sich **kreuzenden Bestätigungsschreiben** bedarf es keines Widerspruchs, wenn 54
die Schreiben inhaltlich voneinander abweichen. Denn bereits aus der Tatsache dieser
Schreiben ergibt sich das Fehlen einer Übereinstimmung. Problematisch wird diese
Fallgestaltung aber, wenn die Abweichung darin besteht, dass die Parteien auf ihre
jeweiligen AGB Bezug nehmen. Unterscheiden sich diese – wie häufig –, so kommen
verschiedene Lösungsmöglichkeiten in Betracht. Nach allgemeiner Meinung ist in
diesen Fällen nicht von einem ausreichenden Widerspruch auszugehen, so dass die
Grundsätze über das kaufmännische Bestätigungsschreiben Anwendung finden. Dabei
gelten allerdings nicht die AGB, die in dem zeitlich letzten Bestätigungsschreiben in
Bezug genommen worden sind (**Theorie des letzten Wortes**). Denn dies könnte zum
Austausch einer unendlichen Anzahl von Schreiben führen. Für eine Bevorzugung
des späteren Schreibens ist auch kein Grund ersichtlich. Dementsprechend sind eher
die sich widersprechenden AGB-Regelungen für unwirksam zu erklären, im Übrigen
aber von einer Wirksamkeit aller weiteren Abreden auszugehen.

Probleme bereitet auch die Frage, ob und inwieweit im Bereich der Grundsätze 55
des kaufmännischen Bestätigungsschreibens eine **Anfechtung nach den §§ 119 ff.
BGB** möglich ist. Einigkeit besteht darin, dass die Wirkungen des Schweigens durch
eine Anfechtung nicht beseitigt werden können. Insoweit fehlt es schon an einer
anfechtbaren Erklärung. Entscheidend ist aber, dass die Zurechnung des Verhaltens
auf einer Wertung nach § 242 BGB beruht, die rückwirkend nicht zu beseitigen
ist.[56] Das bedeutet aber nicht, dass eine Anfechtung auch nicht in Bezug auf den
Inhalt des Bestätigungsschreibens möglich sein kann. Insoweit gelten vielmehr die
allgemeinen Regeln, weil das Vertrauen des Versenders darin, dass das Schweigen
nicht durch Willensmängel beeinflusst ist, keinen größeren Schutz verdient als das
Vertrauen in eine ausdrückliche Erklärung.

3. Formvorschriften (§ 350 HGB)

Der allgemeine Grundsatz der Privatautonomie besagt nicht nur, dass allgemein keine 56
Beschränkung hinsichtlich der inhaltlichen Gestaltung eines Rechtsgeschäfts und der
Freiheit auf Abschluss eines Vertrags besteht. Aus dem Grundsatz der Privatautonomie lässt sich auch ableiten, dass grundsätzlich keine besondere Form einzuhalten
ist. Von diesem Grundsatz hat der Gesetzgeber aber wichtige Ausnahmen gemacht.
So bedarf die auf Abschluss eines Bürgschaftsvertrages gerichtete Willenserklärung
des Bürgen der Schriftform, vgl. § 766 S. 1 BGB. Auch bei der auf die Abgabe eines
Schuldversprechens gerichteten Willenserklärung ist ebenso wie beim sog. abstrakten

---

56 Vgl. BGHZ 11, 1, 5 = NJW 1954, 105: Zweck des Vertrauensschutzes.

Schuldanerkenntnis nach den §§ 780, 781 S. 1 BGB die Schriftform einzuhalten. Hintergrund dieser Formerfordernisse ist eine Warn- bzw. Beweisfunktion. Eines derartigen Schutzes bedarf es nach Auffassung des Gesetzgebers gegenüber Kaufleuten nicht. Dementsprechend sind Erklärungen eines Kaufmanns nach den §§ 766, 780, 781 BGB nicht an die **Einhaltung der Schriftform** gebunden. Sie können überdies auch in elektronischer Form abgegeben werden, vgl. §§ 766 S. 2, 780 S. 2, 781 S. 2 BGB.

> *Examenshinweis*
> Vor einer Anwendung des § 350 HGB sollte immer geprüft werden, ob die Einhaltung der Schriftform nicht aus anderen Gründen (etwa § 782 BGB) entbehrlich oder eingehalten ist (vgl. dazu §§ 126 Abs. 4, 127 a BGB).

57 § 350 HGB setzt ein **streng einseitiges Handelsgeschäft** voraus (vgl. dazu Rn 16). Dies bedeutet, dass eine Anwendung nur dann in Betracht kommt, wenn der Bürge, der Anerkennende oder der Versprechende Kaufmann ist. Gerade an dieser Stelle kommt auch häufig die Frage auf, ob die persönlich haftenden Gesellschafter einer Handelsgesellschaft, die Kommanditisten oder die Geschäftsführer einer GmbH selbst als Kaufleute im Sinne des HGB anzusehen sind (vgl. dazu § 3 Rn 48 ff.). Eine Anwendung auf den GmbH-Geschäftsführer und den GmbH-Gesellschafter wird insoweit abgelehnt.[57] Eine Anwendung beim persönlich haftenden Gesellschafter wird mit dem Argument in Zweifel gezogen, dass bei einer persönlichen Bürgschaft der Bezug zur Sphäre der Gesellschaft fehlt, so dass § 343 HGB nicht gegeben sei.[58] Eine entsprechende Anwendung auf nichtkaufmännische Unternehmer kommt nicht in Betracht. Ob die Norm für den Scheinkaufmann (vgl. § 4 Rn 22) gilt, ist wegen ihres zwingenden Charakters umstritten. Denn daraus folgt, dass sie nicht zur Disposition der Parteien steht und damit auch über Rechtsscheingrundsätze nicht ausgehebelt werden kann.[59]

> *Examenshinweis*
> § 350 HGB eignet sich hervorragend als Einstiegsnorm für die Prüfung der Voraussetzungen der Kaufmannseigenschaft (vgl. dazu § 5). Das gilt im Übrigen auch für die §§ 348 und 349 HGB.

58 Die Anwendung des § 350 HGB setzt weiter voraus, dass das entsprechende Rechtsgeschäft für den Kaufmann ein **Handelsgeschäft** ist. Insoweit gelten die §§ 343, 344 HGB auch hier. Bei der Bürgschaft ist es aber unerheblich, ob die Hauptschuld aus einem Handelsgeschäft stammt.

59 **Formvorschriften**, die in § 350 HGB nicht genannt sind, bleiben bestehen. So ist der von einem Kaufmann abgeschlossene Grundstücksvertrag trotz der Regelung in § 350 HGB notariell zu beurkunden, vgl. § 311 b Abs. 1 S. 1 BGB. Ein Mietvertrag über Räume, der für eine bestimmte Zeit abgeschlossen werden soll, bedarf nach den §§ 550, 578 BGB der Schriftform.

60 Die Parteien können von § 350 HGB **abweichende Vereinbarungen** treffen. Ist eine Schriftform etwa für die Bürgschaft vertraglich vereinbart, ist auf diese Erklärung

---

[57] BGHZ 121, 224, 228 = NJW 1993, 1126; 132, 119, 122 = NJW 1996, 1468.
[58] Vgl. dazu Baumbach/*Hopt*, § 350 Rn 7; *Koller/Roth/Morck*, § 350 Rn 5; in diese Richtung für das Kommissionsrecht: BGH NJW 1960, 1852.
[59] OLG Hamburg (JW 1927, 1109) bejaht Anwendbarkeit; ebenso Baumbach/*Hopt*, § 350 Rn 7; *Koller/Roth/Morck*, § 350 Rn 3; differenzierend *Canaris*, § 6 Rn 23: eintragungsfähiges Geschäft nach den §§ 2, 3 HGB?

nicht § 766 BGB anzuwenden. Dies ist von Bedeutung, weil § 766 BGB streng ausgelegt wird, so dass besondere Anforderungen an den Inhalt der Erklärung gestellt werden.[60] Die vereinbarte Schriftform dient in der Regel nur der Klarstellung und nicht der dem § 766 BGB zugrunde liegenden Warnfunktion.[61]

4. Verjährung

Bis zum Wirksamwerden des Schuldrechtsmodernisierungsgesetzes enthielt das BGB Verjährungsregelungen, die für Kaufleute wegen ihrer Abweichung von der allgemeinen Verjährungsfrist von dreißig Jahren von besonderer Bedeutung waren. Nach § 196 Abs. 1 Nr. 1 ZPO verjährten die Ansprüche der Kaufleute für die Lieferung von Waren, Ausführung von Arbeiten und Besorgung fremder Geschäfte binnen zwei Jahren. Erfolgte die Leistung für den Gewerbebetrieb des Schuldners, betrug die Verjährungsfrist nach § 196 Abs. 1 Nr. 1, Abs. 2 BGB vier Jahre. Diese Regelungen sind ersatzlos entfallen. Auch für den Kaufmann gelten daher die neuen Vorschriften und damit in der Regel auch die allgemeine Verjährungsfrist von drei Jahren, vgl. § 195 BGB. Die Übergangsvorschrift findet sich in Art. 229 § 6 EGBGB. **61**

IV. Besondere schuldrechtliche Regelungen

1. Überblick

Im HGB sind auch **Abweichungen zum allgemeinen Schuldrecht** des BGB enthalten. Dabei handelt es sich um die Regelungen in den §§ 347 bis 349, 352 bis 361, 369 bis 372 HGB. Einige dieser Regelungen erscheinen allerdings überflüssig, weil sich ihr Inhalt schon aus den Regelungen des BGB ergeben würde. So bedürfte es des § 347 HGB, der das Verschulden eines Kaufmanns behandelt, eigentlich nicht, weil sich Entsprechendes auch aus §§ 276 f. BGB folgern lässt. Auch die Regelungen in den §§ 358, 359 HGB (Leistungszeit, § 271 BGB), § 360 HGB (Gattungsschuld, § 243 BGB) und § 361 HGB (Auslegungsregel für Maße und Gewichte) sind letztlich nur Klarstellungen gegenüber den allgemeinen Vorschriften. **62**

Auch § 354 HGB dürfte eigentlich wegen der §§ 612, 633 BGB überflüssig sein. Die Vorschrift greift allerdings nur, wenn der Kaufmann einem anderen Geschäfte besorgt oder Dienste leistet. Das ist nicht der Fall, wenn ein Verkäufer Ware unter Eigentumsvorbehalt veräußert und diese nach der Insolvenz des Käufers an sich nimmt und unter Anrechnung auf die Kaufpreisforderung weiterverkauft.[62] § 354 HGB weist immerhin darauf hin, dass ein Kaufmann im Rahmen seines Handelsgewerbes regelmäßig entgeltlich tätig wird. **63**

> *Examenshinweis*
> Auch wenn sich der Inhalt der genannten Vorschriften aus den allgemeinen zivilrechtlichen Regelungen herleiten lässt, sind die entsprechenden handelsrechtlichen Vorschriften als einschlägige Normen zu verwenden.

---

60 Dazu Palandt/*Sprau*, § 766 Rn 3; Jauernig/*Stadler*, § 766 Rn 3.
61 BGH NJW 1993, 724.
62 BGH NJW 1984, 435.

64 **Weitergehende Bedeutung in der Praxis** und damit auch im Examen haben aber die Vorschriften über die Vertragsstrafe, die Bürgschaft, die Zinsen, das Abtretungsverbot und das kaufmännische Zurückbehaltungsrecht. Das Kontokorrent hat zwar im Handelsgesetzbuch eine Regelung erfahren. Die Bedeutung des Kontokorrents geht aber weit über das Handelsrecht hinaus, weil insbesondere das Girokonto als Kontokorrentkonto geführt wird.

2. Vertragsstrafe, Bürgschaft, Zinsen und andere Regelungen

a) Die Vertragsstrafe (§ 348 HGB)

65 Die Regelungen über die Vertragsstrafe, die insbesondere im **Wettbewerbsrecht** eine besondere Bedeutung hat, finden sich in den §§ 339 bis 345 BGB. Anspruchsgrundlage für das Verlangen auf Leistung der Vertragsstrafe ist § 339 S. 1 BGB. Von besonderer Bedeutung ist die Regelung in **§ 343 BGB**: Ist eine Vertragsstrafe unverhältnismäßig hoch, so kann der Betrag auf Antrag des Schuldners durch Urteil auf einen angemessenen Betrag herabgesetzt werden. Dieses System der Billigkeitskontrolle gilt gegenüber einem Kaufmann nicht. Nach § 348 HGB ist die Anwendung des § 343 BGB ausgeschlossen, wenn die Vertragsstrafe von einem Kaufmann versprochen worden ist.

66 Auch wenn dem Kaufmann die Geltendmachung der Unwirksamkeit der Vertragsstrafe nach § 343 BGB verwehrt ist, kann er dennoch geltend machen, dass die Vereinbarung der Vertragsstrafe gegen die §§ 138, 134 oder § 307 BGB verstößt.[63]

67 § 348 BGB setzt ein **streng einseitiges Handelsgeschäft** voraus (vgl. dazu Rn 16). Ob die Vorschrift auch auf den Scheinkaufmann Anwendung findet, ist wegen ihres zwingenden Charakters streitig (vgl. dazu auch § 4 Rn 22).[64] Eine entsprechende Anwendung auf Nichtkaufleute scheidet aus.

b) Die Bürgschaft (§ 349 HGB)

68 Der Kaufmann kann sich nach § 350 HGB entgegen § 766 BGB nicht nur mündlich oder durch Textform verbürgen (vgl. Rn 56). Nach § 349 HGB steht ihm als Bürgen auch nicht die **Einrede der Vorausklage** zu. Der durch die Bürgschaft gesicherte Gläubiger muss daher nicht zunächst aus der Hauptschuld gegen den Schuldner vorgehen und gegen diesen die Zwangsvollstreckung versuchen, wie dies in § 771 BGB eigentlich vorgesehen ist. Der Bürge ist vielmehr sogleich zur Leistung verpflichtet. Die im Prozess erhobene Einrede ist unbeachtlich.

69 Aufgrund der Regelung in § 349 HGB bedarf auch die Inanspruchnahme eines **Prozessbürgen** nach § 108 Abs. 1 S. 2 ZPO keiner Zwangsvollstreckungsversuche gegenüber dem Prozessgegner. Denn die insoweit als Bürgen zugelassenen Kreditinstitute sind regelmäßig Kaufleute im Sinne der §§ 1 ff. HGB. Nach anderer Ansicht wird allerdings in diesem Fall § 239 Abs. 2 BGB gelten, so dass ein Verzicht auf die Einrede der Vorausklage in die schriftliche Bürgschaft aufzunehmen wäre.[65] Nach

---

[63] BGH NJW 1998, 1147; Baumbach/*Hopt*, § 348 Rn 7; *Koller/Roth/Morck*, § 348 Rn 4.
[64] Baumbach/*Hopt*, Rn 6; *Koller/Roth/Morck*, § 348 Rn 3; zum zwingenden Charakter: BGHZ 5, 133, 136 = NJW 1952, 623.
[65] Zöller/*Herget*, § 108 Rn 7; Thomas/Putzo/*Reichold*, § 108 Rn 8.

§ 773 Abs. 1 Nr. 1 BGB liegt ein Verzicht auf die Einrede der Vorausklage auch dann vor, wenn eine Bürgschaft als selbstschuldnerische Bürgschaft bezeichnet ist.

> *Praxishinweis*
> Aufgrund der Neufassung des § 108 ZPO bedarf es zur Sicherheitsleistung durch Bankbürgschaft keines Ausspruchs durch das Gericht, so dass auch ein entsprechender Antrag durch den Anwalt entbehrlich ist.

c) Handelsrechtliche Zinsregelungen (§§ 352, 353 HGB)

Nach § 352 Abs. 1 HGB stehen dem Kaufmann aus einem beiderseitigen Handelsgeschäft als **gesetzliche Zinsen** fünf Prozent zu. Nach § 246 BGB beträgt der gesetzliche Zinssatz ansonsten nur 4 %. Durch die Anhebung des Verzugszinses in § 288 BGB hat die Bedeutung des § 352 HGB abgenommen. Ihm kommt daher im Wesentlichen nur noch beim Fehlen der Verzugsvoraussetzungen Bedeutung zu, weil dem Kaufmann aus einem beiderseitigen Handelsgeschäft auch Fälligkeitszinsen zustehen, vgl. § 353 HGB. **70**

Zu beachten ist aber, dass die **Verzugszinsen** nach § 288 Abs. 2 BGB bei Rechtsgeschäften, an denen ein Verbraucher im Sinne des § 13 BGB nicht beteiligt ist, acht Prozentpunkte über dem Basiszinssatz im Sinne des § 247 BGB betragen. Ein derartiges Rechtsgeschäft ist aber insbesondere das beiderseitige Handelsgeschäft. **71**

> *Praxishinweis*
> Auf eine gesetzliche Zinsregelung muss sich im Prozess niemand berufen. Dies bedeutet für den **Anwalt**, dass er bei der Geltendmachung der Zinsen keine Ausführungen in die Klageschrift aufnehmen müsste. Das Gericht muss die entsprechenden Zinsen auch zusprechen, wenn jeder Sachvortrag zur Höhe fehlte. Allerdings bieten sich Ausführungen gleichwohl an, wenn diese Punkte vom Gericht übersehen werden könnten.

d) Das Abtretungsverbot (§ 354 a HGB)

In der Praxis wird häufig die Abtretbarkeit von Forderungen durch eine entsprechende Vereinbarung ausgeschlossen. Dies ist nach **§ 399 Fall 2 BGB** ohne weiteres möglich. Einer individualvertraglichen Abrede bedarf es insoweit nach der Rechtsprechung nicht. Wegen des Interesses des Schuldners an einer Vereinfachung der Vertragsabwicklung wird auch eine Regelung durch AGB für zulässig erachtet.[66] Eine entgegen der vertraglichen Abrede erfolgte Abtretung ist unwirksam.[67] Der vermeintliche Abtretungsempfänger wird demnach nicht Inhaber der Forderung. Ihm fehlt für eine Klage die Aktivlegitimation, so dass sie unbegründet und abzuweisen ist. In Betracht kommt lediglich eine Klage in gewillkürter Prozessstandschaft. Diese wäre allerdings offen zu legen und der Klageantrag auf Leistung an den tatsächlichen Forderungsinhaber umzustellen, wenn es an einer Ermächtigung zur Einziehung durch den Prozessstandschafter entsprechend § 185 BGB fehlt. **72**

Nach § 354 a S. 1 HGB[68] ist eine dem vertraglichen Abtretungsverbot zuwider erfolgende **Abtretung gleichwohl wirksam,** wenn die abgetretene Forderung aus einem **73**

---

66 Vgl. BGHZ 51, 113 = NJW 1969, 415; BGHZ 102, 293, 300; NJW 1997, 3434.
67 BGHZ 40, 156, 159 = NJW 1964, 243; BGHZ 70, 299, 301 = NJW 1978, 813; BGHZ 102, 296, 301.
68 Zu dem Problem, ob die Vorschrift auch auf vor dem 30. Juli 1994 getroffene Abreden Anwendung findet: Baumbach/*Hopt*, § 354 a Rn 1; *Koller/Roth/Morck*, § 354 a Rn 4.

beiderseitigen Handelsgeschäft stammt oder eine juristische Person des öffentlichen Rechts oder ein öffentlich-rechtliches Sondervermögen Schuldner ist. Die Regelung gilt für jeden Fall der Vereinbarung eines Abtretungsverbotes. Sie ist zwingend, wie sich aus § 354 a S. 3 HGB ergibt. Durch die Regelung soll bezweckt werden, den Refinanzierungsspielraum mittelständischer Unternehmen zu sichern, sie ist aber nach ihrem Wortlaut nicht auf diesen Anwendungsbereich beschränkt.

74 Der Schuldner wird durch § 354 a S. 2 BGB geschützt.[69] Selbst wenn er Kenntnis von der Abtretung hat, kann er entgegen § 407 Abs. 1 BGB an den bisherigen Gläubiger mit Erfüllungswirkung leisten. Erfasst werden insoweit auch Erfüllungssurrogate, weil auch diese zum Leistungserfolg führen.[70]

> *Praxishinweis*
> Will der Abtretungsempfänger die Forderung einklagen, so muss er beantragen, dass der Beklagte an ihn oder an den früheren Gläubiger leistet.

75 § 354 a HGB hat eine Schutzfunktion für den Kaufmann. Aus diesem Grund kann sie nicht zugunsten eines Scheinkaufmanns Anwendung finden.[71] Dieser muss sich so behandeln lassen, wie es der Rechtswirklichkeit entspricht. Ein Abtretungsverbot bleibt wirksam. Aufgrund des Zwecks des § 354 a HGB wird aber eine erweiternde Anwendung auch auf andere Unternehmen diskutiert, weil auch für diese eine Sicherung des Refinanzierungsspielraumes von erheblicher Bedeutung sein kann.

3. Das Kontokorrent (§§ 355 bis 357 HGB)

a) Überblick

76 Ebenfalls erhebliche praktische Bedeutung hat die sog. **laufende Rechnung oder das Kontokorrent**. Diese Bedeutung beschränkt sich aber nicht auf das Handelsrecht. Eine laufende Rechnung stellt nämlich in der Regel auch das Girokonto dar.[72] Dementsprechend enthält das HGB auch nur Teilregelungen. So legt § 355 Abs. 1 HGB nur fest, dass die ins Kontokorrent gestellten Zinsen in Ausnahme zum Zinseszinsverbot nach § 248 BGB wieder verzinslich sind. § 355 Abs. 2 und 3 HGB enthalten Auslegungsregeln. § 356 BGB behandelt die Frage, was mit Sicherheiten für in das Kontokorrent eingestellte Forderungen geschieht, und § 357 HGB beschäftigt sich mit der Pfändung des Abrechnungssaldos.

b) Vorliegen eines Kontokorrentverhältnisses

77 Ein **Kontokorrent** liegt vor, wenn eine **rechtsgeschäftliche Abrede** gegeben ist, nach der die beiderseitigen Ansprüche und Leistungen nebst Zinsen in eine Rechnung eingestellt werden. Darüber hinaus muss zur Anwendung des § 355 Abs. 1 HGB mindestens einer der Beteiligten Kaufmann sein (einseitiges Handelsgeschäft). Weiter muss zwischen den Beteiligten eine Geschäftsverbindung bestehen. Dies ist allerdings fast schon selbstverständlich, weil andernfalls nicht mehrere gegenseitige Ansprüche entstehen könnten.

---

69 Fallbeispiel: BGH NJW-RR 2004, 50.
70 Baumbach/*Hopt*, § 354 a Rn 2; *Canaris*, § 28 Rn 15.
71 Baumbach/*Hopt*, § 354 a Rn 2; *Koller/Roth/Morck*, § 354 a Rn 2.
72 Vgl. Nr. 7 der Sparkassen-AGB, abgedruckt bei Baumbach/*Hopt*, Handelsrechtliche Nebengesetze, Nr. 8.

Folge der Kontokorrentabrede ist ein **Verlust der Selbständigkeit** der in die Rechnung eingestellten Forderungen. Sie können deshalb nicht mehr selbständig geltend gemacht werden und auch nicht selbständig erfüllt werden.[73]   78

> *Praxishinweis*
> Da das Kontokorrent auch die Beanstandung einzelner in das Kontokorrent eingestellter Forderungen verbietet, ist insoweit prozessual eine Wiedergutschrift wegen zu Unrecht belasteter Posten zu begehren.[74]

> *Praxishinweis*
> Die fehlende Selbständigkeit der Einzelforderung ist nicht von Amts wegen zu berücksichtigen. Sie muss vielmehr im Wege der Einrede in den Prozess eingeführt werden.[75]

Als Folge des Verlustes der Selbständigkeit sind die in das Kontokorrent gehörigen Forderungen auch nicht abtretbar. Die fehlende **Abtretbarkeit** besteht von Anfang an. Irgendwelcher Rechtshandlungen der Beteiligten bedarf es nicht. § 354 a HGB steht diesem Ergebnis nicht entgegen, weil hier keine Vereinbarung i.S.d. § 399 Fall 2 BGB vorliegt. Die fehlende Abtretbarkeit folgt aus dem Verlust der Selbständigkeit der Forderungen.   79

Die in die Rechnung eingestellten Forderungen werden in der Folge dann miteinander verrechnet. Erst aus dieser Verrechnung und dem Anerkenntnis der anderen Partei ergibt sich dann wieder eine Forderung, die geltend gemacht und auf die selbst geleistet werden kann. Soweit bestimmte Zeitabschnitte für die Verrechnung vorgesehen sind, liegt ein **Periodenkontokorrent** vor. Möglich ist aber auch die Abrede, dass die Verrechnung bei jeder Einstellung einer Forderung vorgenommen wird. Eine derartige Vereinbarung wird **Staffelkontokorrent** genannt.[76] Nach § 355 Abs. 2 HGB ist ohne Abrede von einem Periodenkontokorrent auszugehen, das einmal im Jahr abgeschlossen wird.   80

> *Praxishinweis*
> Auch das **Girokonto** stellt nach der Rechtsprechung ein Periodenkontokorrent dar.[77] Dass über den Kontostand gewöhnlich laufend Auszüge erteilt werden, ändert daran nichts. Insoweit handelt es sich nur um eine laufende Information, nicht um eine Abrechnung.

Nicht allein die Tatsache, dass mehrere gegenseitige Ansprüche vorliegen, führt dazu, dass ein Kontokorrent vorliegt. Es bedarf einer Kontokorrentabrede. Fehlt es an der Kontokorrentabrede und wird gleichwohl ohne nähere Darlegung der Einzelforderungen und der Verrechnung von Zahlungen auf diese nur ein Verrechnungsergebnis eingeklagt, fehlt es der Klage an ausreichender Bestimmtheit des Klagegrundes, vgl. § 253 Abs. 2 Nr. 2 ZPO. Eine derartige **Saldoklage** ist unzulässig.[78]   81

---

73 BGHZ 58, 257, 260 = NJW 1972, 872; BGHZ 73, 259, 263 = NJW 1979, 1206; Baumbach/*Hopt*, § 355 Rn 7; *Koller/Roth/Morck*, § 355 Rn 6.
74 OLG Schleswig OLGR 1997, 388.
75 BGH MDR 1970, 303 = NJW 1970, 560; a.A. *Koller/Roth/Morck*, § 355 Rn 6.
76 Baumbach/*Hopt*, § 355 Rn 8.
77 BGHZ 50, 277, 280 = NJW 1968, 2100; WM 1972, 284.
78 Häufig im Mietrecht: vgl. AG Potsdam GE 2002, 403; Bub/Treier/*Fischer*, Handbuch der Geschäfts- und Wohnraummiete, 3. Aufl., VIII Rn 24.

> *Praxishinweis*
> Für das **Gericht** bedeutet dies, dass das Vorliegen einer Kontokorrentabrede bereits bei der Zulässigkeit der Klage zu prüfen ist, wenn lediglich ein Saldobetrag eingeklagt wird. Denn die Zulässigkeit ist – von wenigen Ausnahmen abgesehen – immer vor der Begründetheit zu prüfen.[79] Bei Vorliegen einer Kontokorrentabrede reicht aber die Darlegung des letzten anerkannten Saldoabschlusses (siehe näher Rn 82 ff.) aus. Nur die danach eingetretenen Veränderungen wären im Einzelnen darzulegen.[80]

c) Die Bedeutung der Verrechnung und das Anerkenntnis

82 Je nach der Vereinbarung (Perioden- oder Staffelkontokorrent) ist zu bestimmten Zeitpunkten eine **Verrechnung** vorzunehmen. Nach Auffassung des Bundesgerichtshofs findet die Verrechnung, soweit nicht etwas anderes vereinbart ist,[81] nicht automatisch statt. Sie ist vielmehr Teil des mit der Mitteilung des Saldos an die andere Seite erklärten Angebots auf Abschluss eines **Saldoanerkenntnisvertrages**.[82] Durch den Abschluss des Anerkenntnisvertrages gehen die früheren Einzelforderungen unter und es entsteht eine einzige neue Forderung (**Novationstheorie**).

> *Praxishinweis*
> Die Forderung aus dem Saldoanerkenntnisvertrag hat wegen des Wegfalls der dahinter stehenden Forderungen ihren eigenen Erfüllungsort und Verjährungsbeginn.[83]

83 Nach anderer Ansicht entsteht durch die (automatische) Verrechnung eine aus den einzelnen Forderungen bestehende **kausale Saldoforderung**.[84] Durch den Abschluss des Anerkenntnisvertrages entsteht eine weitere abstrakte Forderung, die neben die kausale Saldoforderung tritt. Für diese Ansicht sprechen nicht nur § 364 Abs. 2 BGB und § 356 HGB. Nach dieser Auffassung lässt sich auch einfacher erklären, warum auf einzelne bereits saldierte Einzelforderungen zurückgegriffen werden kann.[85] Letztlich ergeben sich aber häufig vor allem auch wegen § 356 HGB bei der Anwendung keine Unterschiede.

84 Der Anerkenntnisvertrag wird häufig stillschweigend abgeschlossen, indem auf die Mitteilung der Verrechnung und des Verrechnungsergebnisses keine Reaktion kommt.[86] Bei den Banken und Sparkassen sind diese Wirkungen durch AGB festgelegt. Der Anerkenntnisvertrag bedarf nicht der Schriftform. Dies ergibt sich aus § 782 BGB. Das Anerkenntnis kann widerrufen werden.

> *Praxishinweis*
> Das Anerkenntnis führt zu einer Beweislastumkehr im Falle des Widerrufs.[87]

---

79 Grund: Rechtskraftwirkungen. Ausnahmen: Das Feststellungsinteresse im Rahmen des § 256 ZPO und das Vorliegen der Voraussetzungen einer Klage im Urkundenprozess, wenn die Klage ohnehin unbegründet ist.
80 Vgl. BGH NJW 1983, 2879; WM 1991, 1274; zu den Einzelheiten, insbesondere bei mehreren Konten: LG Nürnberg-Fürth BB 1997, 492.
81 BGHZ 74, 253, 255 = NJW 1979, 1658; BGHZ 107, 192, 197 = NJW 1989, 2120.
82 BGHZ 50, 277, 279 = NJW 1968, 2100; BGHZ 58, 257, 260 = NJW 1972, 872; BGHZ 73, 259, 263 = NJW 1979, 1206; BGHZ 80, 173, 176 = NJW 1981, 1611.
83 BGHZ 51, 346, 349 = NJW 1969, 879.
84 Vgl. dazu *K. Schmidt*, § 21 IV 1, S. 624 ff.; *Canaris*, § 27 Rn 16.
85 RGZ 162, 251; 164, 215; BGH NJW 1970, 560.
86 BGH NJW-RR 1991, 1251.
87 BGH NJW-RR 1991, 1251, 1252.

Fehlt es an einem Anerkenntnis, so sind in einer Klage alle strittigen kontokorrentpflichtigen Vorgänge ohne Änderung der Beweislast vorzutragen und zur Klärung des Ob und Wieviel des Überschusses zu prüfen.[88] Eine Ausnahme davon bildet § 355 Abs. 3 HGB, der bei einer Kündigung einen Anspruch auf den Überschuss gewährt, auch ohne dass es eines Anerkenntnisses bedurft hätte. 85

d) Sicherheiten und Pfändung

Aus § 356 Abs. 1 HGB ergibt sich, dass eine bestellte Sicherheit trotz Verlustes der Selbständigkeit der Forderung durch Zugehörigkeit zum Kontokorrent bestehen bleibt. Die **Sicherheit haftet nunmehr für den Überschuss** aus der Abrechnung, soweit die gesicherte Forderung nicht geringer war. 86

Beispiel 1
Wird eine durch Bürgschaft gesicherte Forderung über 10.000 EUR in das Kontokorrent eingestellt und ergibt sich mit dem Abschluss des Kontokorrents ein Überschuss in Höhe von 5.000 EUR für den Vertragspartner des Hauptschuldners, so kann dieser aus der Bürgschaft 5.000 EUR verlangen. Hätte der Überschuss 12.000 EUR betragen, hätte der Bürge nur bis 10.000 EUR in Anspruch genommen werden können.

Fraglich ist, was passiert, wenn mehrere Abschlüsse (vgl. dazu Rn 82 ff.) vorgenommen werden. Dies kann sich etwa dann ergeben, wenn die Sicherheit erst nach einer gewissen Zeit in Anspruch genommen werden darf. Nach der Rechtsprechung des BGH bleibt die Sicherheit nur in Höhe des **niedrigsten Zwischensaldos** bestehen.[89] Der Wiederanstieg eines vormals verminderten Saldos wirkt daher nicht. 87

Beispiel 2
Ergibt sich nach dem ersten Abschluss wie im Beispiel 1 ein Überschuss in Höhe von 5.000 EUR und steigt dieses Saldo beim nächsten Abschluss auf 10.000 EUR an, kommt eine Inanspruchnahme aus der Bürgschaft nach dieser Rechtsprechung gleichwohl nur in Höhe von 5.000 EUR in Betracht, weil dieses das niedrigste Zwischensaldo darstellt.

Die Pfändung der in das Kontokorrent fallenden Einzelansprüche ist nicht möglich.[90] Möglich ist nur die Pfändung des Überschusses, der sich nach Abschluss der Abrechnungsperiode ergibt. Zu Gunsten des Gläubigers ordnet § 357 S. 1 HGB insoweit an, dass ein zum Zeitpunkt der Zustellung des Pfändungs- und Überweisungsbeschlusses bestehender Überschuss nicht mehr durch die Einstellung weiterer (Gegen-)Forderungen beeinträchtigt werden kann. Gepfändet wird damit das sog. **Zustellungssaldo**. 88

Von der Pfändung des Zustellungssaldos werden nicht die **künftigen Kontokorrentsalden** erfasst.[91] Diese sind aber als zukünftige Ansprüche ebenfalls pfändbar. Es bedarf aber einer ausreichend bestimmten Bezeichnung im Antrag auf Erlass des Pfändungs- und Überweisungsbeschlusses. Sind die zukünftigen Salden erfasst, sind alle bis zur Tilgung der Forderung als gepfändet anzusehen.[92] 89

---

[88] BGH 49, 24, 26 = NJW 1968, 33; BGHZ 93, 307, 314 = NJW 1985, 1706.
[89] BGHZ 26, 142, 150 = NJW 1958, 217; BGHZ 50, 277, 283 = NJW 1968, 2100.
[90] BGHZ 80, 173, 175 = NJW 1981, 1611.
[91] BGHZ 80, 173, 180 = NJW 1981, 1611.
[92] BGHZ 80, 173 = NJW 1981, 1611.

90 Gehen nach der Pfändung zu Gunsten des Schuldners weitere Beträge ein, sind diese selbst nicht gepfändet. Da aber das Kontokorrent selbst keine Zwischenverfügung über diese Beträge zulässt, führen sie zum Zeitpunkt des Abschlusses ebenfalls zu Vorteilen beim Pfändenden. Etwas anderes ergibt sich aber dann, wenn der Schuldner zu Zwischenverfügungen über diese Beträge befugt ist. Dies ist insbesondere beim Girokonto der Fall. Dazu nun:

e) Pfändungen in das Girokonto[93]

91 Das Girokonto wird in der Regel als laufende Rechnung geführt, so dass die vorstehend dargestellten Regeln Anwendung finden. Pfändbar sind daher insoweit das Zustellungssaldo und auch die zukünftigen Überschusssalden. Nicht pfändbar sind beim Kontokorrent aber die Ansprüche auf tägliche Auszahlung, denn einen derartigen Anspruch gibt es beim normalen Kontokorrent nicht. Ebenso können auch eingehende Forderungen nicht gepfändet werden, weil dies die Pfändung in eine Einzelforderung bedeuten würde. Derartige Ansprüche und Forderungen stehen aber dem Bankkunden zu. Dies folgt zwar nicht aus der laufenden Rechnung, aber aus dem Girovertrag selbst. Denn danach kann der Kunde jederzeit über etwaige Guthaben verfügen (**Pfändung des Tagesguthabens**). Er hat auch Anspruch auf die Gutschrift von Neueingängen (**Pfändung des Anspruchs auf Gutschrift**). Die Pfändung dieses Anspruchs hindert den Bankkunden an anderweitigen Verfügungen, so dass der Betrag dem Konto gutgeschrieben werden muss. Der Pfändungsgläubiger erlangt dadurch aber keinen Auszahlungsanspruch. Es liegt insoweit eine Hilfspfändung vor.[94]

92 Nach einer neueren Entscheidung des BGH kann nunmehr auch der Anspruch des Bankkunden gegen das Kreditinstitut aus einem vereinbarten **Dispositionskredit** gepfändet werden, wenn der Kunde den Kredit in Anspruch nimmt.[95] Dies gilt nicht bei einem Überziehungskredit, weil insoweit lediglich eine tatsächliche Duldung der Kontoüberziehung durch die Bank vorliegt.[96]

4. Das kaufmännische Zurückbehaltungsrecht (§§ 369 f. HGB)

a) Überblick

93 Das bürgerliche Recht kennt in § 273 BGB ein Zurückbehaltungsrecht wegen einer konnexen Gegenforderung und in § 320 BGB das Zurückbehaltungsrecht wegen der Gegenleistung aus einem gegenseitigen Vertrag. Diese Zurückbehaltungsrechte gelten auch im kaufmännischen Verkehr.[97] Das Zurückbehaltungsrecht gewährt nach dem BGB das Recht, die Leistung solange zurückzubehalten, wie die Gegenseite ihrerseits noch nicht geleistet hat.

> *Praxishinweis*
> Ein Zurückbehaltungsrecht nach dem BGB rechtfertigt keinen Klageabweisungsantrag, weil es nur zu einer Zug-um-Zug-Verurteilung führen kann, vgl. § 274 BGB.

---

93 Näher Thomas/*Putzo*, § 829 Rn 41 ff.; Zöller/*Stöber*, § 829 Rn 33 Stichwort „Kontokorrent".
94 BGHZ 93, 315, 323 = NJW 1985, 1218.
95 Vgl. BGHZ 147, 193 = NJW 2001, 1937.
96 BGHZ 93, 315, 324 = NJW 1985, 1218.
97 Baumbach/*Hopt*, § 369 Rn 1.

Das Zurückbehaltungsrecht nach § 369 HGB geht weiter. Denn es gilt auch dann, 94
wenn die jeweiligen Ansprüche nicht aus einem gegenseitigen Vertrag oder aus
demselben rechtlichen Verhältnis entstammen. Darüber hinaus bewirkt das Zurückbehaltungsrecht nicht nur eine Einschränkung zur Herausgabe. Unter bestimmten
Voraussetzungen darf der Pfandnehmer die Sache auch verwerten und aus dem Erlös
die Befriedigung suchen, § 371 Abs. 1 S. 1 HGB.

Wegen dieser Befriedigungsfunktion spricht man auch von einem **pfandartigen** 95
Befriedigungsrecht.[98] Dies ändert aber nichts daran, dass das Zurückbehaltungsrecht
im Prozess nicht von Amts wegen, sondern nur auf **Einrede** hin zu berücksichtigen
ist.[99]

> *Examenshinweis*
> Während der Zurückbehaltungsberechtigte in § 273 BGB als Schuldner bezeichnet wird,
> heißt er im Rahmen des § 369 HGB Gläubiger.

b) Voraussetzungen

Das Zurückbehaltungsrecht besteht nur wegen einer fälligen Forderung des das 96
Zurückbehaltungsrecht Ausübenden. Insoweit wird überwiegend die Ansicht vertreten, dass es sich um eine Geldforderung handeln müsse.[100] Denn nur für eine solche
Forderung komme das Befriedigungsrecht in Betracht. Da aber § 369 HGB auch
das Recht auf Zurückbehaltung festlegt, spricht letztlich nichts dagegen, es auch bei
anderen Ansprüchen eingreifen zu lassen.[101]

Zurückbehalten werden dürfen nach § 369 HGB allerdings nur **bewegliche Sachen** 97
und Wertpapiere. Diese Sachen müssen darüber hinaus **mit dem Willen** des anderen
in den Besitz des Kaufmanns gelangt sein und dort noch vorhanden sein. Sie müssen
auch bei Entstehung des Zurückbehaltungsrechts – nicht bei Geltendmachung – **im**
Eigentum des Schuldners gestanden haben. Ein späterer Eigentumsverlust schadet
nicht. Der Zurückbehaltungsberechtigte kann dem Erwerber ein Besitzrecht entgegenhalten.[102] Ein gutgläubiger Erwerb des Zurückbehaltungsrechts kommt allerdings
nicht Betracht.

Unter den Voraussetzungen des § 369 Abs. 2 HGB kann ein Zurückbehaltungsrecht 98
auch an den **eigenen Sachen des Gläubigers** entstehen. Das ist allgemein gesprochen
dann möglich, wenn die Sachen zwar nicht rechtlich, so doch aber wirtschaftlich dem
Schuldner zuzurechnen sind. Das ist einmal der Fall, wenn das vom Gläubiger erlangte
Eigentum an den Schuldner zurückzuübertragen ist. Dies kommt dann in Betracht,
wenn der Erwerbsvorgang aufgrund eines Rücktritts rückabgewickelt wird. Weiter
wird der Fall erfasst, dass der Gläubiger zur Übertragung des von einem Dritten erlangten Eigentums an den Schuldner verpflichtet ist (Beispiel: Einkaufskommission).

Sowohl die Forderung als auch der Anspruch auf Herausgabe der Sachen und Wertpa- 99
piere müssen aus **beiderseitigen Handelsgeschäften** stammen. Die Vorschrift findet

---

98 Baumbach/*Hopt*, § 369 Rn 1; *Koller/Roth/Morck*, §§ 369–372 Rn 1.
99 Baumbach/*Hopt*, § 369 Rn 2; *Koller/Roth/Morck*, §§ 369–372 Rn 7.
100 Oder jedenfalls solche, die in Geldforderungen übergehen können: vgl. *Koller/Roth/Morck*, §§ 369–372 Rn 4.
101 Baumbach/*Hopt*, § 369 Rn 4.
102 BGH NJW 2002, 1050; streitig dazu Palandt/*Bassenge*, § 986 Rn 4.

damit nur auf Kaufleute Anwendung. Die Anwendung auf einen Scheinkaufmann ist grundsätzlich möglich. Sie darf aber nicht zu einer Belastung Dritter führen (siehe dazu Rn 106). Im Übrigen kommt es nur auf das Vorhandensein der Kaufmanneigenschaft zum Zeitpunkt der Entstehung der Forderung und des Pfandrechts an. Eine besondere Verbindung der beiden Ansprüche muss aber – anders als nach § 273 BGB – nicht bestehen.

c) Rechtsfolgen

100 § 369 Abs. 1 HGB gewährt zunächst ein Zurückbehaltungsrecht, das ebenso wie die Zurückbehaltungsrechte nach dem BGB nicht von Amts wegen, sondern nur auf **Einrede** hin berücksichtigt wird. Es führt auch nicht zu einem Untergang des Anspruchs auf Herausgabe, sondern lediglich zu einer **Zug-um-Zug-Verurteilung**.

101 Das kaufmännische Zurückbehaltungsrecht begründet darüber hinaus aber unter den Voraussetzungen des § 371 HGB auch ein **Verwertungsrecht**. Eine Verwertung ist nach § 371 Abs. 3 S. 1 HGB allerdings nur zulässig, wenn ein vollstreckbarer Titel vorliegt. Der Gläubiger hat insoweit mehrere Möglichkeiten:

102 Er kann aufgrund eines einfachen Zahlungstitels vorgehen. Die zurückbehaltenen Sachen werden dann vom Gerichtsvollzieher gepfändet und nach den Vorschriften der ZPO verwertet. Der Gläubiger kann aber auch **Klage auf Gestattung der Befriedigung** nach § 371 Abs. 3 HGB erheben. Die Verwertung kann dann einerseits wie bei einer verpfändeten Sache im Wege öffentlicher Versteigerung oder im freihändigen Verkauf erfolgen. Die Verwertung kann aber auch wie bei einer durch den Gerichtsvollzieher gepfändeten Sache nach den Vorschriften der ZPO erfolgen.

103 Fällt der Schuldner in Insolvenz, so hat der Zurückbehaltungsberechtigte ein **Absonderungsrecht** nach § 51 Nr. 3 InsO.[103]

V. Besondere sachenrechtliche Regelungen

1. Überblick

104 Im HGB finden sich auch sachenrechtlich bedeutsame Regelungen. So ergänzt etwa § 366 HGB die Regelungen zum Gutglaubenserwerb nach dem BGB (vgl. §§ 932 ff. BGB). Daneben wird über § 367 HGB für bestimmte Fälle der Begriff des guten Glaubens im Sinne der §§ 932, 935 BGB festgelegt. § 368 HGB ist Ausdruck der Schnelligkeit des Handelsverkehrs. Denn nach dieser Norm wird die Wartefrist vor dem Pfandverkauf von einem Monat nach § 1234 BGB auf nur eine Woche abgekürzt.

2. Der gute Glaube an die Verfügungsbefugnis

105 Gutgläubiger Eigentumserwerb ist nach den §§ 932 bis 934 BGB nur möglich, wenn der Erwerber hinsichtlich der **Eigentümerstellung** des Veräußerers in gutem Glauben ist, vgl. § 932 Abs. 2 BGB. Weiß er also oder ist ihm dies infolge grober Fahrlässigkeit unbekannt geblieben, dass der Veräußerer nicht Eigentümer ist, scheidet ein Eigentumserwerb aus. Ist der Veräußerer allerdings Kaufmann und findet die

---

103 OLG Köln MDR 1999, 319; Baumbach/*Hopt*, § 369 Rn 2; *Koller/Roth/Morck*, §§ 269–372 Rn 10.

Veräußerung im Betriebe seines Handelsgewerbes statt, so muss der Erwerber nach § 366 HGB nicht an die Eigentümerstellung des Kaufmanns glauben; es reicht aus, wenn er von einer **Verfügungsbefugnis** des Kaufmanns ausgeht. Eine derartige Fallgestaltung ist etwa denkbar, wenn ein Kfz-Händler ein Kraftfahrzeug veräußern will, ohne im Besitz des Kfz-Briefes zu sein.[104] Gleiches gilt, wenn der Erwerber weiß, dass der Veräußerer aufgrund eines Kommissionsvertrages tätig wird. Die Annahme einer Verfügungsbefugnis ist aber dann grob fahrlässig, wenn der Erwerber aufgrund eines Handelsbrauchs davon ausgehen musste, dass die Sache an den Veräußerer nur aufgrund eines verlängerten Eigentumsvorbehalts veräußert worden sein wird, und er selbst den Kaufpreis bereits beglichen hatte, so dass die Vorausabtretung ins Leere gehen musste.[105]

> *Praxishinweis*
> Es braucht nicht im Einzelfall festgestellt zu werden, ob der Erwerber nun an die Eigentümerstellung oder an eine Verfügungsbefugnis geglaubt hat.[106]

Fraglich ist, ob die Vorschrift auch auf den **Scheinkaufmann** anzuwenden ist. Dies ist deshalb problematisch, weil die Vorschrift nicht zu seinen Lasten wirken würde, sondern zu Lasten des Eigentümers. Dies ist das entscheidende Argument, eine Anwendung abzulehnen.[107] Ebenso wird eine Anwendung des **§ 15 Abs. 1 HGB** verneint. Denn auch über diese Vorschrift wird ein Dritter mit dem Eigentumsverlust belastet. Hat jemand also seinen Betrieb eingestellt, ist aber noch nicht aus dem Handelsregister ausgetragen, so kommt ein gutgläubiger Eigentumserwerb nur nach Maßgabe der §§ 932 ff. BGB in Betracht, nicht nach § 366 HGB. **106**

Umstritten ist, ob § 366 HGB dann entsprechend anzuwenden ist, wenn der Erwerber (zu Unrecht) annimmt, der Veräußerer sei wenigstens **zur Übertragung bevollmächtigt**.[108] Gegen eine entsprechende Anwendung spricht dabei, dass der durch die behauptete Vollmacht hervorgerufene Rechtsschein wesentlich geringer ist. Denn § 366 HGB zielt in erster Linie auf berufsmäßige Tätigkeiten, die typischer Weise mit einer Verfügungsbefugnis in eigenem Namen ausgestattet sind, wie dies etwa bei dem Kommissionär der Fall ist. Eine solche typische Ausstattung mit einer Vollmacht zur Verfügung in fremdem Namen gibt es aber nicht.[109] Aus einer Vollmacht für das Kausalgeschäft lassen sich keine Schlüsse ziehen. **107**

> *Examenshinweis*
> § 366 HGB greift nur in Bezug auf bewegliche Sachen. Der Erwerb von Immobilien oder Rechten wird nicht erfasst.

Neben § 366 HGB müssen auch jeweils die weiteren Vorschriften des BGB erfüllt sein. Das bedeutet, dass § 366 HGB immer nur neben den §§ 932 ff. BGB anzuwenden ist.[110] Gutgläubiger Erwerb ist daher bei abhanden gekommenen Sachen nach § 935 BGB ausgeschlossen. **108**

---

104 Vgl. OLG Hamm NJW 1964, 2257.
105 BGH NJW-RR 2004, 555.
106 BGH NJW 1959, 1080; 1975, 736.
107 OLG Düsseldorf NJW-RR 1999, 616; Baumbach/*Hopt*, § 366 Rn 4; a.A. *Koller/Roth/Morck*, § 366 Rn 2.
108 Baumbach/*Hopt*, § 366 Rn 5; *Koller/Roth/Morck*, § 366 Rn 2.
109 *Canaris*, § 29 Rn 16 f.
110 BGHZ 119, 75 = NJW 1992, 2570; *Koller/Roth/Morck*, § 366 Rn 2.

109 Über § 366 Abs. 2 HGB gilt die Vorschrift auch wegen der Belastung einer Sache mit Rechten Dritter, vgl. § 936 BGB. Über § 366 Abs. 3 HGB finden die genannten Vorschriften auch auf typische handelsrechtliche Pfandrechte Anwendung. Danach kann also auch ein gesetzliches Pfandrecht gutgläubig erworben werden, wenn der Pfandberechtigte gutgläubig von einem Verpfändungsrecht ausgegangen ist. Zu beachten sind auch hier jeweils über die §§ 1207, 1208, 1257 BGB die §§ 932 ff. BGB.

> *Examenshinweis*
> Der gutgläubige Erwerb anderer gesetzlicher Pfandrechte als der in § 366 Abs. 3 HGB Genannten kommt nicht in Betracht. Dies gilt insbesondere auch für das Unternehmerpfandrecht nach § 647 BGB.[111] Eine Ausnahme ist lediglich für das Pfandrecht des Kommissionärs zu machen, weil dieses den genannten Pfandrechten gleichsteht.[112]

110 Besteht die Forderung, für die das Pfandrecht vorgesehen ist, nicht aus dem Vertrag für das betroffene Gut, muss sich die Gutgläubigkeit dann aber doch auf das Eigentum des Verpfänders beziehen, weil dieser Fall von § 366 Abs. 3 HGB nicht erfasst wird.

3. Der gute Glaube und Wertpapiere

111 Nach § 935 BGB kommt ein Eigentumserwerb an beweglichen Sachen, die abhanden gekommen sind, nicht in Betracht. Für das Handelsrecht wird durch § 367 HGB für bestimmte Fälle ausdrücklich festgelegt, wann böser Glaube anzunehmen ist. Die Vorschrift erfasst dabei bestimmte im Einzelnen aufgeführte Wertpapiere und den Erwerb oder die Pfandnahme durch einen Kaufmann, der Bankier- oder Geldwechslergeschäfte betreibt. Die Vorschrift gilt dabei auch für die Definition des guten Glaubens in § 932 BGB, weil der Begriff des abhanden gekommenen Wertpapiers im Sinne des § 367 HGB weiter verstanden wird als im Sinne des § 935 BGB und etwa auch die Unterschlagung erfasst.[113]

4. Pfandverkauf nach dem HGB

112 Nach § 368 Abs. 1 HGB ist für den Verkauf eines Pfandes, soweit die Verpfändung ein beiderseitiges Handelsgeschäft darstellt, nicht die Wartefrist nach § 1234 Abs. 1 BGB von einem Monat einzuhalten. Der Verkauf darf bereits eine Woche nach der Androhung stattfinden. Soweit das Pfandrecht eines Spediteurs- oder Frachtführers betroffen ist, bedarf es der langen Wartefrist auch dann nicht, wenn nur auf Seiten des Spediteurs oder Frachtführers ein Handelsgeschäft vorliegt, vgl. § 368 Abs. 2 HGB.

> *Praxishinweis*
> Der Pfandverkauf kann auch durch einen Gerichtsvollzieher erfolgen, vgl. dazu §§ 238 ff. GVGA (Geschäftsanweisung für Gerichtsvollzieher).

---

[111] Vgl. zu diesem BGHZ 87, 274 = NJW 1983, 2140 und auch BGHZ 34, 122, 125 = NJW 1961, 499 zum Unterschied der Pfandrechte.
[112] Baumbach/*Hopt*, § 366 Rn 11; *Canaris*, § 29 Rn 47.
[113] Baumbach/*Hopt*, § 367 Rn 3.

§ 13 Der Vertrieb

I. Überblick

Der Unternehmer kann sich zum Absatz seiner Waren oder Dienstleistungen nicht nur angestellter Mitarbeiter bedienen, sondern auch selbständige Personen einschalten. Geregelt sind im HGB insoweit das Recht
- des Handelsvertreters (§§ 84 ff. HGB),
- des Handelsmaklers (§§ 93 ff. HGB) und
- des Kommissionärs (§§ 383 ff. HGB).

Häufig setzt ein Unternehmer aber auch sog. Vertragshändler, Franchisenehmer ein oder er verkauft die Ware, ohne dass dem mehr als eine Geschäftsverbindung zugrunde liegt, an einen Wiederverkäufer, den sog. Einzelhändler.

Im folgenden Abschnitt wird zunächst das Recht des Handelsvertreters (siehe Rn 2 ff.) behandelt und dem folgend das des Handelsmaklers (siehe Rn 52 ff.) und des Kommissionärs (siehe Rn 59 ff.). Dem schließt sich die Behandlung des Vertragshändlers und Franchisenehmers an (siehe Rn 75 ff.). Diesen Personen ist gemeinsam, dass sie als sog. **selbständige Hilfspersonen** bezeichnet werden, die vom Kaufmann im Rahmen des Absatzes seiner Waren und Dienstleistungen eingesetzt werden, aber – anders als angestellte Mitarbeiter wie der Handlungsgehilfe oder Mitgesellschafter und Familienangehörige – nach außen selbständig auftreten.

II. Der Handelsvertreter

1. Grundlagen

Die Regelungen zum Handelsvertreter finden sich im Ersten Buch des HGB, das eigentlich den Handelsstand behandelt. Dies ist insofern verwunderlich, als dass das Handelsvertreterverhältnis ein **besonderes Schuldverhältnis** darstellt, das systematisch richtig im Fünften Buch des HGB zu behandeln gewesen wäre. Die Einordnung des Gesetzgebers lässt sich aber dadurch erklären, dass der Handelsvertreter nach der Rechtslage vor dem Handelsrechtsreformgesetz ein sog. Musskaufmann war. Man empfand daher die Regelung des Rechtsverhältnisses ebenso wie die Behandlung des Rechts des Handelsmaklers im Umfeld mit den Regelungen über den Kaufmann für angemessener, obwohl in erster Linie Regelungen über das Verhältnis des Handelsvertreters zu seinem Geschäftsherrn geregelt wurden.

Das Handelsvertreterrecht ist **Dienstvertragsrecht** über eine Geschäftsbesorgung.[1] Der Handelsvertreter steht, auch wenn er anders als dieser selbständig ist, einem Arbeitnehmer sehr nahe. Soweit im HGB keine Regelung zu finden ist, ist auch immer die Anwendung der §§ 675 Abs. 1, 611 ff. BGB zu prüfen.[2] Diesen Ausgangspunkt hat der Gesetzgeber zum Anlass genommen, in bestimmten Fällen für Streitigkeiten die Zuständigkeit der Arbeitsgerichte zu begründen, vgl. § 5 Abs. 3

---

1 Baumbach/*Hopt*, § 86 Rn 1; *Koller/Roth/Morck*, § 86 Rn 2.
2 Vgl. im Einzelnen Baumbach/*Hopt*, § 86 Rn 4; *Koller/Roth/Morck*, § 86 Rn 2.

ArbGG. Die unter § 92 a HGB fallenden Handelsvertreter werden dementsprechend als **arbeitnehmerähnliche Handelsvertreter**[3] bezeichnet.

> *Praxishinweis*
> Vor einer Klageerhebung vor den ordentlichen Gerichten in einer Handelsvertretersache, insbesondere bei einer amtsgerichtlichen Zuständigkeit, sollten die Voraussetzungen des § 92 a HGB geprüft werden. Auf der Beklagtenseite kommt die Rüge der Unzuständigkeit in Betracht.[4]

5 Die Regelungen des HGB über den Handelsvertreter gehen auf die **EG-Handelsvertreter-Richtlinie** vom 18. Dezember 1986 zurück. Bei Auslegungsproblemen kommt daher in Gerichtsverfahren eine Vorlage an den EuGH in Betracht.

2. Der Begriff des Handelsvertreters

a) Allgemeine Grundsätze

6 Handelsvertreter ist, wer als selbständiger Gewerbetreibender ständig damit betraut ist, für einen anderen Unternehmer Geschäfte zu vermitteln oder in dessen Namen abzuschließen (§ 84 Abs. 1 HGB). Maßgebend für die Prüfung, ob ein Handelsvertreterverhältnis begründet worden ist, ist das **Gesamtbild** der Beziehungen der Vertragsparteien zueinander, wobei alle Umstände des Einzelfalls heranzuziehen und in ihrer Gesamtheit zu würdigen sind.[5]

7 Der Handelsvertreter muss kein vollkaufmännisches Gewerbe betreiben, er kann auch Kleingewerbebetreibender sein, vgl. § 84 Abs. 4 HGB. Der Handelsvertreter muss auch keine natürliche Person sein. Handelsvertreter kann daher auch eine GmbH, eine AG oder eine Personengesellschaft sein. Ist er keine natürliche Person, ergeben sich allerdings gewisse Probleme, unter anderem im Rahmen des § 89 b Abs. 3 Nr. 1 HGB (vgl. Rn 35).

8 Die Handelsvertretung ist häufig auf den Vertrieb von Waren gerichtet; sie kann sich aber auch auf Dienstleistungen oder Wertpapiere o.Ä. beziehen.[6]

9 Der Abschluss des Handelsvertretervertrages unterliegt den allgemeinen Grundsätzen. Er kann formfrei abgeschlossen werden. Aus diesem Grund kommt auch ein stillschweigender Abschluss in Betracht.[7] § 85 HGB stellt keine Formvorschrift im Sinne des § 125 BGB dar, er regelt nur einen nicht ausschließbaren Anspruch auf schriftliche Niederlegung des Vertragsinhalts. Der Anspruch kann auch gerichtlich geltend

---

[3] Zu diesen auch Baumbach/*Hopt*, § 84 Rn 34; *Koller/Roth/Morck*, § 84 Rn 3.
[4] Für das Verhältnis der ordentlichen Gerichtsbarkeit zur Arbeitsgerichtsbarkeit gelten die §§ 17 ff. GVG. Die Unzuständigkeit des jeweiligen Gerichts ist damit von Amts wegen zu prüfen, § 17 a Abs. 2 S. 1 GVG. Eine rügelose Einlassung ist nicht möglich. Die Rüge der Unzuständigkeit beruht daher nicht auf § 40 ZPO, sondern ist lediglich ein Hinweis auf die Rechtslage. Die Rüge führt nach § 17 a Abs. 3 GVG zur Durchführung des Vorabentscheidungsverfahrens. Zu beachten ist aus gerichtlicher Sicht, dass die Zuständigkeit des anderen Gerichts erst mit der Rechtskraft des Verweisungsbeschlusses eintritt, vgl. § 17 b Abs. 1 S. 1 GVG, so dass vor Abgabe ein entsprechendes Rechtskraftattest einzuholen ist.
[5] BGH NJW 1992, 2818; NJW-RR 1991, 1053, 1054; NJW-RR 1987, 546 zum schlüssigen Vertragsschluss.
[6] BGHZ 43, 108 = NJW 1965, 1132 (für Toto-Lotto-Annahmestellen); BGHZ 62, 71, 73 = NJW 1974, 852 (für Reisebüros); BGH NJW 1980, 1793 (für Vermittler von Bauaufträgen); BGH BB 1982, 1876 (für Vermittler von Grundstücksgeschäften); OLG Hamm BB 1968, 1017 (für Vermittler von Ladegut); vgl. auch § 92 HGB für Versicherungs- und Bausparkassenvertreter und § 92 c Abs. 2 HGB für Schiffsagenturen.
[7] BGH NJW-RR 1987, 546.

gemacht werden. Die Vollstreckung erfolgt allerdings nicht nach § 894 ZPO, sondern nach § 888 ZPO.[8] Denn es geht nicht um die Abgabe einer Willenserklärung, sondern um die schriftliche Bestätigung des Inhalts des bereits abgeschlossenen Vertrags.

Praxishinweis
Der Inhalt des Vertrags ist vollständig im Klageantrag wiederzugeben.

b) Selbständigkeit nach § 84 Abs. 1 S. 2 HGB

Selbständig ist nach § 84 Abs. 1 S. 2 HGB, wer im Wesentlichen frei seine Tätigkeit gestalten und seine Arbeitszeit bestimmen kann. Ist der Handelsvertreter nicht selbständig, dann ist er nach § 84 Abs. 2 HGB als Arbeitnehmer anzusehen und unterfällt nicht den §§ 84 ff. HGB. Eine etwaige Klage wäre nach § 5 Abs. 1 S. 1 ArbGG vor dem Arbeitsgericht zu erheben (vgl. dazu auch Rn 4). Die Frage der Selbständigkeit ist nicht immer einfach zu entscheiden. Insoweit sind alle Umstände des Einzelfalls heranzuziehen und in ihrer Gesamtheit zu würdigen. Indizien für eine Selbständigkeit sind ein Tätigwerden für mehrere Firmen (Mehrfirmenvertreter), keine Festvergütung, sondern allein Provisionsansprüche, eigene Angestellte und eigene Geschäftsräume, Handelsregistereintragung, eigenes Geschäftspapier usw.[9]

10

c) Geschäfte vermitteln oder im Namen des Unternehmers abschließen

Der Handelsvertreter muss für eine andere Person tätig werden. Diese Person muss weder Kaufmann sein noch überhaupt Gewerbetreibender. Das Gesetz bezeichnet diese Person als Unternehmer, vgl. § 84 Abs. 1 S. 1 HGB. Für diese Person hat der Handelsvertreter Geschäfte abzuschließen. Er ist dann **Abschlussvertreter** im Sinne des § 55 HGB (vgl. dazu § 10 Rn 33 und 37). Der Handelsvertreter wird insoweit im Namen und für Rechnung des Unternehmers tätig. Da er nach dem gesetzlichen Leitbild nicht das Risiko des Absatzes der Ware oder Dienstleistung trägt, darf der Unternehmer ihm gegenüber auch den Preis bestimmen. Ein Verstoß gegen **§ 14 GWB** liegt bei den echten Handelsvertretern nicht vor.[10]

11

Vermittlung ist mehr als der bloße Nachweis eines Interessenten. Der bloße Nachweis eines Interessenten reicht lediglich beim BGB-Makler nach § 652 BGB aus.[11] **Vermittlung** setzt demnach ein Einwirken des Handelsvertreters auf den Dritten zum Abschluss eines Vertrags voraus.[12] Für das Entstehen eines Provisionsanspruches genügt aber eine Mitursächlichkeit, wenn diese nicht ganz nebensächlich ist.[13]

12

d) Ständige Betrauung

Der Handelsvertreter muss ständig damit betraut sein, Geschäfte für den Unternehmer zu vermitteln oder für ihn in seinem Namen abzuschließen. Diese Verpflichtung muss

13

---

8 Baumbach/*Hopt*, § 85 Rn 9; *Koller/Roth/Morck*, § 85 Rn 2.
9 Beispielsfall: BGH NJW-RR 1991, 1053 f.
10 BGHZ 51, 163, 168 = NJW 1969, 1024; BGHZ 97, 317, 320, 322 = NJW 1986, 2954; BGHZ 140, 342, 351 = NJW 1999, 2671. Vgl. dazu auch Baumbach/*Hopt*, § 86 Rn 35; *Koller/Roth/Morck*, vor § 84 Rn 3.
11 Baumbach/*Hopt*, § 84 Rn 23; *Koller/Roth/Morck*, § 84 Rn 4.
12 BGH NJW 1983, 42.
13 BGH NJW 1980, 1793.

nicht förmlich und nicht ausdrücklich niedergelegt sein, sie kann sich auch aus einer tatsächlichen Handhabung zu einer Rechtspflicht entwickeln.[14]

14 Fehlt es an der ständigen Betrauung aufgrund vertraglicher Vereinbarung und der Verpflichtung zum Tätigwerden, so ist der Betroffene kein Handelsvertreter, sondern Makler – unter Umständen im Sinne des § 93 HGB.[15]

3. Pflichten und Rechte im Handelsvertreterrecht

a) Überblick

15 Jede der Parteien kann nach § 85 HGB die schriftliche Niederlegung des Vertragsinhalts verlangen (vgl. dazu schon Rn 9). Die Pflichten des Handelsvertreters ergeben sich aus § 86 HGB. Der Handelsvertreter muss sich daher in erster Linie um die Vermittlung und den Abschluss von Geschäften bemühen. Der Unternehmer hat dem Handelsvertreter die dafür notwendigen Unterlagen zur Verfügung zu stellen, vgl. § 86 a Abs. 1 HGB. Wegen dieser Unterlagen steht ihm nach Beendigung des Vertrags ein Zurückbehaltungsrecht nur nach Maßgabe des § 88 a HGB zur Verfügung. Darüber hinaus trifft den Unternehmer auch eine Unterrichtungspflicht nach § 86 a Abs. 2 HGB.

16 Die in der gerichtlichen und anwaltlichen Praxis am häufigsten in Streit geratenden Pflichten sind allerdings der Provisionsanspruch des Handelsvertreters nach § 87 HGB (siehe näher Rn 17 ff.) und der Anspruch auf angemessenen Ausgleich nach Beendigung des Handelsvertreterverhältnisses nach § 89 b Abs. 1 HGB (vgl. dazu Rn 30 ff.). Diese werden daher näher behandelt.

b) Der Provisionsanspruch des Handelsvertreters

17 Dem Handelsvertreter steht nach § 87 Abs. 1 S. 1 HGB ein Anspruch auf Provision für alle auf seine Tätigkeit zurückgehenden Geschäftsabschlüsse zu. Darüber hinaus steht ihm auch eine Provision für alle Geschäfte zu, die Kunden abgeschlossen haben, die er geworben hat. Beides gilt aber nur, wenn der Abschluss während des Bestehens des Handelsvertretervertrages erfolgt. Erfolgt der Abschluss erst nach Beendigung des Handelsvertreterverhältnisses, so kann sich eine Provisionspflicht des Unternehmers nur aus § 87 Abs. 3 HGB ergeben (sog. **Überhangprovision**).[16]

> *Praxishinweis*
> Kann der Vermittler den Abschluss eines wirksamen Handelsvertretervertrages nicht nachweisen, so kommt eine Vergütung gleichwohl nach § 354 HGB in Betracht.[17]

18 Dem Handelsvertreter steht daher eine **tätigkeitsabhängige Provision** zu. Diese ist verdient, wenn der Handelsvertreter den Geschäftsabschluss irgendwie gefördert hat. Eine solche Förderung scheidet im Einzelhandel beispielsweise dann aus, wenn der Vertragspartner die Ware gelistet hat und die einzelnen Häuser zur Führung der

---

14 BGHZ 62, 73, 71 = NJW 1974, 852; NJW 1983, 1727.
15 BGH NJW 1992, 2818; im Versicherungsrecht: BGHZ 94, 356, 358 = NJW 1985, 2595; vgl. auch Baumbach/*Hopt*, § 84 Rn 20; *Koller/Roth/Morck*, § 84 Rn 6.
16 Zum vertraglichen Ausschluss der Überhangprovision: BGH NJW-RR 1998, 629.
17 BGH NJW-RR 1993, 802.

Ware in einem bestimmten Umfang verpflichtet sind. Anderes gilt aber bei einer sog. offenen Listung, bei der die einzelnen Verkaufshäuser selbst entscheiden dürfen, ob sie eine Ware in das Programm aufnehmen oder nicht.

Eine **tätigkeitsunabhängige Provision** steht dem Handelsvertreter zu, wenn es zu einem Geschäftsabschluss mit einem Dritten kommt, den er als Kunden geworben hat. Dabei schadet es nicht, wenn zwischen dem Unternehmer und dem Dritten vor dem Einwirken des Handelsvertreters bereits eine Geschäftsbeziehung bestanden hat. Wie sich aus § 89 Abs. 1 S. 2 HGB ergibt, liegt die Werbung eines neuen Kunden nämlich auch vor, wenn die Geschäftsverbindung mit einem Kunden so wesentlich erweitert worden ist, dass dies wirtschaftlich der Werbung eines neuen Kunden entspricht. Eine tätigkeitsunabhängige Provision stellt auch die sog. **Bezirksprovision** dar, vgl. § 87 Abs. 2 HGB. 19

Für das **Entstehen des Provisionsanspruches** reicht der Abschluss des Vertrags zwischen Drittem und Unternehmer nicht aus. Der Provisionsanspruch ist vielmehr zweifach bedingt. Er steht unter der aufschiebenden Bedingung der Ausführung des Geschäfts durch den Unternehmer[18] (vgl. § 87 a Abs. 1 HGB) und unter der auflösenden Bedingung, dass der Dritte nicht leistet (vgl. § 87 a Abs. 2 HGB). Die **Fälligkeit** des Anspruchs ergibt sich aus den §§ 87 c Abs. 1, 87 a Abs. 4 HGB. 20

Die **Nichtleistung des Dritten** im Sinne des § 87a Abs. 2 HGB lässt den Provisionsanspruch nur dann entfallen, wenn der Unternehmer alle zumutbaren Maßnahmen zur Durchsetzung des Anspruchs ergriffen hat. Dies bedeutet auch, dass grundsätzlich Klage zu erheben ist. Etwas anderes gilt nur im Ausnahmefall des Massengeschäfts mit Kleinaufträgen[19] und anderen Fällen, in denen eine klageweise Durchsetzung ausnahmsweise unzumutbar erscheint. Die Regelung ist zugunsten des Handelsvertreters zwingend. Dies schließt einen Verzicht des Handelsvertreters aber nicht aus.[20] 21

Die Ansprüche aus dem Handelsvertretervertrag **verjähren nach § 88 HGB** in vier Jahren. Erfasst werden damit alle Ansprüche, auch die Hilfsansprüche auf Abrechnung über die Provision sowie der Rückzahlungsanspruch des Unternehmers nach § 87 a Abs. 2 Hs. 2 HGB.[21] Häufig sind in den Verträgen von § 88 HGB abweichende Vereinbarungen getroffen. Dabei ist eine ungleichmäßige Verkürzung der Fristen auch außerhalb von AGB-Verträgen unwirksam.[22] Eine Abkürzung auf sechs Monate kann individualvertraglich aber dann wirksam sein, wenn ein anerkennenswertes Interesse an der Abkürzung besteht, diese für beide Seiten gilt und der Beginn der Verjährung von der Kenntnis der Anspruchsentstehung abhängig gemacht ist.[23] 22

Damit der Handelsvertreter seinen Provisionsanspruch auch durchsetzen kann, sind ihm verschiedene Kontrollrechte eingeräumt. So steht ihm nach § 87 c Abs. 2 HGB das Recht zu, bei der Abrechnung einen **Buchauszug** zu verlangen. Der Anspruch 23

---

18 Die Provisionspflicht kann auch entstehen, wenn das Geschäft durch ein anderes Unternehmen ausgeführt wird, mit dem der Unternehmer wirtschaftlich verflochten ist, vgl. BGH NJW 1981, 1785; BB 1987, 1417.
19 BGH BB 1971, 1430; NJW 1974, 45; DB 1983, 2136.
20 BGH NJW-RR 2003, 1615.
21 BGH NJW 1963, 1201.
22 BGH NJW 2003, 1670.
23 BGH NJW 1991, 35; ein Verstoß gegen § 307 BGB liegt aber vor, wenn eine zwölfmonatige Verjährungsfrist ab Fälligkeit des jeweiligen Anspruchs unabhängig von einer Anzeigepflicht vereinbart ist, vgl. BGH BB 1996, 1188.

besteht ohne weiteres, so dass es keinen besonderen Grundes, insbesondere keines Zweifels an der Richtigkeit der Abrechnung nach § 87 c Abs. 1 HGB bedarf.[24] Der Anspruch ist ausgeschlossen, wenn sich der Handelsvertreter und der Unternehmer über die Provision geeinigt haben.[25] Keinen Ausschlussgrund stellt die jahrelange widerspruchslose Hinnahme der Abrechnungen dar, weil dies auch unter Vollkaufleuten nicht der Verzicht auf Nachforderung bedeutet.[26]

24 Der Buchauszug muss dabei eine **geordnete Zusammenstellung** der für die Provisionsabrechnung maßgebenden Umstände enthalten. Es reicht nicht aus, wenn dem Handelsvertreter Auszüge aus den Handelsbüchern des Kaufmanns im Sinne der §§ 238, 259 Abs. 1 S. 1 HGB überlassen werden, denn diese dienen einem anderen Zweck. Der Buchauszug dient der Kontrolle der Abrechnung, die Handelsbücher sollen dem Kaufmann einen Überblick über die wirtschaftliche Lage des Unternehmens vermitteln. Daraus folgt, dass der Buchauszug die im Zeitpunkt seiner Aufstellung für die Berechnung, die Höhe und die Fälligkeit der Provisionen relevanten Geschäftsverhältnisse vollständig widerspiegeln muss, soweit sie sich aus den Büchern des Unternehmers entnehmen lassen.[27] Welche Angaben über die Geschäfte für die Provision des Handelsvertreters im Einzelfall von Bedeutung sind, hängt von der zwischen dem Handelsvertreter und dem Unternehmer geltenden Provisionsregelung ab.[28] Diese ergibt sich in erster Linie aus der zwischen ihnen getroffenen Provisionsvereinbarung und aus den zwingenden gesetzlichen Regelungen (§ 87 a Abs. 2 bis 4 HGB) sowie, soweit eine besondere Vereinbarung nicht getroffen wurde, aus den dispositiven gesetzlichen Vorschriften (§§ 92, 87, 87 a Abs. 1 HGB).[29]

25 Der **Buchauszug** muss daher Angaben über den Namen und die Anschriften der Kunden enthalten, alle Daten über Art, Zahl und Preis der bestellten Ware, alle Daten über vereinbarte Lieferzeiten, bei Vorliegen von Auftragsbestätigungen den Inhalt der Auftragsbestätigungen, alle Daten über Auslieferungen, alle Daten über Kundenzahlungen, alle Daten über eventuelle Nichtauslieferungen und ihre Gründe sowie alle Daten über eventuelle Stornierungen und deren Gründe. Die Angaben müssen sich gegebenenfalls auch auf die Geschäfte verbundener Unternehmen erstrecken.[30]

26 Die **Kosten für die Erteilung eines Buchauszugs** trägt der Unternehmer.[31] Dabei ist das Verlangen nach einem Buchauszug auch bei besonders hohen Kosten nicht treuwidrig, weil das Entstehen dieser besonderen Kosten darauf beruht, dass die Buchführung des Unternehmers trotz der bestehenden Pflicht nach § 87 c Abs. 2 HGB nicht darauf eingerichtet ist, die für einen ordnungsgemäßen Buchauszug notwendigen Daten zusammenzufassen.[32]

27 Der Anspruch auf Buchauszug kann isoliert, aber auch im Wege der **Stufenklage nach § 254 ZPO** geltend gemacht werden. Der Anspruch auf Bucheinsicht nach § 87 c Abs. 4 HGB kann nicht zugleich mit dem Verlangen auf einen Buchauszug

---

24 BGH WM 1982, 153.
25 BGH NJW 1981, 457.
26 BGH NJW 1996, 588.
27 BGH NJW 2001, 2333; NJW-RR 1989, 738; NJW 1996, 588.
28 BGH NJW 2001, 2333.
29 BGH NJW 2001, 2333.
30 BGH NJW 2001, 2333; NJW-RR 1994, 1271.
31 BGHZ 56, 290, 296 = NJW 1971, 1610.
32 BGH NJW 2001, 2333.

geltend gemacht werden; dafür fehlt es an einem Rechtsschutzbedürfnis.[33] Auch der Anspruch auf Auskunft nach § 87 c Abs. 3 HGB, der den Anspruch auf Buchauszug nur ergänzt, setzt die Erteilung eines Buchauszugs bereits voraus. Der ebenfalls bestehende Anspruch auf eidesstattliche Versicherung nach den §§ 259, 260 BGB setzt eine erfolglose Einsicht in die Bücher nach § 87 c Abs. 4 HGB oder das Fehlen einsehbarer Bücher voraus.

> *Praxishinweis*
> Bei der Fassung des Antrags auf Erteilung eines Buchauszugs ist der Inhalt des Buchauszugs konkret anzugeben.[34] Die Vollstreckung erfolgt nach § 887 ZPO.[35]

Ist eine Verurteilung nach § 87 c Abs. 4 HGB auf Bucheinsicht erfolgt und entspricht der Tenor des Titels dem Wortlaut des § 87 c Abs. 4 HGB, so darf sich der Gläubiger der Hilfe eines Wirtschaftsprüfers oder vereidigten Buchsachverständigen bedienen, auch wenn dies im Titel nicht ausdrücklich angegeben ist. Ob die Verurteilung zur Einsicht nach § 883 ZPO[36] oder nach § 887 ZPO[37] zu vollstrecken ist, ist umstritten. Insoweit sollte danach differenziert werden, welche Handlung vom Vollstreckungsschuldner verweigert wird. Verhindert er den Zutritt etwa mit Schlössern oder anderen Vorrichtungen, so greift § 887 ZPO ein; geht es um das Auffinden der Unterlagen, ist nach § 883 ZPO zu vollstrecken.[38]

28

Zur Bewertung des **Zuständigkeitsstreitwertes** ist auf das Interesse des Klägers an der Erteilung des Auszugs abzustellen. Dieses ist nicht mit dem Wert der Hauptsache (Auszahlung ausstehender Provision), sondern nur mit einem Teilwert anzunehmen.[39] Für den Beklagten ist für den **Beschwerwert** bei einem Antrag auf Erteilung eines Buchauszugs – wie bei allen Auskunftsansprüchen – in erster Linie auf den Aufwand an Arbeitszeit und allgemeinen Kosten abzustellen, den die Auskunftserteilung erfordert.[40] Der Beschwerwert ist der Wert, der für die Beurteilung der Zulässigkeit eines Rechtsmittels entscheidend ist.

29

c) Der Ausgleichsanspruch nach § 89 b HGB

aa) Grundlagen

Der grundsätzlich mit Beendigung eines Handelsvertretervertrages entstehende Ausgleichsanspruch nach § 89 b HGB hat **erhebliche praktische Bedeutung**. Er dient nicht der Versorgung des Handelsvertreters, sondern ist ein Vergütungsanspruch, der allerdings durch die Billigkeit mitbestimmt wird. Er steht grundsätzlich jedem Handelsvertreter zu, die Regelung ist weitgehend zwingend, vgl. § 89 b Abs. 4 HGB.[41] Für

30

---

33 BGHZ 56, 290, 297 = NJW 1971, 1610.
34 OLG Saarbrücken NJW-RR 2002, 34; Muster: *Anders/Gehle/Baader*, Handbuch für den Zivilprozess, 2. Aufl., Teil A Auskunft-Handelsvertreter, S. 14 f.
35 Thomas/*Putzo*, § 887 Rn 2a; Zöller/*Stöber*, § 887 Rn 3, Stichwort: Buchauszug. Der Einwand der Erfüllung kann nach überwiegender Ansicht nur im Wege der Vollstreckungsgegenklage nach § 767 ZPO geltend gemacht werden.
36 OLG Frankfurt NJW-RR 1992, 171; Zöller/*Stöber*, § 883 Rn 2.
37 *Koller/Roth/Morck*, § 87 c Rn 17.
38 OLG Frankfurt NJW-RR 2002, 823, 824.
39 Thomas/*Putzo*, § 3 Rn 21; Zöller/*Herget*, § 3 Rn 16, Stichwort: Auskunft; es werden Werte zwischen 1/10 und 1/4 des Hauptsachbetrags genannt.
40 BGH NJW-RR 1994, 1271.
41 Ausnahme: § 92 c HGB.

den Versicherungsvertreter gelten Sonderregeln, vgl. §§ 89 b Abs. 5, 92 HGB. Für den Handelsvertreter im Nebenberuf findet die Vorschrift nach § 92 b HGB keine Anwendung.

bb) Beendeter Handelsvertretervertrag

31 Grundvoraussetzung für die Anwendung des § 89 b HGB ist das **Vorliegen eines Handelsvertretervertrages**. Bei vergleichbaren Vertragsverhältnissen kommt ein Anspruch aber auch dann in Betracht, wenn kein Handelsvertretervertrag vorliegt. Dies ist in erster Linie bei den sog. Vertragshändlern, Franchiseverträgen sowie den Kommissionsagenten der Fall (vgl. dazu Rn 75 ff.). Die Rechtsprechung verlangt allerdings nicht, dass der Handelsvertretervertrag auch wirksam gewesen ist. Selbst bei einem nichtigen oder angefochtenen Handelsvertretervertrag kommt ein Ausgleichsanspruch in Betracht, wenn der Vertrag in Vollzug gesetzt worden ist.[42]

32 Der Ausgleichsanspruch entsteht erst mit der **Beendigung** des Vertragsverhältnisses. Dabei spielt der Beendigungsgrund, abgesehen von den Fällen des § 89 b Abs. 3 HGB, keine Rolle.[43] Es ist daher unerheblich, ob der Vertrag aufgrund Kündigung, einer Befristung oder wegen Todes des Handelsvertreters endet. Auch die **Teilbeendigung** des Vertrags kann einen Ausgleichsanspruch auslösen.[44] Dies setzt aber eine wesentliche quantitative Einschränkung voraus.

cc) Ausschluss des Ausgleichsanspruchs

33 Auch wenn dem Handelsvertreter in der Regel ein Ausgleichsanspruch zusteht, sind drei Fallgestaltungen zu berücksichtigen, bei deren Vorliegen ein Ausgleichsanspruch **ohne Billigkeitsprüfung ausgeschlossen** ist. Die Fallgestaltungen stellen Konkretisierungen des Billigkeitsgedankens in § 89 b Abs. 1 S. 1 Nr. 3 HGB dar.

34 Ein Ausgleichsanspruch ist nach § 89 b Abs. 3 Nr. 3 HGB ausgeschlossen, wenn nach der Beendigung des Handelsvertretervertrages eine dreiseitige Vereinbarung (unter Einschluss des ausscheidenden Handelsvertreters) über den **Eintritt eines Dritten in das Vertragsverhältnis** als Handelsvertreter getroffen wird. Der Wegfall des Ausgleichsanspruchs beruht hier darauf, dass mit der Vertragsübernahme zugleich Regelungen hinsichtlich eines Ausgleichs an den scheidenden Handelsvertreter getroffen werden können.

35 Der Ausgleichsanspruch ist grundsätzlich ausgeschlossen, wenn der **Handelsvertretervertrag von dem Handelsvertreter gekündigt** worden ist, vgl. § 89 b Abs. 3 Nr. 1 HGB. Dies gilt dann nicht, wenn der Unternehmer einen begründeten Anlass für die Kündigung gegeben hat. Dies erfordert auf Seiten des Handelsvertreters keinen wichtigen Grund. Ausreichend ist daher, dass der Grund aus der Sphäre des Unternehmers kommt und sein Vorliegen die Vertragsfortsetzung objektiv unzumutbar erscheinen lässt.[45] Dazu können betriebliche Gründe wie Betriebsstilllegungen oder

---

42 BGHZ 129, 290 = NJW 1995, 1958; NJW 1997, 655.
43 BGHZ 52, 12, 13 = NJW 1969, 1023; Baumbach/*Hopt*, § 89 b Rn 7; *Koller/Roth/Morck*, § 89 b Rn 3.
44 Baumbach/*Hopt*, § 89 b Rn 10; *Koller/Roth/Morck*, § 89 b Rn 3; offen in BGHZ 124, 10, 12 = NJW 1994, 123; BGHZ 142, 358, 369 = NJW-RR 2000, 649.
45 BGHZ 40, 13, 15 = NJW 1963, 2068; NJW 1987, 778; NJW 1996, 848.

Produktionseinstellungen gehören, aber auch Vertragsverstöße durch den Unternehmer. Allein das Vorliegen des Grundes reicht aus; eine Kenntnis oder Ursächlichkeit für die Kündigung ist nicht erforderlich.[46] Eine Kündigung durch den Handelsvertreter schadet dem Ausgleichsanspruch auch dann nicht, wenn dem Handelsvertreter die Fortsetzung aufgrund seines Alters oder aufgrund Krankheit nicht zuzumuten ist, vgl. § 89 Abs. 3 Nr. 1 a.E. HGB.

Ein Ausgleichsanspruch scheidet weiter aus, wenn das Vertragsverhältnis **durch den Unternehmer beendet wird** und für die Kündigung ein wichtiger Grund wegen schuldhaften Verhaltens des Handelsvertreters vorlag. Der wichtige Grund im Sinne des § 89 b Abs. 3 Nr. 2 HGB ist dabei genau so zu verstehen wie in § 89 a Abs. 1 S. 1 HGB.[47] Eine Kündigung muss dabei nicht innerhalb der Frist des § 626 Abs. 2 BGB erfolgen; sie muss aber innerhalb angemessener Überlegungsfrist erklärt werden,[48] die jedenfalls kürzer als zwei Monate sein muss.[49] Allein das Bestehen eines wichtigen Grundes führt nicht zum Ausschluss eines Ausgleichsanspruchs, es bedarf grundsätzlich einer Kündigung.[50] Entsprechend reicht auch eine Aufhebungsvereinbarung nicht aus, weil bei dieser auch eine Vereinbarung über den Ausgleichsanspruch getroffen werden könnte.[51] Der Grund muss europarechtlich bei richtlinienkonformer Auslegung (vgl. dazu auch Rn 5) auch für die Kündigung ursächlich sein.[52]

dd) Unternehmervorteile und Provisionsverlust und die Berechnung des Ausgleichs

Die **Berechnung des Ausgleichsanspruch** ist äußerst kompliziert und in vielen Einzelheiten umstritten. Die Berechnung selbst wird daher in der Regel nicht unmittelbarer Gegenstand einer Examensleistung sein. Es erfolgt daher nur eine Darstellung in Grundzügen.

Der Ausgleichsanspruch setzt voraus, dass dem Unternehmer aus der Geschäftsverbindung mit von dem Handelsvertreter geworbenen Kunden auch nach der Beendigung des Vertrags **erhebliche Vorteile** verbleiben, § 89 Abs. 1 Nr. 1 HGB. Erfasst werden sollen damit insbesondere Folgeaufträge, die sich aus der Geschäftsverbindung ergeben werden. Dabei handelt es sich ebenso wie bei der Regelung unter § 89 b Abs. 1 Nr. 2 HGB sowohl um einen anspruchsbegründenden als auch den Umfang des Anspruchs („... wenn und soweit ...") bestimmenden Tatbestandsteil. Eine Verknüpfung der beiden Regelungen in Nr. 1 und 2 ergibt sich daraus, dass der erlangte Vorteil in der Regel nach der Rechtsprechung auch einen Provisionsverlust vermuten lässt (vgl. dazu auch Rn 42).

Ein Vorteil scheidet aus, wenn der Unternehmer seinen Betrieb vollständig einstellt, wobei dies aber nicht willkürlich und ohne vertretbaren Grund geschehen darf.[53] An

---

[46] BGHZ 40, 13, 15 = NJW 1963, 2068.
[47] BGH WM 1985, 982; NJW 2000, 1866.
[48] BGH NJW 1990, 2889.
[49] BGH BB 1999, 1516.
[50] BGHZ 91, 321, 324 = NJW 1984, 2529.
[51] BGH ZIP 1995, 1002.
[52] Baumbach/*Hopt*, § 89 b Rn 66; *Koller/Roth/Morck*, § 89 b Rn 17; gegen BGHZ 40, 13, 16 = NJW 1963, 2068; BGHZ 48, 222, 225 = NJW 1967, 2154; NJW 1990, 2889, 2890.
[53] BGH NJW 1986, 1931.

einem Vorteil fehlt es auch, wenn der Unternehmer auf die Daten der geworbenen Kunden nicht zurückgreifen kann, weil diese (mit Sicherheit) gelöscht werden.[54] Ein Verkauf des Unternehmens schließt einen Vorteil nicht aus, weil dem Unternehmer mit Rücksicht auf den bestehenden Kundenstamm ein höheres Entgelt zufließen wird.[55] Für die **Erheblichkeit** des Vorteils ist nicht auf den Anteil am Gesamtgeschäft des Unternehmers abzustellen. Entscheidend sind der Umfang und die erwartete Beständigkeit des Neugeschäfts.[56]

40 Der Vorteil bezieht sich aber nur auf die von dem Handelsvertreter neu geworbenen Kunden, die sog. **Stammkunden**. Von diesen sind die **Altstammkunden**, die der Handelsvertreter nicht neu geworben hat, abzuziehen. Ein Altstammkunde gilt allerdings nach § 89 b Abs. 1 S. 2 HGB als neu geworbener Kunde, wenn die Geschäftsverbindung wesentlich erweitert worden ist. Dies ist der Fall, wenn eine Mengenerhöhung um 100 % vorliegt.[57] Für die Neuwerbung reicht eine Mitursächlichkeit des Handelsvertreters aus.[58] So genügt etwa für einen Tankstellenbetreiber das Offenhalten der Tankstelle.[59]

> *Praxishinweis*
> Der Handelsvertreter trägt die Beweislast für den Umfang der von ihm geworbenen Kunden und für den erlangten Vorteil. Insoweit greifen zu seinen Gunsten aber verschiedene Vermutungen; auch die Schätzung nach § 287 Abs. 2 ZPO ist nach einer Beweisaufnahme mit nicht klarem Ergebnis möglich.

41 Für die künftige Entwicklung der Geschäftsverhältnisse mit den geworbenen Stammkunden ist auf eine **Prognose** abzustellen, in die insbesondere auch eine Abwanderung der Stammkunden einzubeziehen ist.[60] Die Prognose ist aus der Sicht zum Zeitpunkt der Beendigung des Vertrags zu erstellen, so dass nachträgliche Änderungen des wirtschaftlichen Umfeldes nur dann berücksichtigt werden können, wenn diese bereits absehbar waren.[61] Sie umfasst den Zeitraum, in dem dem Unternehmer überhaupt nur Vorteile zufließen.[62]

42 Einer konkreten Bemessung des Unternehmervorteils bedarf es regelmäßig nicht, weil der **Unternehmervorteil** in der Regel nicht geringer ist als die dem Handelsvertreter **entgangene Provision**,[63] so dass im Normalfall nur diese zu berechnen ist. Als entgangene Provision kann nur der für die Vermittlung anfallende Anteil (Abschlussprovisionen) angesetzt werden.[64] Der Anteil für die Lagerhaltung und die Verwaltungstätigkeit ist daher aus der Provision herauszurechnen. Ein Abzug ersparter Kosten kommt nur in Betracht, wenn diese Kosten besonders hoch sind.

---

54 BGH NJW 1996, 2159 (Toyota).
55 BGH NJW 1960, 1292.
56 BGH NJW 1998, 68, 74; NJW-RR 1991, 1210.
57 BGH NJW 1971, 1611.
58 BGH NJW 1985, 859.
59 BGH NJW 1998, 66 (BP II); zur Anwendung der sog. Aral-Studie BGH NJW-RR 2003, 1340.
60 Baumbach/*Hopt*, § 89 b Rn 12.
61 BGH NJW 1998, 71
62 Baumbach/*Hopt*, § 89 b Rn 16.
63 BGH NJW-RR 1990, 2889.
64 BGHZ 30, 98 = NJW 1959, 1430; NJW 1998, 69; NJW 1998, 72.

Praxishinweis
Der Handelsvertreter trägt die Darlegungs- und Beweislast für den Umfang der ihm entgangenen Provisionen, wobei bei feststehender Neukundenwerbung eine (widerlegbare) Vermutung für eine weiterbestehende Geschäftsverbindung besteht.[65] Der Unternehmer trägt die Darlegungs- und Beweislast für den Anteil an der Provision, der nicht für den Abschluss gezahlt wird, weil er insoweit über mehr Erfahrungswissen verfügt und näher an der Sache steht.[66]

Ausgehend von dem **letzten Jahreswert** errechnet sich der Provisionsverlust. Ein anderer Zeitraum kommt nur dann in Betracht, wenn das letzte Vertragsjahr einen atypischen Verlauf genommen hat. Auch in einem sog. Rotationssystem (der Handelsvertreter wechselt in bestimmten Zeiträumen seinen Bezirk) ist von dem letzten Jahreswert auszugehen. Der ermittelte Wert wird als **Rohausgleich** bezeichnet und ist nach einer gängigen Methode abzuzinsen.[67]

Berechnungsbeispiel[68]
Ist von einem Stammkundenanteil von 80 % mit Altstammkundenanteil von 10 % (= 70 % durch den Handelsvertreter geworbene Kunden) auszugehen und der Zeitraum der Vorteilsziehung fünf Jahre bei einer Abwanderungsquote von 20 % pro Jahr, ergibt sich insgesamt von der letzten Jahresprovision ein Wert von 56 % + 44,8 % + 35,84 % + 28,67 + 22,94 % = 188,25 %. Der sich hieraus ergebende Rohausgleich ist abzuzinsen.

ee) Die Billigkeitsprüfung

Steht der Rohausgleich fest,[69] ist zu prüfen, ob Billigkeitsgesichtspunkte eine Herabsetzung dieses Betrages erfordern, vgl. § 89 b Abs. 1 S. 1 Nr. 3 HGB.

Examenshinweis
Die Billigkeitsprüfung darf immer erst nach Feststellung eines Unternehmervorteils und eines Provisionsverlustes erfolgen. Dem Handelsvertreter steht danach nur das Niedrigste zu, was sich unter einer der drei Ziffern ergibt.

Für den Richter bedeutet das, dass der Erlass eines **Grundurteils** zwar nicht ausgeschlossen, aber nur dann zulässig ist, wenn mit hoher Wahrscheinlichkeit erhebliche Vorteile, damit verbundene Provisionsverluste und die Billigkeit des Ausgleichs, gegeben sind.[70]

In die Billigkeitsprüfung sind **alle Umstände des Einzelfalls** einzubeziehen. Dabei können die Umstände der Vertragsbeendigung, insbesondere ein etwaiges Verschulden, das die Voraussetzungen des § 89 b Abs. 3 HGB nicht erreicht hat, etwaige Besonderheiten des Vertrags auch hinsichtlich der Vergütung,[71] die Vertragsdauer, eine dem Handelsvertreter vom Unternehmer gewährte Altersversorgung, aber auch

---

[65] BGHZ 55, 45 = NJW 1971, 462; Baumbach/*Hopt*, § 89 b Rn 30.
[66] BGH NJW 1996, 2300; NJW 1998, 69; NJW 1998, 73; anders für Versicherungsvertreter BGH NJW-RR 2004, 469.
[67] BGH BB 1991, 368: nicht der Jahresdurchschnitt ist abzuzinsen. Näher zur Abzinsung: Baumbach/*Hopt*, § 89 b Rn 48.
[68] Vgl. beispielhaft zur Berechnung: BGH NJW 1996, 2302; NJW 1998, 71; zum Tankstellenhalter: BGH NJW-RR 2003, 821; Baumbach/*Hopt*, § 89 b Rn 29.
[69] Billigkeitsprüfung bezieht sich nicht auf den Jahresdurchschnitt, vgl. BGH NJW 1965, 1134.
[70] BGH NJW 1996, 848; 1982, 1758.
[71] Nicht aber Werbemaßnahmen durch den Unternehmer, weil diese im Regelfall zu dessen unternehmerischer Betätigung gehören, vgl. BGH NJW 1971, 1611.

die Aufnahme einer sofortigen Konkurrenztätigkeit durch den Handelsvertreter[72] von Bedeutung sein. Herabsetzungsgrund kann auch die Sogwirkung der Marke sein.[73]

> *Praxishinweis*
> Das Vorliegen der Voraussetzungen des § 89 b Abs. 1 S. 1 Nr. 1 und 2 HGB ergibt eine Vermutung für die Billigkeit, so dass der Unternehmer die für die Herabsetzung aus Billigkeitsgründen sprechenden Tatsachen darlegen und beweisen muss.[74]

ff) Der Höchstbetrag nach § 89 b Abs. 2 HGB

47 Der so ermittelte Betrag wird durch die Regelung in § 89 b Abs. 2 HGB gedeckelt. Zur Ermittlung des Deckelbetrages sind alle Vergütungen heranzuziehen, auch etwaige verjährte Provisionsforderungen.[75] Steht zur Ermittlung kein Fünfjahreszeitraum zur Verfügung, ist der zur Verfügung stehende Zeitraum heranzuziehen.

gg) Die Frist zur Geltendmachung und der Vorausverzicht

48 Der Ausgleichsanspruch ist binnen der **Jahresfrist nach § 89 b Abs. 4 S. 2 HGB** geltend zu machen. Die Geltendmachung muss eindeutig und unmissverständlich erfolgen. Ihre Wahrung bedarf aber nicht der Klageerhebung, sondern kann auch außergerichtlich erfolgen.[76] Bei einem absehbaren Vertragsende sogar schon vor dem eigentlichen Ende des Vertrags.[77] Die Frist beginnt aber erst mit dem Ende des Vertrags zu laufen. Es gelten daher die allgemeinen Fristvorschriften wie §§ 187 Abs. 1, 193 BGB. Mit Ablauf der Frist erlischt der Anspruch; das Erlöschen ist von Amts wegen zu berücksichtigen.

49 Ausgeschlossen ist zum Schutz des Handelsvertreters ein **Vorausverzicht** auf den Ausgleichsanspruch, vgl. § 89 b Abs. 4 S. 1 HGB. Dies gilt auch dann, wenn der Handelsvertreter im Einzelfall keines Schutzes bedarf. Gibt der Handelsvertreter sein Angebot auf Verzicht vor Vertragsende ab, geht dieses aber erst nach Vertragsende zu, kann dieses Angebot wirksam vom Unternehmer angenommen werden, soweit § 147 Abs. 2 BGB eingehalten wird.[78] Erfasst wird von § 89 b Abs. 4 S. 1 HGB nicht nur der Totalverzicht, sondern auch eine Regelung, die den Anspruch mehr oder weniger einschränkt.[79] Eine mittelbare Einschränkung reicht aber nicht.[80]

> *Praxishinweis*
> Wird eine (unwirksame) Vereinbarung über eine Beschränkung des Ausgleichsanspruchs getroffen, kann diese unter Umständen als Vereinbarung über die Mindesthöhe aufrechterhalten bleiben.[81]

---

72 BGH NJW 1996, 2302: Herabsetzung um 25 %.
73 BGH NJW 1996, 2298, 1996, 2302: 10 bis 25 % Abzug; vgl. auch NJW-RR 2003, 1340.
74 BGH NJW 1990, 2891.
75 BGHZ 55, 45, 53 = NJW 1971, 462; NJW 1982, 236; Baumbach/*Hopt*, § 89 b Rn 51 f.
76 BGHZ 50, 86, 88 f. = NJW 1968, 1419; 53, 332, 338 = NJW 1970, 1002.
77 BGHZ 40, 13, 18 = NJW 1963, 2068.
78 BGH NJW 1996, 2867.
79 BGHZ 55, 124, 126 = NJW 1971, 465; 153, 6 = NJW 2003, 1241; NJW 2003, 3350, 3351.
80 Wegfall des Anspruchs auf Altersversorgung bei Geltendmachung des Ausgleichsanspruchs, vgl. BGH NJW 2003, 3350, 3351.
81 BGH NJW-RR 1991, 156

hh) Prozessuales

Prozessual kommt die Erhebung einer **unbezifferten Leistungsklage** in Betracht. Zu beachten ist aber, dass die Tatsachengrundlagen für die Bezifferung und eine Größenordnung des erwarteten Anspruchs angegeben werden. Der Anspruch kann durch eine Klage auf Auskunft vorbereitet werden.[82]

ii) Checkliste: Anspruch nach § 89 b HGB

Es besteht ein Zahlungsanspruch nach § 89 b Abs. 1 S. 1 HGB, wenn und soweit
- der Anspruchsteller nicht wirksam auf den Ausgleichsanspruch verzichtet hat, § 89 b Abs. 4 S. 1 HGB,
- die Ausschlussfrist nach § 89 b Abs. 4 S. 2 HGB nicht abgelaufen ist,
- ein beendetes Handelsvertreterverhältnis oder ein ähnliches Vertragsverhältnis vorliegt, das eine entsprechende Anwendung des § 89 b HGB rechtfertigt,
- der Ausgleichsanspruch nicht nach § 89 b Abs. 3 HGB ausgeschlossen ist,
- ein Provisionsverlust und Unternehmervorteil im Sinne des § 89 b Abs. 1 S. 1 Nr. 1 und 2 HGB in der geltend gemachten Höhe vorliegt,
- der geltend gemachte Anspruch nicht aus Billigkeitsgesichtspunkten nach § 89 b Abs. 1 S. 1 Nr. 3 HGB herabzusetzen ist,
- kein höherer Betrag verlangt wird als der nach § 89 b Abs. 2 HGB zulässige.

III. Der Handelsmakler

Handelsmakler ist derjenige, der es gewerbsmäßig übernimmt, für andere Verträge über die in § 93 Abs. 1 HGB genannten Gegenstände zu vermitteln. Dabei darf er – in Abgrenzung zum Handelsvertreter – mit dieser Aufgabe **nicht ständig betraut** sein (vgl. dazu Rn 13 f.). Dass der Makler mehrmals für die andere Seite handelt (**Hausmakler**), schadet nicht, wenn dies nicht auf einem entsprechenden Dauervertrag beruht. Soweit das betriebene Gewerbe nicht den Umfang des § 1 Abs. 2 HGB erfüllt, gelten die Vorschriften über den Handelsmakler gleichwohl, § 93 Abs. 3 HGB.

Während nach § 652 BGB auch der Nachweis einer Gelegenheit zum Vertragsschluss ausreicht, muss ein Handelsmakler die **Bereitschaft zum Abschluss des Vertrags** herbeiführen.[83] Die §§ 93 ff. HGB finden auch nur in Bezug auf die in Absatz 1 genannten Gegenstände Anwendung. § 652 BGB beschäftigt sich demgegenüber mit jeder Art von vermittlungsfähigem Geschäft. Auch wenn die in § 93 Abs. 1 HGB genannten Gegenstände als Gegenstände des Handelsverkehrs bezeichnet werden, setzt die Regelung nicht voraus, dass die vermittelten Geschäfte Handelsgeschäfte im Sinne des § 343 HGB sind.

Liegen die Voraussetzungen des § 93 HGB nicht vor, handelt es sich um einen Zivilmakler. Es finden allein die Vorschriften des BGB Anwendung. Soweit dieser die Voraussetzungen des § 1 Abs. 2 HGB erfüllt, wird er auch als **kaufmännischer Zivilmakler** bezeichnet. Für diesen gelten zwar nicht die Vorschriften der §§ 93 ff. HGB, aber alle übrigen Vorschriften des HGB.

---

82 Vgl. Baumbach/*Hopt*, § 89 b Rn 82.
83 BGH NJW 1986, 51; BB 1997, 1553.

55 Für den Handelsmakler gelten in erster Linie die §§ 94 ff. HGB. Soweit allerdings keine Regelung vorhanden ist, kommt eine **Anwendung der allgemeinen Vorschriften des BGB** in Betracht. Der Handelsmakler ist nicht zu einer Tätigkeit verpflichtet, es sei denn, dies ist vereinbart worden.

56 Anders als der Makler des allgemeinen Zivilrechts wird der Handelsmakler als „**ehrlicher Mittler**" zwischen den Parteien angesehen. Es besteht zu beiden Parteien ein vertragliches Schutz- und Nebenpflichtverhältnis. Er hat daher die Interessen beider Parteien gleichmäßig wahrzunehmen. Er haftet deshalb nach § 98 HGB auch beiden Parteien gegenüber. Dementsprechend hat er auch gegen die Parteien einen je hälftigen Lohnanspruch, vgl. § 99 HGB.

57 Diese **Pflichtwahrnehmung** unterscheidet ihn auch vom Handelsvertreter. Makler kann nicht sein, wer zum Vertragsgegner seines Kunden in einer solchen Beziehung steht, dass er sich im Streitfall bei regelmäßigem Verlauf auf die Seite des Vertragsgegners stellen wird. Er kann dann allein Provision von dem verlangen, der ihn ständig mit der Wahrnehmung seiner Interessen beauftragt hat. Ein davon abweichendes Provisionsversprechen der anderen Seite ist unwirksam.[84] Dass der Makler in einem Interessenkonflikt steht, reicht allerdings allein für den Ausschluss des Provisionsanspruches als Makler nicht aus. Die Interessenbildung auf Seiten des als Makler Auftretendem muss so institutionalisiert sein, dass sie ihn – unabhängig von seinem Verhalten im Einzelfall – als ungeeignet für die dem gesetzlichen Leitbild entsprechende Tätigkeit des Maklers erscheinen lässt.[85] Ein institutionalisierter Interessenkonflikt ist insbesondere im Fall des Handelsvertreters zu bejahen, der vorgibt, Makler zu sein. Der Handelsvertreter ist aufgrund seines Vertrags mit dem Unternehmer verpflichtet, die Interessen des Unternehmers wahrzunehmen. Schließt er mit dem potentiellen Kunden des Unternehmers einen Maklervertrag, so kann er aufgrund des Handelsvertretervertrages nicht so, wie er es als Makler müsste, die Belange des Kunden gegenüber dem Unternehmer wahren.[86]

58 Vermittelt der Makler erfolgreich ein Geschäft, so hat er grundsätzlich **Schlussnoten** zu versenden, die gegebenenfalls von den Parteien gegenzuzeichnen sind, vgl. § 94 HGB. Darüber hinaus hat der Handelsmakler nach § 100 HGB ein Tagebuch über die abgeschlossenen Geschäfte zu führen. Diese Regeln gelten für den Krämermakler nach § 104 HGB allerdings nicht.

> *Praxishinweis*
> Im Rechtsstreit ist das Gericht ohne Antrag befugt, die Vorlegung des Tagebuchs zu verlangen, vgl. § 102 HGB.

IV. Das Kommissionsgeschäft

1. Grundlagen

59 Anders als der Handelsvertreter oder der Handelsmakler stellt der Kommissionär **kein eigenes Berufsbild** dar. Die Regelungen über das Kommissionsgeschäft sind

---

[84] BGH NJW 1992, 2818.
[85] BGH NJW 1992, 2818; NJW 1981, 2293; NJW 1987, 1008; BGHZ 112, 240 = NJW-RR 1991, 91.
[86] BGH NJW 1992, 2818; NJW 1974, 137.

dementsprechend auch nicht im Ersten Teil des HGB über den Handelsstand enthalten, sondern im Bereich der Handelsgeschäfte.

Der Kommissionär veräußert oder erwirbt (sog. Einkaufskommission) nach § 383 Abs. 1 HGB Waren oder Wertpapiere im eigenen Namen, aber auf fremde Rechnung. Es liegt damit ein **Fall der mittelbaren Stellvertretung** vor. Nur der Kommissionär ist aus dem Veräußerungsgeschäft oder Einkaufsgeschäft, das auch als **Ausführungsgeschäft** bezeichnet wird, berechtigt und verpflichtet. Eine Durchbrechung dieses Grundsatzes findet sich lediglich in § 392 HGB (siehe näher Rn 72 f.). 60

Das Handeln im eigenen Namen unterscheidet den Kommissionär von dem Handelsvertreter. Darüber hinaus ist der Kommissionär auch nicht ständig mit der Wahrnehmung der Interessen des Kommittenten betraut. Wäre er es, handelte es sich um einen **Kommissionsagenten**, auf den aber die Vorschriften der §§ 383 ff. HGB entsprechende Anwendung finden, unter Umständen aber auch Vorschriften, die an sich nur für den Handelsvertreter gelten (vgl. dazu Rn 76 f.). Kommissionär im Sinne des § 383 Abs. 1 HGB ist nur derjenige, der derartige Geschäfte gewerbsmäßig vornimmt. Es wird dabei allerdings nicht vorausgesetzt, dass der Gewerbebetrieb des Kommissionärs kaufmännischen Umfang im Sinne des § 1 Abs. 2 HGB hat. Nach § 383 Abs. 2 HGB finden die Vorschriften über das Kommissionsgeschäft auch Anwendung, wenn der Gewerbebetrieb keinen kaufmännischen Umfang hat. 61

Examenshinweis
Über § 383 Abs. 2 S. 2 HGB sind nicht nur die Vorschriften der §§ 383 ff. HGB auf das nichtkaufmännische Gewerbe anzuwenden. Die Vorschrift enthält auch eine Verweisung auf die allgemeinen Vorschriften über die Handelsgeschäfte mit Ausnahme der §§ 348 bis 350 HGB.

Die Vorschriften der §§ 383 ff. HGB finden auch Anwendung, wenn die Voraussetzungen des § 406 HGB vorliegen. Danach gelten die Regeln über die Kommission auch, wenn es nicht um Waren oder Wertpapiere geht (**uneigentliche Kommission**, § 406 Abs. 1 S. 1 HGB). Ebenfalls sind die genannten Vorschriften anzuwenden, wenn ein Kaufmann nur gelegentlich Kommissionsgeschäfte durchführt (**Gelegenheitskommission**, § 406 Abs. 1 S. 2 HGB). Über § 383 Abs. 2 HGB gilt die Regelung über die Gelegenheitskommission auch für den nichtkaufmännischen Gewerbebetrieb.[87] 62

Der Kommissionsvertrag ist ein **Geschäftsbesorgungsvertrag nach § 675 BGB** mit jeweils im Einzelfall zu beurteilendem werk- oder dienstvertraglichem Charakter. Bedeutung hat diese Unterscheidung unter Umständen dann, wenn es um die Kündigung des Kommissionsvertrages geht. Denn einerseits kommt die Anwendung des § 649 BGB mit einem alleinigen Kündigungsrecht des Kommittenten und andererseits die des § 627 BGB mit beiderseitigem Kündigungsrecht in Betracht. Darüber hinaus sind auch die Verjährungsfristen unterschiedlich. 63

Hinweis
In der **Praxis** kommt das Kommissionsgeschäft noch häufig im Bereich des Wertpapierhandels als Effektenkommission in Betracht, aber auch im Bereich des Kunst-, Antiquitäten- oder Briefmarkenhandels. Teilweise finden sich Kommissionsgeschäfte auch noch im Bereich des Gebrauchtwagenhandels. Hier dient die Kommission der Vermeidung der Mehrwertsteuer.

---

[87] Baumbach/*Hopt*, § 406 Rn 2; *Koller/Roth/Morck*, § 406 Rn 1.

64 **Abzugrenzen** ist die Kommission vom **Kauf**. Entscheidend ist nicht die von den Parteien gewählte Bezeichnung, sondern der durch Auslegung gewonnene Inhalt ihrer Abreden. Für eine Kommission spricht dabei etwa eine Provisionsabrede,[88] die Pflicht zur Abrechnung über das Ausführungsgeschäft oder die Abrede über den Kauf bzw. Verkauf bestmöglich. Für Kauf spricht dagegen eine Festpreisabrede, Zahlungspflicht unabhängig vom Ausführungsgeschäft, fehlende Weisungsbefugnis des Auftraggebers oder Ausschluss eines Rückgaberechts bzw. Fehlen einer Abrechnungspflicht.[89]

2. Rechte und Pflichten aus dem Kommissionsvertrag

65 Der Kommissionär ist nach § 384 Abs. 1 HGB **weisungsgebunden**. Handelt er dieser Pflicht zuwider, gilt § 385 HGB: Er macht sich schadensersatzpflichtig; der Kommittent braucht das Geschäft nicht für seine Rechnung gelten zu lassen. Wegen eines Verstoßes gegen die gesetzten Preisgrenzen ist § 386 HGB zu beachten. Dort ist eine Genehmigungsfiktion des Kommittenten vorgesehen, wenn dieser nicht unverzüglich die Zurückweisung des weisungswidrigen Geschäfts erklärt. Da somit der Kommittent das wirtschaftliche Risiko trägt, liegt ebenso wie beim echten Handelsvertreter (vgl. Rn 11) in der Regel kein Verstoß gegen das Preisbindungsverbot nach § 14 GWB vor.[90]

66 Auf **Erfüllung des Ausführungsgeschäftes** haftet der Kommissionär unter den Voraussetzungen der §§ 384 Abs. 3, 393 Abs. 3, 394 HGB. § 384 Abs. 3 HGB behandelt dabei den Fall, dass der Kommissionär entgegen seinen Pflichten nicht die Person des Dritten benennt. Nach § 393 Abs. 3 HGB hat der Kommissionär die Erfüllung zu übernehmen, wenn er ohne Abrede und ohne Handelsbrauch das Kommissionsgeschäft auf Kredit durchführt. Nach § 394 Abs. 2 HGB hat der Kommissionär für die Erfüllung einzustehen, wenn er dies vertraglich übernommen hat oder wenn dies einem Handelsbrauch entspricht, der Grundlage des Kommissionsgeschäftes geworden ist. In diesen Fällen steht dem Kommissionär mangels anderer Abreden eine besondere Provision zu (vgl. § 394 Abs. 2 S. 2 HGB, **Delkredereprovision**). Die Delkredereabrede kann auch formlos abgeschlossen werden, selbst wenn der Kommissionär kein Handelsgewerbe betreibt. An eine konkludente Abrede sind aber wegen der erheblichen Risiken strenge Anforderungen zu stellen.[91]

67 Der Kommissionär ist nach § 384 Abs. 2 HGB zur **Herausgabe** dessen verpflichtet, was er aus der Geschäftsbesorgung erlangt hat. Er hat insoweit auch eine Rechenschaftspflicht, so dass auch hier eine Stufenklage in Betracht kommt (vgl. dazu auch beim Handelsvertreter Rn 27). Soweit der Kommissionär einen vorteilhafteren Abschluss erreicht, als dies vorgesehen war, unterliegt auch dieser Überschuss nach § 387 HGB der Herausgabepflicht. Die Parteien können aber auch Abweichungen vereinbaren.[92]

68 Die §§ 388 bis 391 HGB regeln die Pflichten des Kommissionärs im **Umgang mit dem Kommissionsgut**. Nach § 390 HGB hat der Kommissionär etwa grundsätzlich

---

[88] BGH NJW-RR 2002, 1344.
[89] Baumbach/*Hopt*, § 383 Rn 7; *Koller/Roth/Morck*, § 383 Rn 4.
[90] BGH NJW-RR 2003, 1056.
[91] KG KGR 1994, 29.
[92] Baumbach/*Hopt*, § 387 Rn 1; *Koller/Roth/Morck*, § 387 Rn 2.

für einen Verlust oder eine Beschädigung des Kommissionsgutes einzustehen. Er trägt damit wie in § 280 Abs. 1 S. 2 BGB die Darlegungs- und Beweislast für ein fehlendes Verschulden.

> *Praxishinweis*
> Für einen **Rechtsanwalt, der einen Kommissionär vertritt**, bedeutet dies, dass insoweit die einzelnen Umstände darzulegen sind, auf denen der Schaden beruht. Sodann sind Tatsachen vorzutragen und gegebenenfalls zu beweisen, aus denen sich ergibt, dass der Verlust oder die Beschädigung durch die Sorgfalt eines ordentlichen Kaufmanns nicht abgewendet werden konnte.[93] Über § 391 HGB finden die Rügepflichten nach § 377 HGB und die Regelungen des § 379 HGB (Aufbewahrungspflicht und Notverkauf) auch auf das Verhältnis von Kommissionär und Kommittent Anwendung, wenn das Kommissionsgeschäft ein beiderseitiges Handelsgeschäft ist.

Dem Kommissionär steht aus dem Kommissionsvertrag bei einer Ausführung des Geschäfts nach § 396 Abs. 1 S. 1 HGB die vereinbarte **Provision** zu.[94] Bei einer Nichtausführung des Geschäfts steht ihm die Provision nur dann zu, wenn die Nichtausführung des Geschäfts aus einem in der Person des Kommittenten liegenden Grund unterblieben ist, § 396 Abs. 1 S. 2 HGB. Zur Delkredereprovision nach § 394 Abs. 2 S. 2 HGB siehe Rn 66. Darüber hinaus kommen Aufwendungsersatzansprüche in Betracht, vgl. § 396 Abs. 2 HGB. 69

Zur Sicherung des Kommissionärs ist diesem ein **gesetzliches Pfandrecht** am Kommissionsgut eingeräumt, vgl. § 397 HGB. Es handelt sich um ein Besitzpfandrecht. Die Verwertung erfolgt nach den allgemeinen Vorschriften über das Pfandrecht im BGB. Darüber hinaus darf sich der Kommissionär wegen der in § 397 HGB bezeichneten Ansprüche aus den Forderungen befriedigen, die für Rechnung des Kommittenten entstanden sind. 70

Bei der Ausführung eines Kommissionsgeschäfts ist zwar regelmäßig, aber nicht notwendig ein Dritter beteiligt. Nach § 400 HGB hat der Kommissionär ein **Recht auf Selbsteintritt**, wenn das Kommissionsgeschäft Waren betrifft, die einen Börsen- oder Marktpreis haben, oder Wertpapiere betroffen sind, bei denen ein Börsen- oder Marktpreis amtlich festgestellt wird. Diese Beschränkung auf Waren und Wertpapiere, bei denen ein objektiver Preis vorliegt, beruht auf den Gefahren, die mit dem Recht auf Selbsteintritt für den Kommittenten verbunden sind. Diesen Gefahren trägt auch § 401 HGB Rechnung, der den Vorteil des Abschlusses eines besseren Geschäfts dem Kommittenten zuweist. Diese Schutzvorschriften sind auch nicht abdingbar, vgl. § 402 HGB. 71

3. Die Bedeutung des Ausführungsgeschäftes

Der Kommissionär führt das Geschäft zwar für Rechnung des Kommittenten aus. Er tritt nach außen aber in eigenem Namen auf. Das bedeutet, dass nur ein **Fall der mittelbaren Stellvertretung** vorliegt. Vertragspartner des Ausführungsgeschäfts ist nicht der Kommittent, sondern der Kommissionär. Nur dieser erlangt etwa die Kaufpreisforderung aus dem Verkauf des Kommissionsgutes, nur dieser wird Eigentümer 72

---

[93] Beispielsfall: OLG Brandenburg OLGR 1995, 50.
[94] Zur Zulässigkeit der Vereinbarung einer Gebühr für das Zeichnen von Aktien durch AGB auch für den Fall, dass keine Aktienzuteilung erfolgt: BGH NJW 2003, 1447.

der bei einer Einkaufskommission an ihn gelieferten Waren. Diese Rechtslage kommt auch in § 392 Abs. 1 HGB zum Ausdruck: Der Kommittent erlangt Rechte aus dem Ausführungsgeschäft erst in dem Moment, in dem sie ihm abgetreten werden. Darauf hat der Kommittent allerdings auch einen Anspruch nach § 384 Abs. 2 HGB.

73 Diese allgemeinen Grundsätze sind aber durch **§ 392 Abs. 2 HGB** durchbrochen, dem dadurch in der Praxis und auch im Examen eine besondere Bedeutung zukommt. Forderungen aus dem Ausführungsgeschäft gelten danach nicht nur für das Verhältnis von Kommittent zum Kommissionär, sondern auch im Verhältnis zu dessen Gläubigern als Forderungen des Kommittenten (Verdinglichung des Anspruchs nach § 384 Abs. 2 HGB). Das bedeutet, dass Gläubiger des Kommittenten zwar Forderungen aus dem Ausführungsgeschäft nach §§ 829 ff. ZPO pfänden und sich zur Einziehung überweisen lassen können. Nach § 392 Abs. 2 HGB steht die Forderung aber dem Kommittenten zu, so dass dieser Drittwiderspruchsklage erheben kann.[95] In der Insolvenz des Kommissionärs kann der Kommittent die Aussonderung nach § 47 InsO verlangen.[96] Der Kommissionär kann eine von § 392 Abs. 2 HGB erfasste Forderung zwar an einen seiner Gläubiger zur Sicherung oder Deckung abtreten. Diese Abtretung ist gegenüber dem Kommittenten aber unwirksam.[97] Da die Unwirksamkeit nur diesem gegenüber besteht, handelt es sich um eine relative Unwirksamkeit.

74 Eine schwierige Situation ergibt sich allerdings, wenn der **Schuldner des Ausführungsgeschäftes zugleich der Gläubiger des Kommissionärs** ist und Ansprüchen aus dem Ausführungsgeschäft gegenüber aufrechnen möchte. Denn dann stellt sich die Frage, ob der durch § 392 Abs. 2 HGB gewährte Schutz des Kommittenten auch dem Vertragspartner des Kommissionärs gegenüber Bestand haben muss. Denn dieser würde andernfalls allein wegen des Vorliegens eines Kommissionsgeschäftes erheblich schlechter gestellt als ein anderer Käufer, ohne dass ihm dies bewusst sein müsste. Die Rechtsprechung lässt aus diesem Grund die Aufrechnung zu.[98] Eine etwaige Forderung aus dem Ausführungsgeschäft würde daher bei einer wirksamen Aufrechnung nach § 389 BGB erlöschen. Die Forderung, mit der aufgerechnet wird, muss dabei noch nicht einmal aus dem Ausführungsgeschäft stammen. Die Rechtsprechung lässt auch die Aufrechnung mit Forderungen aus Drittgeschäften (sog. nicht konnexe Forderungen) zu.[99] Grundlage dieser Rechtsprechung ist der Schutz des Dritten in sein Vertrauen auf das Rechtsverhältnis zu seinem Vertragspartner, das auch in den §§ 404, 406 BGB zum Ausdruck kommt. Etwas anderes soll nur dann gelten, wenn die Aufrechnungslage missbräuchlich herbeigeführt worden ist oder wenn der Dritte den Kommissionär in den Glauben versetzt hat, dass er in jedem Fall zahlen und nicht aufrechnen werde.[100] In beiden Fällen könnte dem Dritten Arglist nach § 242 BGB entgegengehalten werden.

---

[95] BGHZ 104, 123, 127 = NJW 1988, 3203.
[96] BGHZ 104, 123, 127 = NJW 1988, 3203.
[97] BGHZ 104, 123, 127 = NJW 1988, 3203.
[98] Grundlegend: BGH NJW 1969, 276.
[99] BGH NJW 1969, 276; BGHZ 104, 123, 127 = NJW 1988, 3203; a.A. *K. Schmidt*, § 31 V 4 b, S. 899 ff.
[100] BGH NJW 1969, 276; Baumbach/*Hopt*, § 392 Rn 12.

V. Weitere Vertriebsformen

1. Überblick

Neben den soeben dargestellten gesetzlich vorgesehenen Vertriebsformen stehen verschiedene, **gesetzlich nicht geregelte Formen**. Dabei handelt es sich um 75
- den Kommissionsagenten (siehe Rn 76 f.),
- den Vertragshändler (siehe Rn 78 ff.) und
- den Franchisenehmer (siehe Rn 82 f.).

Alle diese Vertriebsformen sind durch Mischung der vorhandenen gesetzlich vorgesehenen Typen entstanden. Die Zulässigkeit dieser Typenmischung ergibt sich aus dem Grundsatz der Privatautonomie.

2. Der Kommissionsagent

Ist ein Kommissionär **ständig vertraglich mit der Durchführung von Kommissionsgeschäften** für einen anderen Unternehmer **betraut**, wird er als Kommissionsagent bezeichnet. Der Kommissionsagent steht aufgrund der ständigen Betrauung einem Handelsvertreter sehr nahe. Im Unterschied zu diesem handelt er im Außenverhältnis allerdings in eigenem Namen. Die Regelungen des Kommissionsgeschäfts, die das Außenverhältnis betreffen, finden daher uneingeschränkt Anwendung. Die Nähe zum Handelsvertreter lässt es allerdings gerechtfertigt erscheinen, auf das Innenverhältnis auch die Vorschriften aus dem Handelsvertreterrecht entsprechend anzuwenden, soweit diese nicht das Außenverhältnis Dritten gegenüber betreffen.[101] 76

In Betracht kommt eine **entsprechende Anwendung** auf den Anspruch auf schriftliche Abfassung des Vertrags nach § 85 HGB, die Regelungen über Geschäftsgeheimnisse (§ 90 HGB) und nachvertragliche Wettbewerbsverbote (§ 90 a HGB), die Kündigungsvorschriften der §§ 89, 89 a HGB und vor allem den Ausgleichsanspruch nach § 89 b HGB. Nicht entsprechend anwendbar ist nach der Rechtsprechung des BGH aber die vierjährige Verjährungsfrist des § 88 HGB auf den Herausgabeanspruch nach § 384 Abs. 2 HGB.[102] Denn insoweit kommt der Unterschied zum Tragen, dass der Kommissionär im Außenverhältnis in eigenem Name handelt, so dass der Kommittent regelmäßig keine Kenntnis von den Geschäften hat, wenn der Kommissionär keine Mitteilung macht. Diese Rechtsprechung dürfte auch nach der Reform des Verjährungsrechts noch zutreffend sein. Die frühere dreißigjährige Verjährungsfrist für den Herausgabeanspruch ist nun zwar einer Regelverjährungsfrist von drei Jahren gewichen. Dies beginnt aber grundsätzlich erst mit Kenntnis zu laufen, vgl. § 199 Abs. 1 BGB. 77

---

101 BGHZ 29, 83, 86 = NJW 1959, 144 mit der umfassenden Herleitung der entsprechenden Anwendung des § 89 b HGB auf einen Vertragshändler.
102 BGHZ 79, 89, 97 f. = NJW 1981, 918.

3. Der Vertragshändler

78 Als Vertragshändler bzw. Eigenhändler wird derjenige bezeichnet, der nicht nur aufgrund einer Geschäftsbeziehung, sondern **auf vertraglicher Grundlage** (Rahmenvertrag, Vertragshändlervertrag) mit einem Unternehmer **ständig mit dem Absatz der Produkte des Unternehmers betraut** ist. Auch hier führt die ständige Betrauung zu der Möglichkeit, dass eine rechtliche Gleichstellung mit einem Handelsvertreter vorgenommen wird. In Abgrenzung zu diesem handelt der Vertragshändler aber im Außenverhältnis im eigenen Namen. Dies bedeutet aber nicht, dass insoweit ein Kommissionsagent vorliegen würde. In Abgrenzung zu diesem handelt der Vertragshändler nicht auf fremde Rechnung, sondern auf eigene Rechnung.

79 Stünde der Vertragshändler einem Handelsvertreter gleich, kommt auch hier eine **entsprechende Anwendung der §§ 84 ff. HGB** in Betracht, insbesondere auch des § 89 b HGB. Eine generelle Aussage über eine Gleichstellung kann aber nicht getroffen werden, weil die rechtlichen Verhältnisse des Vertragshändlers weitgehend durch den einzelnen Vertrag bestimmt werden. Nach der Rechtsprechung sind eine Gleichstellung und eine entsprechende Anwendung des § 89 b HGB zu bejahen, wenn sich das Rechtsverhältnis zwischen Händler und Lieferanten nicht in einer bloßen Käufer/Verkäufer-Beziehung erschöpft, sondern der Händler aufgrund eines Rahmenvertrages so in die Absatzorganisation eingegliedert ist, dass er wirtschaftlich in erheblichem Umfang dem Handelsvertreter vergleichbare Aufgaben zu erfüllen hat.[103]

80 Eine **Eingliederung in die Vertriebsorganisation** liegt etwa vor, wenn der Händler auf ein bestimmtes Vertragsgebiet festgelegt sowie insbesondere dazu verpflichtet ist, den Vertrieb durch Werbung, Teilnahme an Messen und Ähnlichem zu fördern, den Geschäftsbetrieb in bestimmter Weise zu gestalten, Serviceleistungen zu erbringen sowie dem Lieferanten regelmäßig über die Geschäftsentwicklung und alle Abschlüsse zu berichten.[104] Vertretertypische Vereinbarungen sind vor allem auch Kontroll- und Überwachungsbefugnisse des Lieferanten sowie das Recht zur Einsichtnahme in Geschäftsunterlagen.[105]

81 Für eine entsprechende Anwendung des § 89 b HGB reicht eine Einbindung in die Absatzorganisation aber nicht aus. Hinzutreten muss vielmehr noch **die vertragliche Pflicht, nach Vertragsende dem Lieferanten den Kundenstamm zu überlassen**.[106] Für die vertragliche Pflicht genügt es, wenn der Lieferant aufgrund Erfüllung sonstiger Vertragspflichten sich die Vorteile des Kundenstammes nutzbar machen kann.[107] Auch ist eine lückenlose Übermittlung der Kundendaten nicht erforderlich.[108] Fehlt es an einer derartigen Pflicht, scheidet ein Ausgleichsanspruch aus. Zum Handelsvertreter vgl. Rn 39. Ein rein faktischer Übergang des Kundenstammes reicht für eine entsprechende Anwendung des § 89 b HGB nicht aus.[109]

---

103 BGH NJW 1983, 1789; NJW-RR 1988, 42; NJW-RR 1988, 1305; NJW 2000, 1413.
104 BGH NJW 2000, 1413.
105 BGH NJW-RR 1988, 1305.
106 BGH NJW-RR 2003, 894; NJW 2000, 1413; NJW-RR 1988, 1305.
107 BGH NJW-RR 1993, 678.
108 BGH NJW-RR 1994, 99.
109 BGH NJW 1996, 2159.

4. Der Franchisenehmer

Einen ebenfalls aus mehreren Typen zusammengesetzten Vertrag, der gesetzlich nicht geregelt ist, stellt der Franchisevertrag dar. Auch der Franchisenehmer ist selbständiger Unternehmer, er wird im Außenverhältnis in eigenem Namen tätig und handelt auf eigene Rechnung. Er ist aber aufgrund des Franchisevertrages mit dem Franchisegeber noch mehr in die Vertriebsorganisation eingebunden. Denn ihm wird im Einzelnen vorgegeben, wie er mit welchen Produkten in welcher Weise am Markt aufzutreten hat. Für den Kunden wird häufig gar nicht klar, dass er keinen Vertrag mit dem Franchisegeber, sondern mit dem Franchisenehmer geschlossen hat. **82**

Die Ausführungen zur entsprechenden Anwendung des Handelsvertreterrechts auf den Vertragshändler gelten für den Franchisenehmer entsprechend (vgl. Rn 79). Darüber hinaus ergibt sich im Rahmen der Franchisesysteme häufig die Frage, ob der Betroffene Franchisenehmer nicht als arbeitnehmerähnliche Person anzusehen ist.[110] **83**

---

110 Z.B. BGHZ 140, 11 = NJW 1999, 218 (Eismann); NJW-RR 2003, 277.

§ 14 Der Handelskauf

I. Überblick

1 Regelungen zum Handelskauf finden sich im Zweiten Abschnitt des Vierten Buches des HGB in den §§ 373 bis 381 HGB. Diesen Regelungen liegt dabei **kein geschlossenes System** des Handelskaufes zugrunde. So wird teilweise nur ein einseitiges Handelsgeschäft, an anderer Stelle aber ein beiderseitiges Handelsgeschäft vorausgesetzt. Es handelt sich jeweils nur um von den allgemeinen zivilrechtlichen Grundsätzen abweichende Regelungen. Als gemeinsamer Zweck dieser Regelungen lässt sich eine Beschleunigung der Geschäftsabwicklung ausmachen.

2 Vorhanden sind insoweit Regelungen
- zum Annahmeverzug nach §§ 373 f. HGB (siehe Rn 5 ff.),
- zum sog. Bestimmungskauf nach § 375 HGB (siehe Rn 9 ff.),
- zum Fixhandelskauf nach § 376 HGB (siehe Rn 12) und schließlich
- zum Verlust der Sachmängelgewährleistung durch Verletzung einer Rügeobliegenheit nach den §§ 377, 379 HGB (siehe Rn 21 ff.; ob Rechtsmängel erfasst werden, ist umstritten, vgl. Rn 27).

3 Die genannten Vorschriften finden nicht auf jeden Kauf unter Beteiligung eines Kaufmanns Anwendung. Der **Anwendungsbereich** ist beschränkt. Erfasst wird vielmehr der Kauf beweglicher Sachen[1] und – über § 381 Abs. 1 HGB – von Wertpapieren. Nicht einbezogen wird etwa der Kauf von Grundstücken oder unverbrieften Forderungen. Über § 381 Abs. 2 HGB gelten die Vorschriften nicht nur für den Kauf. Auch Werklieferungsverträge über nicht vertretbare Sachen sind erfasst. Die damit selbstverständliche Behandlung von Werklieferungsverträgen über vertretbare Sachen ist ausdrücklich gar nicht festgelegt worden. Ausgehend von diesem Befund werden aber auch andere kaufähnliche Verträge einbezogen. Dies gilt nicht nur für den Tausch als kaufähnlichem Vertrag, sondern auch für das Sachdarlehen, auf das der BGH die Vorschrift des § 377 HGB angewandt hat, weil es auch beim Sachdarlehen um die Eigentumsübertragung gehe.[2] Auch bei § 365 BGB, der Leistung an Erfüllungs statt, wird auf die kaufrechtlichen Gewährleistungsvorschriften verwiesen, so dass auch hier eine Anwendung der Regelungen über den Handelskauf (§§ 377, 379 HGB) in Betracht kommt.

4 Für **internationale Käufe**[3] gelten die Regelungen des HGB nur dann, wenn sie nach den Vorschriften über das internationale Privatrecht für anwendbar erklärt sind. Häufig ist die Anwendung der nationalen Rechtsvorschriften aber von vorneherein nach Art. 3 Abs. 2 EGBGB ausgeschlossen. Eine Vielzahl von Staaten hat nämlich ebenso wie die BRD internationale Vereinbarungen abgeschlossen, nach denen einheitlich das UN-Kaufrecht (CISG) Anwendung finden soll. Dieses Kaufrecht ist in innerstaatliches Recht überführt worden und am 1.1.1991 in Kraft getreten. Es hat das vorher geltende sog. Haager Kaufrecht abgelöst. Das CISG findet vorbehaltlich abweichender

---

1 Auch eine Standard-Software ist eine bewegliche Sache: BGH NJW 1993, 2436; Kauf über Standard-Hardware mit nicht speziell angepasster Betriebssoftware: BGH NJW 1990, 1290.
2 BGH NJW 1985, 2417.
3 Baumbach/*Hopt*, Überbl. v. § 373 Rn 45 ff.; *Koller/Roth/Morck*, vor §§ 373–376 Rn 4 ff.

Abreden der Parteien unmittelbare Anwendung, wenn die Parteien in verschiedenen Vertragsstaaten ihren Sitz haben und einen Kauf- oder ähnlichen Vertrag über Waren schließen, wenn die Waren nicht für den persönlichen Gebrauch bestimmt sind.

II. Der Annahmeverzug

§ 373 HGB setzt einen Annahmeverzug des Gläubigers voraus. Ob ein Annahmeverzug vorliegt, richtet sich nach den Vorschriften des BGB (vgl. §§ 293 ff. BGB).[4] Die handelsrechtliche Vorschrift ändert auch nicht die Rechtsfolgen des Annahmeverzuges. Sie werden vielmehr ergänzt, vgl. § 374 HGB. Die §§ 373, 374 HGB setzen lediglich ein einseitiges Handelsgeschäft (vgl. § 345 HGB) voraus.

Neben der Haftungserleichterung nach § 300 BGB, dem Anspruch auf Ersatz auf Mehraufwendungen (§ 304 BGB) und dem Verbleiben des Anspruchs auf Gegenleistung für den Fall des Eintritts der Unmöglichkeit nach dem Beginn des Annahmeverzugs (§ 326 Abs. 2 BGB) kann der Schuldner nach dem BGB durch **Hinterlegung** Erfüllungswirkungen herbeiführen, vgl. §§ 372 S. 1, 378 BGB. Ist die Rücknahme der hinterlegten Sache nicht ausgeschlossen, so kann der Schuldner den Gläubiger immerhin auf die hinterlegte Sache verweisen. Die Hinterlegungsmöglichkeiten beziehen sich allerdings lediglich auf Geld, Wertpapier, sonstige Urkunden oder Kostbarkeiten. Durch § 373 Abs. 1 HGB werden die Hinterlegungsmöglichkeiten auf alle Waren erweitert. Die Hinterlegung hat allerdings keine Erfüllungswirkung, es sei denn, dies wäre zwischen den Parteien vereinbart worden.[5] Die Regelung des § 373 HGB betrifft nur die Gefahrtragung und die Kostentragungspflicht.[6] Der Verkäufer kann sich also ohne Verletzung einer Obhutspflicht durch Hinterlegung der verkauften Sachen entledigen, wobei der Käufer die Kosten dieser Aufbewahrung zu tragen hat.

Nach dem BGB besteht für den Schuldner bei einer fehlenden Hinterlegungsfähigkeit der geschuldeten Sache die Möglichkeit, einen **Selbsthilfeverkauf** durchzuführen, vgl. § 383 Abs. 1 BGB. Nach § 373 Abs. 2 HGB besteht auch bei hinterlegungsfähigen Gegenständen die Möglichkeit des Selbsthilfeverkaufs. Der Schuldner hat daher beim Handelskauf das Wahlrecht zwischen Hinterlegung und Selbsthilfeverkauf. Abweichungen hinsichtlich der Durchführung des Selbsthilfeverkaufs gibt es nur in geringem Umfang. In beiden Fällen ist der Verkauf anzudrohen, § 384 BGB, § 373 Abs. 2 HGB. Der Verkauf hat dabei in aller Regel durch öffentliche Versteigerung zu erfolgen, bei Gegenständen mit einem Börsen- oder Marktpreis kommt auch ein freihändiger Verkauf in Betracht. Nach dem BGB hat der Verkauf allerdings grundsätzlich am Leistungsort stattzufinden (vgl. § 383 Abs. 2 BGB). Dieser kann also bei einer Bringschuld auch beim Käufer liegen. Beim Handelskauf besteht keine Festlegung für den Verkaufsort. Allerdings sind die Folgen des Verkaufs wieder deutlich unterschiedlich. Der Erlös beim Selbsthilfeverkauf nach dem BGB kann hinterlegt werden, wodurch die Erfüllungswirkungen eintreten können. Beim Handelskauf erfolgt der Selbsthilfeverkauf von vornherein auf Rechnung des säumigen Käufers, vgl. § 373 Abs. 3 HGB. Es gilt Auftragsrecht. Dem Käufer steht damit ein Anspruch

---

[4] Baumbach/*Hopt*, § 373 Rn 3; *Koller/Roth/Morck*, §§ 373, 374 Rn 3.
[5] Zur Möglichkeit der Vereinbarung: BGH NJW 1993, 55.
[6] Baumbach/*Hopt*, § 373 Rn 10; *Koller/Roth/Morck*, § 373 Rn 7.

auf Herausgabe des Erlangten nach § 667 BGB zu. Gegen diesen Zahlungsanspruch kann der Verkäufer dann mit seinem Anspruch auf den Kaufpreis aufrechnen.

8 Diese Wirkungen gelten grundsätzlich aber nur bei einem **ordnungsgemäßen Selbsthilfeverkauf**. Die Erfüllungswirkungen treten nicht ein, wenn der Verkauf nicht ordnungsgemäß gewesen ist. Dies gilt aber nicht bei jedem Verstoß. So führt eine Verletzung der Benachrichtigungspflichten nach § 373 Abs. 5 S. 1 HGB nur zum Anspruch auf Schadensersatz, § 373 Abs. 5 S. 2 HGB.

III. Der Bestimmungskauf

9 Ein Vertrag, bei dem die zu erbringende Leistung nicht bestimmt, aber immerhin bestimmbar ist, ist nicht unwirksam. Diese Fallgestaltung ist vielmehr in den **§§ 315 ff. BGB** bedacht. Insoweit obliegt das Bestimmungsrecht je nach Absprache einer der Parteien, im Fall des § 316 BGB im Zweifel dem, der die nicht bestimmte Gegenleistung zu fordern berechtigt ist. Die Bestimmung der Leistung ist dabei ohne andere Vereinbarung nach billigem Ermessen zu treffen. Soweit die Bestimmung unbillig ist oder aber verzögert wird, ist diese nach § 315 Abs. 3 BGB durch Urteil vorzunehmen. Diesen allgemeinen Regelungen steht § 375 HGB entgegen. Durch Absatz 1 wird das Bestimmungsrecht zu einer im Gegenseitigkeitsverhältnis stehenden Pflicht erhoben. Soweit eine Bestimmung nicht erfolgt, greift § 375 Abs. 2 HGB ein. Der Verkäufer kann die Bestimmung selbst vornehmen, er hat dem Käufer allerdings Gelegenheit zu geben, binnen einer gesetzten Frist noch eine andere Bestimmung vorzunehmen. Der Verkäufer kann aber auch – nach Setzung einer Nachfrist – nach den §§ 280, 281 BGB Schadensersatz statt der Leistung verlangen und von dem Vertrag zurücktreten.

10 Voraussetzung für eine Anwendung des § 375 HGB ist allerdings, dass überhaupt ein Bestimmungskauf vorliegt. Dies setzt voraus, dass dem Käufer die nähere Bestimmung über Form, Maß und ähnliche Verhältnisse einer beweglichen Sache vorbehalten ist. Insoweit ist eine Abgrenzung von der **Wahlschuld** im Sinne des § 262 BGB erforderlich.[7] Bei einer Wahlschuld stehen zwei oder mehrere Leistungen konkret fest. Offen ist lediglich, welche der mehreren Leistungen ausgewählt wird. Der Bestimmungskauf liegt vor, wenn die Wahl innerhalb einer Warengattung stattfinden soll.[8] Ob ein Bestimmungskauf oder eine Wahlschuld vorliegt, entscheidet sich dann nach der Verkehrsanschauung.[9]

11 § 375 HGB behandelt ein **einseitiges Handelsgeschäft**, weil es an einer abweichenden Anordnung fehlt, vgl. § 345 HGB. Es reicht danach aus, wenn nur einer der Beteiligten Kaufmann ist. Ob dies der Verkäufer oder der Käufer ist, ist unerheblich.

IV. Der Fixhandelskauf

12 Neben § 377 HGB kommt **§ 376 HGB** in der Praxis und damit auch im Examen die größte praktische Bedeutung zu. Auch § 376 HGB setzt nur ein **einseitiges Handelsgeschäft** voraus, weil es an anderen Anhaltspunkten fehlt, vgl. § 345 HGB.

---

7 Baumbach/*Hopt*, § 375 Rn 2; *Koller/Roth/Morck*, § 375 Rn 2.
8 Baumbach/*Hopt*, § 375 Rn 2; *Koller/Roth/Morck*, § 375 Rn 2.
9 Baumbach/*Hopt*, § 375 Rn 2; *Koller/Roth/Morck*, § 375 Rn 2.

Grundsätzlich kann eine Leistung bei einer fehlenden Bestimmung über die **Leis-** 13
tungszeit sofort erbracht und sofort verlangt werden, vgl. § 271 BGB. Häufig ergibt
sich aber aus den Umständen oder aber aus den Abreden der Parteien anderes. So kann
eine bestimmte Leistungszeit vereinbart sein oder sich aus den Verhältnissen ergeben.

Es lässt sich insoweit eine **reine Terminbestimmung**, deren Nichteinhaltung nach 14
§ 286 Abs. 2 Nr. 1 BGB zum Verzug führt, von dem **relativen Fixgeschäft** unterscheiden, bei dem die Leistung nach der Abrede von so großer Bedeutung ist, dass
eine Nacherfüllung nicht mehr in Betracht kommt, vgl. § 323 Abs. 2 Nr. 2 BGB.
Schließlich wird noch das sog. **absolute Fixgeschäft** unterschieden. Bei diesem tritt
wegen der fehlenden Nachholbarkeit der Leistung mit Fristablauf Unmöglichkeit
ein.[10]

§ 376 HGB setzt ein relatives Fixgeschäft voraus. Auch nach § 376 Abs. 1 HGB 15
ist der Käufer bei einer Säumnis des Verkäufers ohne Nachfristsetzung zum Rücktritt berechtigt. Eines Rückgriffs auf § 323 Abs. 2 Nr. 2 BGB bedarf es insoweit
nicht.[11] Insoweit kommt lediglich ein Rückgriff auf § 323 Abs. 5 S. 1 BGB (Rücktritt
bei Teilleistungen) und § 323 Abs. 6 BGB (Rücktrittsausschluss bei Verursachung
der Leistungsverzögerung durch den Käufer) in Betracht. Anders als nach dem BGB
behält der Käufer den Erfüllungsanspruch aber nur, wenn er sein **Erfüllungsbegehren**
dem Verkäufer ohne jedes Zögern (= sofort) anzeigt, § 376 Abs. 1 S. 2 HGB. Ein
solches Erfüllungsbegehren kann etwa in einer Nachfristsetzung gesehen werden.[12]

> *Praxishinweis*
> Eine zwangsweise Durchsetzung des Erfüllungsanspruchs kommt daher nur in Betracht,
> wenn der Käufer sofort mit Ablauf des Termins dem Gegner anzeigt, dass er auf Erfüllung
> bestehe. Geschieht dies nicht, kommt nur eine freiwillige Leistung der anderen Seite in
> Betracht.

Während sich nach allgemeinem Zivilrecht ein Schadensersatzanspruch aus § 280 16
Abs. 1, Abs. 3 i.V.m. § 281 BGB herleiten lässt, folgt der Schadensersatzanspruch
beim Handelskauf aus § 376 Abs. 1 HGB i.V.m. § 286 BGB. Einer Inverzugsetzung
durch Mahnung bedarf es insoweit nach § 286 Abs. 2 BGB nicht.

> *Examenshinweis*
> Ein Unterschied zum bürgerlichen Kauf ergibt sich daher nur dann, wenn man beim
> Vorliegen eines relativen Fixgeschäftes dennoch entgegen § 281 Abs. 2 BGB die Notwen-
> digkeit einer Nachfristsetzung annehmen würde. Wenn man eine solche Notwendigkeit
> verneint, sollten gleichwohl beide Anspruchsgrundlagen behandelt werden, soweit dies
> ohne Schwierigkeiten möglich ist.

Die Berechnung des **Schadensersatzanspruches** folgt über § 376 Abs. 2 bis 4 HGB 17
etwas anderen Regeln als im BGB. Denn nach dem BGB hat eine Schadensberechnung im Grundsatz konkret zu erfolgen. Eine abstrakte Schadensberechnung ist nur
über § 252 S. 2 BGB als Anscheinsbeweis bei Kaufleuten zugelassen worden.[13] Denn

---

10 Zeitpunkt für die Durchführung einer gebuchten Reise: BGHZ 60, 14, 16 = NJW 1973, 318; vgl. auch BGH NJW 2001, 2878: kein absolutes Fixgeschäft, wenn sich ein Plattenproduzent dazu verpflichtet, in jedem Kalenderjahr eine Langspielplatte des Musikers herauszubringen.
11 § 376 HGB ist lex specialis: Baumbach/*Hopt*, § 376 Rn 4; *Koller/Roth/Morck*, § 376 Rn 2.
12 BGH NJW-RR 1998, 1489, 1490.
13 BGH NJW 1988, 2236; NJW-RR 2001, 985; Palandt/*Heinrichs*, § 252 Rn 7; Baumbach/*Hopt*, § 376 Rn 14; *Koller/Roth/Morck*, § 376 Rn 9.

dort ist ein bestimmter Gewinn als wahrscheinlich zu erwarten. Die Vermutung des Gewinneintritts ist aber widerleglich;[14] anders die Berechnung nach § 376 Abs. 2 HGB.

> *Praxishinweis*
> Die abstrakte Schadensberechnung nach § 376 Abs. 2 HGB schließt den Gegenbeweis aus.

18 Allerdings ist die abstrakte Schadensberechnung nach § 376 Abs. 2 HGB nur dann möglich, wenn die Ware einen **Börsen- oder Marktpreis** hat. Ein Börsen- oder Marktpreis ist gegeben, wenn sich aus einer größeren Zahl von Verkäufen der betreffenden Ware zur fraglichen Zeit am Verkaufsort (Börse, Markt) ein Durchschnittspreis ermitteln lässt.[15] Lässt sich ein Börsen- oder Marktpreis ermitteln, ist darüber hinaus die konkrete Schadensberechnung eingeschränkt. Der zugrunde zu legende Kauf oder Verkauf hat nicht nur sofort zu erfolgen, er ist auch im Wege öffentlicher Versteigerung oder über eine besondere Person vorzunehmen, vgl. § 376 Abs. 3 HGB. Darüber hinaus ergeben sich insoweit wieder Benachrichtigungspflichten, deren Verletzung Schadensersatzpflichten auslösen, vgl. § 376 Abs. 4 HGB (vgl. auch Rn 8).

19 Wenn der Rücktritt erklärt worden sein sollte, ist damit nicht der Anspruch auf Schadensersatz ausgeschlossen. Trotz des Wortlauts des § 376 Abs. 1 HGB („... oder ...") wird auch im Handelsrecht der Grundsatz des **§ 325 BGB** zu gelten haben, so dass Rücktritt und Schadensersatz als Rechtsfolgen kumulativ auftreten können.[16]

20 Die wichtigste Frage des § 376 HGB ist allerdings, ab wann die Parteien ein **relatives Fixgeschäft** vereinbart haben. Notwendig, aber allein nicht ausreichend ist die Vereinbarung einer festen Leistungszeit oder Leistungsfrist.[17] Denn dies entspricht der Regelung des § 286 Abs. 2 Nr. 2 BGB, die als Rechtsfolge lediglich den Verzug vorsieht. Das Geschäft muss vielmehr nach dem Parteiwillen mit der Einhaltung der Frist stehen oder fallen, wobei sich jeder Zweifel gegen die Annahme eines Fixgeschäftes auswirkt.[18] Insoweit reicht allein ein starkes Interesse an der Fristeinhaltung nicht aus. Mangels einer ausdrücklichen Abrede ist anhand aller vertragsbegleitenden Umstände zu ermitteln, ob die Parteien einen entsprechenden weitgehenden Willen hatten.[19] Ein bedeutsamer Auslegungsumstand kann dabei das der anderen Vertragsseite bekannte Bedürfnis nach pünktlicher Lieferung sein. Jedenfalls indiziert die Verwendung von Formulierungen wie „spätestens", „Nachlieferung ausgeschlossen" oder „fix" mit jeweiliger Angabe eines Zeitpunktes das Vorliegen eines Fixgeschäftes.[20]

---

14 BGH WM 1998, 931.
15 RGZ 34, 121; 47, 113; BGH NJW 1979, 759. Vgl. dazu auch § 453 BGB a.F. und BGHZ 90, 69, 72 = NJW 1984, 1177: Listenpreis des Verkäufers lässt in der Regel keinen Schluss auf den Marktpreis zu.
16 Baumbach/*Hopt*, § 376 Rn 11; *Koller/Roth/Morck*, § 376 Rn 8.
17 BGHZ 110, 88, 96 = NJW 1991, 2065; NJW-RR 1989, 1373; NJW 2001, 2878.
18 BGHZ 110, 88, 96 = NJW 1991, 2065: Die Anordnung eines relativen Fixgeschäftes durch AGB ist überraschend im Sinne des § 305 c BGB und verstößt auch gegen § 307 BGB.
19 BGH NJW-RR 1989, 1373
20 Baumbach/*Hopt*, § 376 Rn 8; *Koller/Roth/Morck*, § 376 Rn 6; *Jauernig/Vollkommer*, § 323 Rn 13; *Palandt/Heinrichs*, § 323 Rn 20.

V. Der Gewährleistungsausschluss

1. Überblick

Die Bedeutung des § 377 HGB ist sowohl im Examen als auch in der Praxis erheblich. Eine eingehende Auseinandersetzung mit der Vorschrift ist daher unbedingt notwendig. Denn nach dieser Norm kann die Geltendmachung von Sachmängeln ausgeschlossen sein, weil es an einer rechtzeitigen Rüge fehlt. Dadurch werden unter Umständen ein Streit und Beweisaufnahmen über das Vorliegen von Mängeln erspart. Gerade diesem Zweck dient auch die Vorschrift:[21] Aus Gründen der Rechtssicherheit soll dem Verkäufer möglichst schnell Klarheit darüber gegeben werden, ob er wegen Mängeln in Anspruch genommen zu werden droht.

Die Anwendung des § 377 HGB setzt anders als die vorhergehenden Vorschriften ein **beiderseitiges Handelsgeschäft** voraus (vgl. dazu § 12 Rn 17). Eine entsprechende Anwendung auf nichtkaufmännische Gewerbe oder überhaupt auf jede unternehmerische Tätigkeit scheidet aus.[22] Insoweit kommen lediglich Einschränkungen des Rechts auf Gewährleistung aus § 242 BGB[23] oder § 254 BGB[24] in Betracht. Eine Anwendung zu Lasten eines Scheinkaufmannes wird aber als möglich angesehen.[25]

Die nichtamtliche Überschrift des § 377 HGB spricht von Untersuchungs- und Rügepflichten. Dies erfordert eine zweifache Klarstellung: Aus § 377 HGB ergeben sich zu Lasten des Käufers keine Pflichten. Es handelt sich vielmehr um **Obliegenheiten**: Werden diese nicht eingehalten, gilt die gekaufte Ware als genehmigt, so dass eine Mängelgewährleistung ausscheidet. Darüber hinaus ist auch nicht die fehlende Untersuchung entscheidend, sondern die fehlende Rüge. Auch die auf Verdacht hin abgegebene Rüge ist rechtserhaltend, wenn sie ausreichend bestimmt ist (vgl. dazu Rn 33).[26] Die Bedeutung der Untersuchung zeigt sich nur darin, dass der Käufer nicht nur die offensichtlichen Mängel sofort zu rügen hat, er hat die Ware auch auf Mängeln hin zu untersuchen, vgl. § 377 Abs. 2 HGB.

Die **Rügeobliegenheit** ist daher **gestuft**. Offensichtliche Mängel und Mängel, die bei einer gehörigen Untersuchung erkennbar waren, sind unverzüglich zu rügen, vgl. § 377 Abs. 2 HGB. Alle anderen Mängel sind unverzüglich nach ihrer Entdeckung geltend zu machen, vgl. § 377 Abs. 3 HGB.

2. Die Voraussetzungen

Die Anwendung des § 377 HGB hat zwei **Grundvoraussetzungen**. Zunächst ist zu fragen, ob die Vorschrift des § 377 HGB überhaupt einschlägig ist. Ist dies der Fall, stellt sich die Frage, ob die Rügeobliegenheit erfüllt worden ist und die Mängelgewährleistungsrechte damit erhalten sind.

---

21 BGH WM 1998, 938; NJW 2000, 1416.
22 RGZ 104, 96; Baumbach/*Hopt*, § 377 Rn 3; *Koller/Roth/Morck*, § 377 Rn 4; jeweils auch zu abweichenden Literaturansichten.
23 BGH WM 1992, 70.
24 OLG Düsseldorf NJW 2000, 1655.
25 Baumbach/*Hopt*, § 377 Rn 3; *Koller/Roth/Morck*, § 377 Rn 4.
26 RGZ 99, 249; 138, 366; Baumbach/*Hopt*, § 377 Rn 20; *Koller/Roth/Morck*, § 377 Rn 7.

a) Das Vorliegen einer Rügeobliegenheit

26 Es muss zunächst ein **Handelskauf** vorliegen (vgl. dazu Rn 3 f.). Eine Anwendung des § 377 HGB scheidet daher aus, wenn es um ein Immobiliengeschäft geht oder um den Ankauf nicht verbriefter Forderungen. Dieses Geschäft muss weiter ein **beiderseitiges Handelsgeschäft** darstellen (vgl. dazu Rn 22). Ist nur einer der Beteiligten kein Kaufmann, scheidet eine Anwendung des § 377 HGB aus.

27 Weiter muss es um **Mängel** gehen. Von § 377 HGB erfasst werden bisher nur die Sachmängel. Ob nunmehr auch Rechtsmängel erfasst werden, ist umstritten.[27] Der Begriff wird in § 377 HGB nicht definiert. Insoweit ist auf § 434 BGB zurückzugreifen. Von Bedeutung ist insoweit, dass über § 434 Abs. 3 BGB nun auch Mengen- und Artabweichungen als Mangel anzusehen sind. Das stellt für das Handelsrecht keine große Neuheit dar, weil diese Fälle über § 378 HGB a.F. bereits als Mängel im Sinne des § 377 HGB definiert wurden. Neu ist aber, dass § 434 Abs. 3 BGB anders als § 378 HGB a.F. keine Einschränkung hinsichtlich des Umfangs der Abweichung mehr vorsieht. § 378 HGB a.F. sah nur die Abweichungen als Mängel an, die nicht so erheblich waren, dass der Verkäufer eine Genehmigung als ausgeschlossen betrachten musste. Wegen der Behandlung von Falschlieferungen siehe Rn 48 ff. Die Rügeobliegenheit gilt auch wegen des Fehlens zugesicherter Eigenschaften.[28]

28 Der Bundesgerichtshof wendet § 377 HGB auch auf **Ansprüche aus der Verletzung vertraglicher Nebenpflichten** an (früher: positive Vertragsverletzung).[29] Eine Rügepflicht kann daher auch Entstehen, wenn die Ware selbst nicht mangelhaft ist, sondern lediglich eine unzureichende Verpackung vorliegt[30] oder allein eine veränderte Ware geliefert wird.[31] Insoweit ist aber zu beachten, dass die fehlende Rüge insoweit nicht jeden Anspruch ausschließt (vgl. dazu Rn 42 f.).

29 Eine Rügeobliegenheit entsteht auch dann nicht, wenn der Verkäufer den Mangel arglistig verschwiegen hat. Denn bei einem **arglistigen Verschweigen** ist § 377 HGB schon nicht anzuwenden, § 377 Abs. 5 HGB.

30 Liegen die genannten Voraussetzungen vor, stellt sich die Frage, ob eine **rechtzeitige** Rüge vorliegt. Diese Frage stellt sich allerdings erst dann, wenn die Ware abgeliefert worden ist. Erst mit der **Ablieferung** beginnen etwaige Rügefristen zu laufen, selbst wenn Mängel schon vorher erkennbar sind.[32] Die Ablieferung ist ein tatsächlicher Vorgang. Sie ist gegeben, wenn der Käufer bei objektiver Betrachtung an Stelle des Verkäufers die Verfügungsgewalt über die Sache erhalten und damit tatsächlich imstande ist, die Ware zu untersuchen.[33]

31 Die **Ablieferung** muss allerdings **vollständig** erfolgen.[34] Im Rahmen der Lieferung eines Computersystems hat der BGH aus diesem Grund eine Ablieferung verneint,

---

27 Bejahend Baumbach/*Hopt*, § 377 Rn 12.
28 BGH NJW 1991, 2633; BGH-Report 2003, 285, 286.
29 BGHZ 66, 208, 212 = NJW 1976, 1353 (geladene Batterien); 101, 337, 340 = NJW 1988, 52 (Weinkorken); 107, 331, 337 = NJW 1989, 2532 (Wellpappe); 132, 175, 178 = NJW 1996, 1537 (Schuhleder); NJW 1992, 912, 914 (Hängewarensystem für Textilwaren).
30 BGHZ 66, 208, 212 = NJW 1976, 1353.
31 BGHZ 132, 175, 178 = NJW 1996, 1537 (Schuhleder).
32 BGH NJW 1993, 461.
33 BGHZ 93, 338, 347 = NJW 1985, 1333; BGHZ 143, 307 = NJW 2000, 1415.
34 BGHZ 143, 307 = NJW 2000, 1415; NJW 1993, 461.

soweit die für die Benutzung der Software notwendigen Handbücher nicht geliefert worden waren.[35] Der BGH hat dies damit begründet, dass die Lieferung des Handbuchs Hauptleistungspflicht sei. Diese Begründung ist dann zutreffend, wenn der Verkäufer tatsächlich nur eine Teilleistung erbringen wollte und die Handbücher unstreitig noch geliefert werden sollten. Ist der Sachverhalt anders, wäre durch den Käufer das Fehlen des Handbuchs unverzüglich zu rügen. Eine Ablieferung hinsichtlich der Standard-Software setzt aber keinen Probelauf voraus.[36]

Bei einer **Installations- und Montagepflicht des Verkäufers** liegt Ablieferung erst mit der Aufstellung der Maschine vor.[37] Bei der Holschuld tritt Ablieferung nicht schon mit der Bereitstellung beim Verkäufer, sondern erst mit der tatsächlichen Übergabe ein, weil dem Käufer die Ware erst dann zur Untersuchung zur Verfügung steht.[38] Anderes soll aber gelten, wenn die Sache bei einem Dritten abgeholt oder diese wie beim Versendungskauf von diesem etwa dem Frachtführer zu Verfügung gestellt werden soll. Denn dann ist die Sache aus dem Machtbereich des Verkäufers ausgeschieden und kann untersucht werden.[39] Bei einer Nachbesserung beim Käufer ist für den Zeitpunkt der Ablieferung auf den Zeitpunkt des Abschlusses der Nachbesserung abzustellen.[40] Das Vorliegen eines Annahmeverzugs steht einer Ablieferung nicht gleich.[41]

32

b) Die Einhaltung der Rügeobliegenheit

Liegt eine Ablieferung vor, beginnt die Rügefrist zu laufen. Die Einhaltung der Frist setzt eine **ausreichende Rüge** voraus. Die Rüge ist dabei nicht Willens-, sondern Wissenserklärung. Sie ist als solche aber eine geschäftsähnliche Handlung, so dass die Vorschriften über die Willenserklärung auch auf die Rügeerklärung anzuwenden sind.[42] Die Rüge muss dem Verkäufer daher entsprechend § 130 BGB zugehen, wobei der Käufer dann auch die Beweislast für den Zugang trägt.[43] Sie ist aber mangels anderer Bestimmung formfrei. Der Inhalt der Mängelanzeige muss, um dem der Vorschrift zugrunde liegenden Beschleunigungszweck zu genügen, so beschaffen sein, dass die Mängel zwar nicht in allen Einzelheiten, aber doch so genau bezeichnet werden, dass der Verkäufer sie ermessen und danach seine Dispositionen treffen kann.[44] Einer Angabe der Mangelursachen bedarf es ebenso wenig wie der Angabe der Rechte, die der Käufer geltend zu machen beabsichtigt. Ergänzungen einer unzureichenden Mängelrüge sind nur dann ausreichend, wenn sie selbst innerhalb der Rügefrist eingehen.

33

Die Rüge muss unverzüglich, d.h. **ohne schuldhaftes Zögern** (vgl. § 121 BGB), erfolgen. Die Rechtzeitigkeit wird durch die rechtzeitige Absendung gewahrt, vgl.

34

---

35 BGH NJW 1993, 461.
36 BGHZ 143, 307 = NJW 2000, 1415.
37 BGH NJW 1961, 730.
38 Zusammenfassend für alle Ablieferungsgestaltungen: BGH NJW 1995, 3381.
39 BGH NJW 1988, 2608, 2609; NJW 1995, 3381, 3382.
40 BGHZ 143, 307 = NJW 2000, 1415.
41 BGH NJW 1995, 3381.
42 Baumbach/*Hopt*, § 377 Rn 32; *Koller/Roth/Morck*, § 377 Rn 11.
43 BGHZ 101, 49, 52 = NJW 1987, 2235.
44 BGH NJW 1986, 3136, 3137.

§ 377 Abs. 4 HGB. Dabei kommt es zunächst auf die Frage an, ab welchem Zeitpunkt die Frist zu laufen beginnt, sodann ist zu klären, wie lange die Frist anzusetzen ist.

35 Für den **Fristbeginn** ist danach zu unterscheiden, ob es sich um sofort erkennbare, erst nach einer Untersuchung erkennbare oder auch nach Untersuchung nicht erkennbare Mängel handelt. **Sofort erkennbare Mängel** müssen sofort gerügt werden. Unverzüglich ist eine Rüge dabei nur dann, wenn sie innerhalb weniger Tage (ein bis zwei Tage), bei verderblichen Waren unter Umständen innerhalb weniger Stunden abgegeben wird.

36 Sind Mängel nicht sofort zu erkennen, so hat der Käufer die Ware zu untersuchen. Auch dies hat unverzüglich zu geschehen. Die **Untersuchung** muss dem Käufer unter Berücksichtigung von Branche und Unternehmensgröße nach Art und Umfang zumutbar sein. Sie hat sich auf das zu beziehen, was unter Berücksichtigung aller Umstände nach ordnungsgemäßem Geschäftsgang tunlich ist.[45] Die Anforderungen dürfen im Rahmen der anzustellenden Interessenabwägung nicht überspannt werden. Zu beachtende Umstände des Einzelfalls sind insbesondere die Kosten sowie technischer, organisatorischer und zeitlicher Aufwand. Im Rahmen von Sukzessivlieferungen sind alle Teillieferungen zu untersuchen.

37 Bei **Lebensmitteln** genügt in der Regel eine Untersuchung nach Aussehen, Geruch und Geschmack. Bei der Lieferung einer größeren Warenmenge sind aussagekräftige **Stichproben** ausreichend. Aussagekräftig sind die Stichproben dabei nur, wenn sie sich sinnvoll auf die Gesamtmenge verteilen. Dass dadurch Teile der Ware nicht mehr verkäuflich sind, schadet nicht. **Maschinen** sind in Gang zu setzen. Die Untersuchung hat sich auch auf schwierig feststellbare Mängel zu beziehen. Auf seltene Mängel hin ist die Ware jedenfalls dann zu untersuchen, wenn Anhaltspunkte für ihr Vorliegen gegeben sind.

38 Zeigt sich bei der Untersuchung ein Mangel, ist dieser wiederum **unverzüglich zu rügen**. Es gilt das oben Gesagte entsprechend (vgl. Rn 35).

39 Bei **verdeckten Mängeln** beginnt die Rügefrist mit der Entdeckung (vgl. § 377 Abs. 3 HGB) und nicht schon mit der Ablieferung bzw. dem Ablauf der Untersuchungsfrist. Verdeckte Mängel sind die Mängel, die auch bei einer ordnungsgemäßen Untersuchung nicht entdeckt werden konnten. Durfte der Käufer von bestimmten Eigenschaften der Ware ausgehen und bestand deshalb insoweit keine Untersuchungspflicht, ist von einem versteckten Mangel auszugehen. Dies hat der BGH in einem Fall angenommen, in dem der Lieferant eines Schuhherstellers nach einer langen Geschäftsbeziehung die Zurichtung des Leders änderte, so dass dieses nunmehr Wasser aufnahm.[46]

> *Praxishinweis*
> Auf die Frage, ob ein offener oder verdeckter Mangel vorliegt, kommt es nicht an, wenn es schon an einer unverzüglichen Rüge nach der Entdeckung des Mangels fehlt. Insoweit gelten die oben genannten kurzen Fristen (vgl. Rn 35) entsprechend.

40 Im Übrigen können die Parteien hinsichtlich der Rügeobliegenheit auch **andere Abreden** treffen. Der Verkäufer kann auf die Rüge auch nachträglich verzichten, wofür es aber eindeutiger Hinweise bedarf. Dies kann dann anzunehmen sein, wenn

---

45 BGH BGH-Report 2003, 285.
46 BGHZ 132, 175 = NJW 1996, 1537.

eine feste Zusage der Nachbesserung erfolgt.[47] Nicht ausreichend ist ein Verhandeln über eine gütliche Einigung[48] oder eine Kenntnis des Verkäufers vom Mangel. Durch einen Handelsbrauch kann § 377 HGB nicht abbedungen sein.[49]

3. Rechtsfolgen

a) Hinsichtlich der Rügeobliegenheiten

Ist § 377 HGB nicht einschlägig (vgl. dazu Rn 26 ff.) oder ist der Käufer seinen Rügeobliegenheiten nachgekommen (vgl. dazu Rn 33 ff.), verbleibt es bei den allgemeinen Regeln. Liegen daher die weiteren Voraussetzungen für die Mängelgewährleistungsrechte vor (erfolglose Nacherfüllungsaufforderung; Nachfristsetzung), ändert sich an den Rechtsfolgen nichts. 41

Ist allerdings § 377 HGB anwendbar und fehlt es an einer rechtzeitigen Rüge, so gilt die gelieferte Ware als genehmigt. Dies folgt aus § 377 Abs. 2 HGB. Der Käufer verliert damit seine Rechte aus den §§ 434, 437 BGB und ein auf den Mangel gestütztes Anfechtungsrecht nach § 119 Abs. 2 BGB. 42

> *Praxishinweis*
> Die Verletzung der Rügeobliegenheit ist nicht nur auf den Einwand des Verkäufers hin im Prozess zu prüfen, sondern von Amts wegen. Es liegt keine Einrede vor.[50]

Ebenfalls wird die Geltendmachung von Schadensersatzansprüchen aus der Verletzung von Hinweis- oder Schutzpflichten erfasst, soweit sich diese auf die gelieferte Ware beziehen.[51] Es erfolgt damit eine Beschränkung auf die Gewährleistungsansprüche im weiteren Sinne, so dass etwa der Kaufpreis vollständig zu zahlen ist, weitergehende Schadensersatzansprüche aber nicht ausgeschlossen sind (näher Rn 43).

Durch die Verletzung der Rügeobliegenheit nicht ausgeschlossen sind allerdings **Ansprüche aus unerlaubter Handlung**, selbst wenn diese auf dem nicht oder nicht ordnungsgemäß gerügtem Mangel beruhen.[52] Denn der deliktische Schutz ist ein anderer als der, der durch die Gewährleistungsvorschriften gewährt wird. Insoweit ist auch grundsätzlich von einem Fall der Anspruchskonkurrenz auszugehen, der nur dann nicht vorliegt, wenn andernfalls die für den vertraglichen Anspruch geltende Regelung faktisch keinen Anwendungsbereich mehr hätte. Der Zweck des § 377 HGB erfordert kein anderes Ergebnis. Denn das Deliktsrecht schützt nur bestimmte Rechtsgüter, wobei der Käufer jeweils noch grundsätzlich die Darlegungs- und Beweislast trägt. Auch die Haftung für das Handeln von Hilfspersonen ist eingeschränkt, vgl. § 831 BGB. 43

---

47 BGH NJW 1991, 2633.
48 BGH NJW 1991, 2633, 2634; BGHZ 110, 130 = NJW 1999, 1260.
49 BGH NJW 1976, 625; BGH-Report 2003, 285, 286.
50 BGH NJW 1980, 784.
51 BGHZ 66, 208, 212 = NJW 1976, 1353 (geladene Batterien); BGHZ 101, 337, 340 = NJW 1988, 52 (Weinkorken); BGHZ 107, 331, 337 = NJW 1989, 2532 (Wellpappe); BGHZ 132, 175, 178 = NJW 1996, 1537 (Schuhleder); NJW 1992, 912, 914 (Hängewarensystem für Textilwaren).
52 BGHZ 101, 337 = NJW 1988, 52.

b) Aufbewahrung und Notverkauf

44 Nach allgemeinem Zivilrecht ist der Käufer, der eine Kaufsache beanstandet, nicht zu ihrer Aufbewahrung verpflichtet. Anderes gilt nach § 379 HGB. Ist die Ware dem Verderb ausgesetzt, darf er sie nach Maßgabe des § 373 HGB verkaufen.

4. Besondere Fallgestaltungen
a) Der Zwischenhändler und das Streckengeschäft

45 Fraglich sind die Auswirkungen von Geschäften, bei denen von vornherein klar ist, dass der Käufer die Sache weiterveräußern wird. In solchen Fällen kann von einem **Streckengeschäft** gesprochen werden, wenn die Lieferung sofort an den Kunden des Käufers erfolgt. Auch die Fälle des **Zwischenhändlers** passen in diese Fallgruppe. Soweit § 377 HGB zwischen den Parteien nicht abbedungen worden ist, greift er auch in einer solchen Fallgestaltung ein. Dies bedeutet für einen Zwischenhändler, dass er seinen Rügeobliegenheiten selbst nachkommen muss.[53] Er kann nicht damit zuwarten, dass seine Kunden reklamieren. Wird ein verdeckter Mangel entdeckt, muss er diesen unverzüglich bei seinem Verkäufer rügen.

46 Liegt ein Fall der **Durchlieferung** vor, wird die Ware also direkt an den Abnehmer des Käufers geliefert, liegt eine Ablieferung (vgl. dazu Rn 30 ff.) dann vor, wenn die Ware dem Abnehmer durch die Transportperson des Verkäufers vertragsgemäß zur Verfügung gestellt wird.[54] Der Käufer hat dann seinen Abnehmer anzuhalten, den ihn treffenden Rügeobliegenheiten nachzukommen.[55] Dass der Abnehmer des Käufers selbst nicht Kaufmann ist, ist unerheblich (vgl. dazu auch Rn 47). Kommt der Abnehmer den Obliegenheiten nicht nach, ist dies dem Käufer nach § 278 BGB zuzurechnen. In diesen Fallgestaltungen wird der Abnehmer auch jeweils als zur Rüge ermächtigt angesehen. Für die Rechtzeitigkeit der Rüge ist zu berücksichtigen, dass in diesen Fällen der Abnehmer bei dem Käufer rügen kann und diesen erst dann die Pflicht zur unverzüglichen Rüge trifft.

b) Das Leasinggeschäft

47 Eine Anwendung des § 377 HGB kommt auch bei einem Leasinggeschäft in Betracht. Das Leasinggeschäft selbst unterfällt zwar nicht den Regelungen des Handelskaufes. Ein Kauf liegt regelmäßig aber in dem Erwerb der zu leasenden Sache durch den Leasinggeber. Ist dieser wie der Veräußerer Kaufmann und liegt ein Handelskauf vor, sind die Voraussetzungen des § 377 HGB gegeben. Dass der Leasingnehmer unter Umständen nicht Kaufmann ist, spielt keine Rolle, weil er selbst an dem Kaufvertrag nicht beteiligt ist.[56]

---

53 Baumbach/*Hopt*, § 377 Rn 34; *Koller/Roth/Morck*, § 377 Rn 14.
54 Baumbach/*Hopt*, § 377 Rn 9; *Koller/Roth/Morck*, § 377 Rn 6 b.
55 BGH NJW 1978, 2394.
56 BGHZ 110, 130 = NJW 1990, 1290: Leasingnehmer war ein Alten- und Pflegeheim, das zur damaligen Zeit nicht Kaufmann war. Dieses hatte die erworbene Computeranlage für den Leasinggeber, eine Bank, angenommen und die Übernahme bestätigt = Ablieferung.

c) Die Aliud-Lieferung und die Lieferung mit Mengendifferenz

Die früher von § 378 HGB a.F. erfassten Aliud-Lieferungen oder die Lieferungen mit Mengenabweichung unterfallen nun schon über den Mangelbegriff des § 434 BGB dem § 377 HGB. Eine Ausnahme ergibt sich nur dann, wenn mehr geliefert wird, als versprochen wurde (vgl. dazu Rn 50). Auf die Frage, ob die Abweichung noch genehmigungsfähig ist, kommt es anders als bei § 378 BGB a.F. nicht mehr an. Allerdings ist jedenfalls bei der Aliud-Lieferung eine **Erfüllungsabsicht des Verkäufers** zu fordern.[57] Lag diese erkennbar nicht vor, handelt es sich nicht um eine schlechte Erfüllung, sondern um keine Erfüllung. Auch bei einer geringeren als der vereinbarten Lieferung ist zu prüfen, ob es sich nicht erkennbar um eine Teillieferung handelt. Ist dies der Fall, kommt nicht § 377 HGB zum Tragen, sondern § 266 BGB.[58]

48

Besondere Überlegungen sind auch hinsichtlich der Rechtsfolgen notwendig. Bestehen die Mängelgewährleistungsrechte weiter, weil § 377 HGB keine Anwendung fand oder der Käufer seinen Rügeobliegenheiten nachgekommen ist, verbleibt es bei den allgemeinen Gewährleistungsvorschriften.

49

Problematisch ist hier aber die **Mehrlieferung**.[59] Die Lieferung einer größeren als der vereinbarten Menge stellt schon keinen Mangel dar, denn dieser Fall wird von § 434 Abs. 3 BGB nicht erfasst. § 377 HGB kann insoweit schon nicht eingreifen. Insoweit dürfte der Käufer zur Herausgabe nach Bereicherungsrecht verpflichtet sein, soweit nicht § 814 BGB eingreift. Die Parteien können aber auch, u.U. stillschweigend, eine Vertragserweiterung vereinbaren. Dies kann dann auch zu einer erweiterten Zahlungspflicht führen, die ohne Vereinbarung nicht besteht.

50

Hat der Käufer seine Gewährleistungsrechte verloren, so ist er bei einer **weniger wertvollen Aliud-Lieferung** und bei einer **Minderlieferung** verpflichtet, den vollen Kaufpreis zu zahlen.[60] Schwierigkeiten bereitet die Lieferung einer **wertvolleren Aliud-Sache**. Auch wenn der Verkäufer auf die Rechte aus § 377 HGB verzichten kann, setzt ein Rückforderungsrecht doch voraus, dass der Käufer Nachlieferung verlangt. Insoweit wird überwiegend angenommen, der Verkäufer könne seine Leistung zurückfordern. Insoweit wird teilweise vorausgesetzt, dass eine Anfechtung der Übereignungserklärung erfolgt ist. Andere weisen darauf hin, dass das aliud vertraglich nicht geschuldet sei bzw. eine irrtümlich ohne Erfüllungswillen erbrachte Leistung vorliege. Einen Anspruch auf einen höheren Kaufpreis kann der Verkäufer in jedem Fall nur bei einer entsprechenden Einigung mit dem Käufer mit Erfolg geltend machen.[61]

51

---

[57] Baumbach/*Hopt*, § 377 Rn 16; *Koller/Roth/Morck*, § 377 Rn 5 a mit Hinweisen zu abweichenden Literaturansichten.
[58] Baumbach/*Hopt*, § 377 Rn 18; *Koller/Roth/Morck*, § 377 Rn 5 a.
[59] Vgl. dazu Baumbach/*Hopt*, § 377 Rn 19; *Koller/Roth/Morck*, § 377 Rn 5 a.
[60] BGHZ 91, 293, 298 ff. = NJW 1984, 1964.
[61] OLG Hamm NJW-RR 2003, 613.

5. Checkliste: Anwendung des § 377 HGB

52 Gewährleistungsansprüche und Ansprüche aus der Verletzung von Nebenpflichten sind vorbehaltlich abweichender Vereinbarungen in Bezug auf die Ware ausgeschlossen, wenn die Verletzung einer Rügeobliegenheit gegeben ist. Dies setzt voraus:
- Vorliegen einer Rügeobliegenheit
- Vorliegen eines Handelskaufs nach Kaufgegenstand und Vertragstyp.
- Vorliegen eines Mangels im Sinne des § 434 BGB.
- Nichteinhaltung der Rügeobliegenheit
- Die Ware ist abgeliefert worden.
- Die Rüge ist nicht ausreichend erklärt oder nicht zugegangen.
- Oder die Rüge ist nicht unverzüglich abgesandt worden, weil
  - der Mangel offen erkennbar war,
  - der Mangel bei einer gehörigen Untersuchung zu erkennen gewesen wäre oder
  - bei einem versteckten Mangel nach seiner Feststellung.

§ 15 Das Fracht-, Speditions- und Lagerrecht

I. Überblick

Das Fracht-, Speditions- und Lagerrecht wird auch als **Transportrecht**[1] bezeichnet. Der Begriff des Transportrechts wird im Handelsgesetzbuch nicht erwähnt. Es hat sich allerdings zur Umschreibung dieser Gebiete eingebürgert. Bis zu seiner Reform war das Transportrecht in vielen verschiedenen Gesetzen geregelt.[2] Durch das Gesetz zur Neuregelung des Fracht-, Speditions- und Lagerrechts (Transportrechtsreformgesetz) vom 25.6.1998[3] sind die verschiedenen früheren Regelungen zusammengefasst worden. Die Regelungen des HGB finden damit unabhängig davon Anwendung, ob der Transport auf der Straße, mit Binnenschiffen oder Flugzeugen durchgeführt wird. Die Regelungen betreffen allerdings nur den **Gütertransport**. Das **Personenbeförderungsrecht** ist im Personenbeförderungsgesetz, teilweise im BGB (§§ 651 a ff. BGB) und in der Eisenbahnverkehrsordnung geregelt.

Gerade im Transportrecht weisen die Sachverhalte oft internationale Bezüge auf. Insoweit ist zu beachten, dass dieser Bereich häufig durch **internationale Abkommen** geregelt ist. Für den internationalen Straßengüterverkehr gilt etwa das Übereinkommen über den Beförderungsvertrag im internationalen Straßengüterverkehr (CMR),[4] für das Luftfrachtgeschäft gilt das Warschauer Abkommen zur Vereinheitlichung von Regeln über die Beförderung im internationalen Luftverkehr (WA)[5] und im Eisenbahnverkehr gilt das Übereinkommen über den internationalen Eisenbahnverkehr (COTIF) vom 9.5.1980 mit seinem Anhang (CIM). Die dort enthaltenen Regelungen finden sich allerdings teilweise in den HGB-Vorschriften wieder, weil die Reform auch der Gleichstellung des deutschen Transportrechts mit den internationalen Übereinkommen dienen sollte.[6] Die jeweiligen Vorschriften sind dabei zwingend anzuwenden, wenn ein grenzüberschreitender Transport vereinbart wird. Auch hier gilt Art. 3 Abs. 2 EGHGB. Zum Handelskauf siehe § 14 Rn 4.

Für den Inhalt der Verträge spielen häufig auch die **Allgemeinen Deutschen Spediteurbedingungen (ADSp)**[7] eine Rolle. Dabei handelt es sich nicht um Rechtsnormen, sondern um Allgemeine Geschäftsbedingungen.[8] Diese haben dabei nicht nur für Speditionsgeschäfte Bedeutung. Sie gelten nach § 2 ADSp auch für Fracht- und Lagerverträge, aber nicht gegenüber Verbrauchern. Sie müssen allerdings in den Vertrag einbezogen werden.[9] Insoweit gelten aber gegenüber Unternehmern äußerst geringe Anforderungen. Denn nach § 310 BGB findet § 305 BGB insoweit keine Anwendung. Es reicht daher auch eine stillschweigende Einbeziehung aus, die bereits

---

1 Spezialliteratur: *Fremuth/Thume*, Kommentar zum Transportrecht, 2000; *Koller*, Transportrecht, 5. Aufl. 2004; *Müglich*, Das neue Transportrecht – TRG, 1999; *Widmann*, Kommentar zum Transportrecht, 3. Aufl. 1999.
2 Vgl. näher *K. Schmidt*, § 32 I 1a, S. 911.
3 BGBl I S. 1588.
4 Abgedruckt bei Baumbach/*Hopt*, Handelsrechtliche Nebengesetze Nr. 19.
5 Das Warschauer Abkommen soll durch das Montrealer Abkommen abgelöst werden.
6 Baumbach/Hopt/*Merkt*, § 407 Rn 3.
7 Abgedruckt bei Baumbach/*Hopt*, Handelsrechtliche Nebengesetze Nr. 20.
8 BGHZ 101, 172 = NJW 1988, 640; NJW 1986, 1434 f.; NJW-RR 1991, 570; 1991, 995.
9 Dazu näher *K. Schmidt*, § 33 I 3 a, S. 954 f.; eine Einbeziehung aus Handelsbrauch scheidet aus.

dann vorliegt, wenn jemand in vertragliche Beziehungen zu einem Spediteur tritt, der seinen Geschäften die ADSp zugrunde zu legen pflegt, und die andere Seite dies weiß oder wissen muss.[10] Dies gilt auch gegenüber ausländischen Unternehmen, jedenfalls dann, wenn diese selbst Spediteure sind.[11]

4 Im Transportrecht hat der Gesetzgeber eine Annäherung an das **objektive System** (siehe auch § 4 Rn 32 f.) für die Anwendung des Handelsrechts vorgesehen. Die Vorschriften gelten dabei nicht nur dann, wenn der Frachtführer, Spediteur oder Lagerhalter Kaufmann ist. Es reicht vielmehr aus, wenn der Gegenstand des jeweiligen Vertrags zum Betrieb eines gewerblichen Unternehmens gehört, vgl. §§ 407 Abs. 3, 453 Abs. 3, 467 Abs. 3 HGB. Damit wird jeder Gewerbetreibende erfasst.

> *Examenshinweis*
> Im Rahmen eines transportrechtlichen Vertrags sind auch die weiteren Vorschriften über die Handelsgeschäfte (§§ 343 ff. HGB) mit Ausnahme der §§ 348 bis 350 HGB anzuwenden. Über derartige Fallgestaltungen kann also zu den allgemeinen handelsrechtlichen Fragen übergeleitet werden, ohne dass ein Kaufmann beteiligt ist.

II. Das Frachtrecht

1. Anwendungsbereich

5 Der **Frachtvertrag** ist in den **§§ 407 ff. HGB** geregelt. In den §§ 407 bis 450 HGB sind die allgemeinen Vorschriften enthalten, in §§ 451 ff. HGB finden sich Sonderregeln für den Umzugsvertrag und in den §§ 452 ff. HGB Sonderregeln für den sog. **multimodalen** oder **kombinierten Frachtvertrag**. Dieser liegt vor, wenn die Beförderung aufgrund eines Frachtvertrages mit verschiedenen Beförderungsmitteln durchgeführt werden soll. Dies ist etwa der Fall, wenn das Gut zunächst mit dem Flugzeug und sodann mit dem Lkw befördert werden soll.

6 Unter den Voraussetzungen des § 450 HGB gelten ausschließlich die besonderen Vorschriften über die Seefracht, die hier nicht dargestellt werden können. Im Übrigen ist es unerheblich, ob die **Beförderung auf der Straße, der Schiene, über die Luft oder auf Binnengewässern** erfolgt (vgl. dazu § 407 Abs. 3 S. 1 HGB). Auch der Umfang oder der Zweck des Transports spielt keine Rolle.[12] Die §§ 407 ff. HGB finden daher auch bei einem Umzug in einem Haus Anwendung, bei der Kranbeförderung,[13] beim Abschleppen eines Pkw[14] oder bei der Verbringung von Müll zu einer Deponie. Die Vorschriften betreffen aber nur die Güterbeförderung (vgl. Rn 1).

7 Der **persönliche Anwendungsbereich** ist ebenfalls weit: Während der Frachtführer mindestens Gewerbetreibender sein muss, kann der Auftraggeber auch Verbraucher sein, vgl. etwa § 414 Abs. 3 und 4 HGB.

8 Der Frachtvertrag ist ein **Werkvertrag mit Geschäftsbesorgungscharakter**. Denn der Frachtführer verpflichtet sich, das Gut zum Bestimmungsort zu befördern und

---

10 BGHZ 96, 136, 138 = NJW-RR 1986, 662; NJW 1985, 2411.
11 BGH NJW 1981, 1906; NJW 1976, 2075.
12 Vgl. *Koller/Roth/Morck*, § 407 Rn 1 mit Beispielen.
13 BGH NJW-RR 1995, 415.
14 OLG Düsseldorf VersR 2001, 1302; OLG Köln MDR 2004, 209.

es an den Empfänger abzuliefern. Ergänzend finden daher die §§ 631 ff. BGB Anwendung.[15] Wegen der eingehenden Regelungen des HGB hat dies allerdings keine praktische Relevanz.

2. Grundbegriffe

Neben dem **Frachtführer**, der die Verpflichtungen nach § 407 Abs. 1 HGB übernommen hat, kennt das Frachtrecht den **Absender**, der der Vertragspartner des Frachtführers ist und die vereinbarte Fracht zu bezahlen hat, vgl. § 407 Abs. 2 HGB. Daneben steht der **Empfänger**. Das ist derjenige, bei dem das Beförderungsgut abzuliefern ist. Der Empfänger muss nicht mit dem Absender identisch sein. Er erlangt nach § 421 HGB einen eigenen Anspruch auf Ablieferung. Der Begriff der **Ablieferung** ist für die Frage von Bedeutung, ob der Frachtführer für Schäden einzustehen hat, vgl. § 425 Abs. 1 HGB.

9

> *Praxishinweis*
> Der Frachtvertrag ist ein Vertrag zugunsten Dritter i.S.d. § 328 Abs. 1 BGB.[16] Der Empfänger kann die Ansprüche in § 421 HGB klageweise geltend machen und ist daher aktivlegitimiert. Mit der Ankunft des Gutes an der Ablieferungsstelle erwirbt der Empfänger auch das Verfügungsrecht (§ 418 Abs. 2 HGB).

Da der Frachtführer die Beförderung nicht persönlich vornehmen muss, bedient er sich häufig der sog. **Unterfrachtführer**, die nach § 437 HGB **ausführende Frachtführer** sind. Über § 437 HGB können Ansprüche auf Schadensersatz gegen diese auch ohne unmittelbare vertragliche Grundlage geltend gemacht werden.

10

> *Praxishinweis*
> Wird allein der Frachtführer verklagt, kommt für diesen regelmäßig eine Streitverkündung gegen den Unterfrachtführer nach § 72 ZPO in Betracht.

Über den Vertrag kann auch ein **Frachtbrief** nach § 408 HGB ausgestellt werden. Der Frachtbrief ist kein Wertpapier, er ist insbesondere auch kein Traditionspapier, mit dem über die Güter sachenrechtlich verfügt werden könnte.[17] Diese Bedeutung kommt nur einem **Ladeschein** zu (§§ 444 ff. HGB). Die besondere Bedeutung des Frachtbriefes ergibt sich vielmehr aus § 409 HGB. Denn er hat Beweiskraft für den Abschluss und den Inhalt des Frachtvertrags sowie für die Übernahme des Beförderungsgutes, vgl. § 409 Abs. 1 HGB. Darüber hinaus kann er nach § 409 Abs. 2 HGB auch die Vermutung begründen, dass das Beförderungsgut bei der Übernahme in einem einwandfreien Zustand war.[18] In beiden Fällen gilt daher § 292 ZPO. Es ist daher das Gegenteil der Vermutung zur vollen Überzeugung des Gerichts zu beweisen. Die Ausstellung eines Frachtbriefes ist nicht notwendige Voraussetzung für einen Frachtvertrag, aber ein Indiz für diesen Vertragstyp.[19]

11

---

15 Baumbach/Hopt/*Merk*, § 407 Rn 12.
16 Baumbach/Hopt/*Merk*, § 407 Rn 16.
17 Baumbach/Hopt/*Merk*, § 409 Rn 1.
18 Wird eine Übernahmequittung ausgestellt, gilt ein Anscheinsbeweis: BGH NJW-RR 2003, 754.
19 BGH VersR 1991, 1038.

3. Abgrenzung zu anderen Vertragsverhältnissen

12 Die Bestimmungen zum Frachtvertrag enthalten einige **besondere Regelungen**, die es erforderlich machen, den Frachtvertrag etwa von einem Werkvertrag nach dem BGB, aber auch von einem Lagervertrag abzugrenzen. So ist etwa eine Haftungsbegrenzung vorgesehen (vgl. §§ 431, 433 HGB), der Frachtführer hat auch nicht jeden Schaden zu ersetzen (vgl. § 432 HGB).

> *Beispiel* (OLG Düsseldorf VersR 2001, 1302)[20]
> Der Beklagte, ein Abschleppunternehmen, hatte den Auftrag, ein liegengebliebenes Kfz abzuschleppen. Das Auto wurde aufgeladen und zur nächsten Reparaturwerkstatt transportiert. Beim dortigen Abladen stieß das Auto gegen eine Mauer. Der Autoinhaber verlangte u.a. Ersatz von Mietwagenkosten. Diese standen ihm nach Auffassung des OLG Düsseldorf aber wegen § 432 HGB nicht zu. Das Vertragsverhältnis stellte sich sachlich als auf die Beförderung eines Gutes und dessen Ablieferung gerichtet dar (§ 407 Abs. 1 HGB) und der Beklagte erfüllte die persönlichen Anforderungen des § 407 Abs. 3 HGB. Die Voraussetzungen des § 435 HGB lagen nicht vor (vgl. dazu Rn 20).

13 Vom **Speditionsvertrag** unterscheidet sich der Frachtvertrag entgegen dem üblichen Sprachgebrauch dadurch, dass der Spediteur nicht die Verpflichtung zur Beförderung übernimmt. Der Spediteur verpflichtet sich vielmehr, die Beförderung zu organisieren. Allerdings steht ihm dabei nach § 458 HGB das Recht zu, die Beförderung selbst auszuführen.

14 Kein Frachtvertragsrecht findet Anwendung beim **Lohnfuhrvertrag**, bei dem lediglich das Fahrzeug und der Fahrer gestellt werden. Hier fehlt es an der Übernahme des Gutes in die Obhut des Vertragspartners. Dies gilt erst recht, wenn lediglich das Fahrzeug gemietet wird; hier gilt reines Mietrecht.

4. Beachtenswerte Regelungen

15 Eine **Haftung des Absenders** kann sich nach Maßgabe des § 414 HGB bei der Verletzung ihm obliegender Pflichten ergeben. Der Versender ist nämlich nach § 412 Abs. 1 HGB auch zum beförderungssicheren Stauen, Laden und Befestigen verpflichtet. Ebenso hat er das Gut zu verpacken (§ 411 HGB) und auf Besonderheiten, wie der Gefährlichkeit des Gutes, hinzuweisen (§ 410 HGB). Verletzt er diese Pflichten, besteht die Gefahr, dass auch beim Frachtführer Schäden eintreten.

16 Zwischen den Parteien des Frachtvertrages kann vereinbart werden, dass der Frachtführer zur Ablieferung des Gutes **gegen Einziehung einer Nachnahme** ermächtigt und verpflichtet ist. Das eingezogene Geld ist nach den §§ 675, 667 BGB an den Versender herauszugeben. Im Verhältnis zu den Gläubigern des Frachtführers gilt das Geld allerdings bereits vor Herausgabe als auf den Absender übergegangen, vgl. § 422 Abs. 2 HGB. Dieser kann also Drittwiderspruchsklage erheben, wenn in das Geld vollstreckt wird. In der Insolvenz des Frachtführers kann der Absender Aussonderung nach § 47 InsO verlangen. Die Regelung entspricht dem § 392 HGB (vgl. dazu § 13 Rn 72 ff.).

17 Dem Frachtführer steht an dem Frachtgut nach § 441 HGB ein **gesetzliches Pfandrecht** zu. Dieses Pfandrecht kann nach § 366 Abs. 3 HGB auch gutgläubig erworben

---

20 Vgl. auch OLG Köln MDR 2004, 209.

werden, ohne dass der Frachtführer auf die Eigentümerstellung des Absenders vertraut hat (vgl. dazu § 12 Rn 109). Bei der Verwertung des Pfandrechts gilt § 368 HGB. Das Pfandrecht ist nicht an den Besitz gebunden. Es besteht bis zu drei Tage nach der Ablieferung fort, vgl. § 441 Abs. 3 HGB, und erstreckt sich auch auf die Forderungen vorangehender Frachtführer, vgl. § 442 HGB. Anders als nach bürgerlichem Recht gilt für das Pfandrecht der Frachtführer nicht das Prioritätsprinzip, nach dem das ältere Pfandrecht Vorrang vor dem jüngeren Pfandrecht hat. Um die Weiterbeförderung des Gutes zu erreichen, hat vielmehr das jüngere Pfandrecht den Vorrang vor dem älteren Pfandrecht (Posterioritätsprinzip).[21]

5. Die Haftung des Frachtführers

Von besonderer praktischer Bedeutung ist die Haftung des Frachtführers. Diese ist in § 425 Abs. 1 HGB geregelt. Der Frachtführer haftet danach verschuldensunabhängig für jede Beschädigung[22] oder den Verlust des Beförderungsgutes (Güterschaden) von der Übernahme an bis zur Auslieferung (**Obhutshaftung**). Den Anspruch auf Schadensersatz kann nach § 421 Abs. 1 S. 2 HGB auch der Empfänger geltend machen. Die Grundsätze der Drittschadensliquidation haben hier eine gesetzliche Regelung gefunden.

18

> *Examenshinweis*
> Es fragt sich, wie sich der Frachtführer gegen eine doppelte Inanspruchnahme wehren kann. Der Einwand der doppelten Rechtshängigkeit wird nicht greifen, weil es sich um verschiedene Ansprüche und damit Streitgegenstände handelt. Jedenfalls sind Absender und Empfänger aber Gesamtgläubiger im Sinne des § 428 BGB, so dass sie die Leistung nur einmal verlangen können.

Die scheinbar umfassende Haftung des Frachtführers wird durch verschiedene Regelungen gemildert. Nach § 426 HGB ist die Haftung ausgeschlossen, wenn die Beschädigung oder der Verlust unvermeidbar war.[23] Weitere **Haftungsausschlussgründe** sind in § 427 HGB aufgeführt. Schließlich ist im Falle der Haftung der Anspruch auf Schadensersatz nach den §§ 429 bis 434 HGB eingeschränkt. Der Frachtführer haftet nur bis zu bestimmten Höchstbeträgen und zwar auch, soweit außervertragliche Ansprüche geltend gemacht werden, vgl. § 434 BGB. Aus diesem Grund werden häufig Transportversicherungen abgeschlossen. Leistet die Versicherung, so gehen etwaige Ansprüche gegen den Frachtführer nach § 67 VVG auf sie über.

19

Die Haftungsbefreiungen und Haftungsbeschränkungen treten nicht ein, wenn die Voraussetzungen des **§ 435 HGB** vorliegen. Das ist der Fall, wenn der Schaden auf Handlungen oder Unterlassungen beruht, die den Schaden vorsätzlich herbeigeführt haben oder leichtfertig und in dem Bewusstsein vorgenommen wurden, dass ein Schaden mit Wahrscheinlichkeit eintreten wird. Insoweit trägt nach allgemeinen Grundsätzen der Geschädigte die Beweislast. Da er regelmäßig keine Kenntnis

20

---

21 Baumbach/Hopt/*Merk*, § 443 Rn 1.
22 Der Schadensverdacht steht einer Beschädigung gleich: BGH NJW-RR 2001, 322.
23 Als Polizisten verkleidete Räuber halten den Lkw in der Nähe von Moskau an, der Fahrer lässt sich entgegen den in Russland üblichen Gepflogenheiten vor dem Aussteigen nicht den Ausweis zeigen. Vermeidbar: BGH NJW-RR 2001, 369 zu Art. 17 Abs. 2 CMR.

von der Schadensursache hat, nimmt die Rechtsprechung insoweit eine umfassende sekundäre Darlegungslast des Frachtführers an.[24]

21 Sowohl § 434 HGB als auch § 435 HGB haben erhebliche praktische Bedeutung. Dies ergibt sich unter anderem auch aus der **Verjährungsregelung** in § 439 HGB.[25] Danach verjähren die Ansprüche aus dem Beförderungsvertrag in der Regel nach einem Jahr. Im Falle des § 435 HGB beträgt die Verjährungsfrist drei Jahre.

> *Praxishinweis*
> Ist die Verjährungsfrist nach § 439 Abs. 1 S. 1 HGB abgelaufen, sind immer noch die Voraussetzungen des § 435 HGB zu prüfen und gegebenenfalls vorzutragen.

22 Eine besondere Regelung für den Fall des **Verlustes** enthält § 424 HGB. Danach ist ein Verlust zu vermuten, wenn das Beförderungsgut nicht innerhalb der dort genannten Fristen abgeliefert ist. Absender und Empfänger (§ 421 HGB) haben dann Anspruch auf Entschädigung. Taucht das verloren gegangene Gut nach der Entschädigungsleistung wieder auf, ist der Empfänger der Entschädigungsleistung zur Rücknahme nicht verpflichtet, vgl. § 424 Abs. 4 HGB.

23 Die genannten Regelungen gelten nicht nur für die sog. Güterschäden, sondern auch für die Schäden, die durch eine Überschreitung der Lieferfrist eintreten (**Verzögerungsschaden**). Die Lieferfrist ergibt sich aus § 423 HGB.

24 Für das **Verhalten Dritter** hat der Frachtführer nach Maßgabe des § 428 HGB einzustehen. Eine Handlung im Rahmen der Ausübung der Verrichtung liegt bereits dann vor, wenn ein innerer, insbesondere örtlich und zeitlicher Zusammenhang der Handlung mit der Beförderung besteht.[26] Für Organe des Frachtführers bleibt es bei einer Anwendung der §§ 31, 278 BGB. Setzt der Frachtführer einen Unterfrachtführer ein, so hat er für dessen Verhalten nach § 428 S. 2 HGB einzustehen. Nicht zuzurechnen ist das Verhalten eines Lagerhalters, wenn der Frachtführer das Gut nach § 419 HGB einlagert, weil er es nicht abliefern kann.[27]

6. Der Umzugsvertrag und der kombinierte Frachtvertrag

25 Die §§ 451 bis 451 h HGB legen Abweichungen des **Umzugsvertrages** zum normalen Frachtvertrag fest. Da der Umzugsvertrag häufig mit Verbrauchern abgeschlossen wird, enthalten die Vorschriften für den Absender vorteilhaftere Regelungen. So hat der Frachtführer entgegen § 412 HGB das Be- und Entladen sowie den Ab- und Aufbau der Möbel zu besorgen, vgl. § 451 a Abs. 1 HGB. Der Absender ist darüber hinaus auch nicht zur Ausstellung eines Frachtbriefes verpflichtet, vgl. § 451 b HGB. Zu dessen Wirkungen vgl. Rn 11.

26 Wird ein Frachtvertrag abgeschlossenen, der eine Beförderung mit verschiedenartigen Beförderungsmitteln vorsieht, spricht man von einem **multimodalen oder kombinierten Transport**. Auf einen derartigen Vertrag finden nach § 452 HGB die allgemeinen Vorschriften über den Frachtvertrag auch dann Anwendung, wenn Verträge

---

24 BGH TranspR 2003, 468; BGHZ 127, 275, 283 f. = NJW 1995, 1490; BGHZ 129, 345, 349 f. = NJW 1995, 3117.
25 Fraglich ist, ob § 439 Abs. 3 HGB lex specialis zu § 203 BGB ist. Im Ergebnis wird dies wegen der verschiedenen Voraussetzungen wohl zu verneinen sein.
26 BGH VersR 1985, 1060; Baumbach/Hopt/*Merk*, § 428 Rn 2; *Koller/Roth/Morck*, § 428 Rn 1.
27 BGHZ 86, 172, 176 = NJW 1983, 1264.

über die einzelnen Beförderungsleistungen unterschiedlichen Rechtsvorschriften unterworfen wären. Allerdings sind die in den §§ 452 a bis 452 d HGB enthaltenen Sonderregeln zu beachten. Von diesen ist § 452 a HGB von besonderer Bedeutung. Denn danach richtet sich die Haftung bei einem bekannten Schadensort nach dem Recht, das für diese Teilbeförderung gelten würde. Ist der Schadensort unbekannt, gilt nach § 452 HGB dann § 425 HGB. Dies ist eine Abweichung von der früheren Rechtsprechung des BGH, nach der bei einem unbekannten Schadensort zugunsten des Absenders von der schärfsten Haftung auszugehen war.[28]

7. Checkliste: Haftungsanspruch gegen den Frachtführer

Anspruch aus § 425 Abs. 1 HGB: 27
- Vorliegen eines Frachtvertrages im Sinne des § 407 HGB; Beweisregel in § 409 HGB.
- Fehlen wirksamer abweichender Vereinbarungen, vgl. § 449 HGB.
- Verlust oder Beschädigung während des sog. Obhutszeitraumes, wobei die Beweisregeln in § 409 Abs. 2, § 424 und § 438 HGB zu beachten sind.
- Gegebenenfalls Zurechnung des Verhaltens Dritter über § 428 HGB oder über §§ 31, 278 BGB.
- Haftungsausschluss nach den §§ 426, 427 HGB.
- Schadensumfang: Begrenzung nach den §§ 429 bis 432 HGB. Wegfall der Haftungsbeschränkung nach § 435 HGB.
- Verjährungseinrede: ein Jahr nach § 439 HGB bzw. drei Jahre im Falle des § 435 HGB.

Für eine Klage wegen der Frachtführerhaftung steht der **besondere Gerichtsstand** 28 nach § 440 HGB zur Verfügung. Wegen der Geltendmachung **außervertraglicher Ansprüche** sind die §§ 434, 436 HGB zu beachten, die zu einem Gleichlauf mit der Haftung aus § 425 HGB führen. Neben den Ansprüchen aus § 425 HGB gilt nach § 433 HGB auch für **andere Schadensersatzansprüche** eine Haftungsbeschränkung.

Im Zusammenhang mit einem **Versendungskauf** ist zu beachten, dass der Käufer trotz 29 Verlust oder Beschädigung der gekauften Ware zur vollständigen Kaufpreiszahlung verpflichtet bleibt, weil er nach § 447 BGB die Sachgefahr übernommen hat.

III. Der Speditionsvertrag

Der Speditionsvertrag ist in den §§ 453 ff. HGB geregelt. Anders als der Frachtführer 30 ist der Spediteur nicht zur Durchführung des Transportes verpflichtet (zur Abgrenzung vgl. Rn 13). Er besorgt lediglich den Transport. Auch der Speditionsvertrag bezieht sich nur auf Güter. Die Regelungen finden bereits Anwendung, wenn der Spediteur gewerblich tätig ist. Auf den Umfang seines Geschäfts kommt es nicht an. Ergänzend finden auf den Spediteur unabhängig von seiner Kaufmannseigenschaft auch die Vorschriften über die Handelsgeschäfte mit Ausnahme der §§ 348 bis 350 HGB Anwendung.

---

28 BGHZ 101, 172, 180 = NJW 1988, 640.

31 Der Spediteur steht in gewissem Sinne dem **Kommissionär** gleich. Denn er schließt die Transportverträge in der Regel in eigenem Namen, aber für die Rechnung des Versenders. Aus diesem Grund findet sich auch im Speditionsrecht eine dem § 392 HGB entsprechende Vorschrift. Nach § 457 HGB stehen dem Versender etwaige Ansprüche aus dem Transportvertrag erst nach einer Abtretung zu. Gleichwohl gelten diese Ansprüche ebenso wie das vom Spediteur insoweit Erlangte für die Gläubiger des Spediteurs als dem Versender gehörig. Dieser kann also bei einer Beeinträchtigung durch Zwangsvollstreckungsmaßnahmen Drittwiderspruchsklage nach § 771 ZPO erheben und in der Insolvenz des Spediteurs Aussonderung nach § 47 InsO verlangen. Zu § 392 HGB vgl. § 13 Rn 72 ff.

32 Der **Spediteur haftet** für Beschädigungen und Verlust des Gutes unabhängig von Verschulden nach § 461 HGB, soweit er dieses in Obhut hat. Dabei hat er über § 462 HGB auch für das Verhalten Dritter einzustehen, nicht aber für das Verhalten des von ihm eingesetzten Frachtführers. Denn dieser ist nicht sein Erfüllungsgehilfe. Diese Konstellation kann dazu führen, dass der Spediteur etwaige Schäden des Versenders unter Anwendung der **Grundsätze der Drittschadensliquidation** für den Versender einklagen muss.[29]

33 In bestimmten Fällen steht der Spediteur einem **Frachtführer** gleich und haftet daher entsprechend den dortigen Regelungen. Dies ist der Fall, wenn er von seinem Selbsteintrittsrecht nach § 458 HGB Gebrauch macht, als Festkostenspediteur nach § 459 HGB agiert oder nach Maßgabe des § 460 HGB eine Beförderung als Sammelladung vornimmt.

34 Dem Spediteur steht wegen seiner Forderungen aus dem Speditionsvertrag und unstreitiger anderer Forderungen ein **Pfandrecht** an dem Versandgut zu. Auch insoweit gelten die §§ 366 Abs. 3, 368 HGB.

IV. Der Lagervertrag

35 Der Lagervertrag nach § 467 HGB ist eine **Sonderform des Verwahrungsvertrages** nach § 688 BGB. Er ist dabei Konsensualvertrag und nicht Realvertrag.[30] Er wird daher nicht erst mit der Einlagerung abgeschlossen, sondern kann allein aufgrund einer Abrede bestehen. Der Lagervertrag bezieht sich nur auf einlagerungsfähiges Gut. Dazu gehören zwar Flüssigkeiten, nicht aber lebende Tiere, soweit sie nicht lagerungsfähig verpackt sind.[31] Die Vorschriften gelten auch für Kleingewerbebetreibende und diejenigen, die das Lagergeschäft nur gelegentlich betreiben. Soweit der Lagerhalter kein Kaufmann ist, finden auf ihn die allgemeinen Vorschriften über die Handelsgeschäfte mit Ausnahme der §§ 348 bis 350 HGB Anwendung, vgl. § 467 Abs. 3 S. 2 HGB.

36 Die §§ 467 ff. HGB finden keine Anwendung, wenn lediglich Lagerraum vermietet wird. Denn dann fehlt es an der für den Lagervertrag **typischen Obhutspflicht**.[32] Erfolgt die Einlagerung nicht gewerblich, gelten ebenfalls allein die §§ 688 ff. BGB.

---

29 BGH NJW 1989, 3099; zu den Voraussetzungen im Einzelnen: Palandt/*Heinrichs*, Vorbem. v. § 249 Rn 112 ff.; Jauernig/*Teichmann*, Vor §§ 249–253 Rn 19 ff.
30 BGHZ 46, 43, 49 = NJW 1969, 1969.
31 Baumbach/Hopt/*Merk*, § 467 Rn 4.
32 Vgl. dazu OLG Koblenz NJW-RR 1991, 1317.

Auch die Summenlagerung, bei der das Gut in das Eigentum des Verwahrers übergeht, der nur Sachen gleicher Art, Güte und Menge zurückzugewähren hat, ist kein Lagergeschäft im Sinne des § 467 HGB. Insoweit gilt allein § 700 BGB.[33]

Auch das Recht des Lagervertrages wird häufig durch **Allgemeine Geschäftsbedingungen** bestimmt. So sind auch hier bei einer entsprechenden Vereinbarung die Allgemeinen Deutschen Spediteurbedingungen (ADSp)[34] anzuwenden. In einem Fall aus dem Lagerrecht ist daher zunächst zu prüfen, welche wirksamen vertraglichen Regelungen die Parteien getroffen haben. Fehlt es an einer Regelung oder ist diese unwirksam, ist auf die §§ 467 ff. HGB zurückzugreifen. Findet sich auch hier keine Regelung, sind ergänzend die §§ 688 ff. BGB anzuwenden. Ist der Einlagerer Verbraucher, so können die Parteien von verschiedenen Vorschriften nicht abweichen, vgl. § 475 h HGB. 37

Die **Haftung des Lagerhalters** wegen Beschädigung und Verlust des eingelagerten Gutes richtet sich nach § 475 HGB. Es handelt sich anders als beim Frachtführer und beim Spediteur um eine Verschuldenshaftung. Die Darlegungs- und Beweislast für das fehlende Verschulden liegt allerdings beim Lagerhalter. Dabei ist zu berücksichtigen, dass der Lagerhalter aufgrund der übernommenen Obhutspflicht das Gut gegen Verlust, Beschädigung und den Zugriff Dritter zu sichern hat.[35] Die Sicherungsmaßnahmen müssen dabei auch regelmäßig kontrolliert werden. Maßstab für das Verschulden ist § 347 HGB. Soweit es um andere Pflichtverletzungen geht, gilt § 280 BGB. Auch das Lagergeschäft ist wegen der Obhutspflicht über Sachen ein typischer Anwendungsfall der Grundsätze über die Drittschadensliquidation. Auf diese Grundsätze muss nur dann nicht zurückgegriffen werden, wenn ein echter Vertrag zugunsten Dritter abgeschlossen worden ist. Dies muss aber vereinbart sein und ergibt sich nicht allein daraus, dass dem Lagerhalter bekannt ist, dass das eingelagerte Gut nicht dem Einlagerer gehört.[36] Die **Haftung des Einlagerers** ist der Haftung des Absenders beim Frachtgeschäft angeglichen (vgl. dazu Rn 15). Dies ergibt sich aus § 468 Abs. 3 und 4 HGB. 38

Dem Lagerhalter steht nach § 475 b HGB wegen der Forderungen aus dem Lagervertrag oder anderer unbestrittener Forderungen ein **Pfandrecht** an dem eingelagerten Gut zu. Auch hier sind die allgemeinen handelsrechtlichen Vorschriften anwendbar (vgl. §§ 366, 368 HGB). 39

Über die Verpflichtung zur Auslieferung kann auch ein sog. **Lagerschein** ausgestellt werden, vgl. § 475 c HGB. Der Lagerschein ist Wertpapier. Er hat Traditionsfunktion, wenn er mit einer Orderklausel versehen ist (§ 475 g HGB). Der Lagerschein hat aber auch Beweisfunktion, vgl. § 475 d HGB. 40

---

33 So noch ausdrücklich § 419 Abs. 3 HGB a.F.; dazu auch *K. Schmidt*, § 34 VI 3, S. 990 f.
34 Abgedruckt bei Baumbach/*Hopt*, Handelsrechtliche Nebengesetze Nr. 20.
35 BGH NJW 1997, 2385.
36 BGH NJW 1985, 2411, 2412.

5. Kapitel: Das Verfahrensrecht

§ 16 Übersicht

Handelsrechtliche Fragestellungen können in allen Verfahrensbereichen auftreten. So kann das Handelsrecht nicht nur im Zivilprozess, sondern auch im Erbscheins- oder Grundbuchverfahren – um nur einige Beispiele zu nennen – von Bedeutung sein. Im Folgenden sollen nur die besonderen Verfahren und Verfahrensregelungen dargelegt werden, in denen handelsrechtliche Fragestellungen regelmäßig auftreten. **1**

Im **Zivilprozess** kann etwa beim Landgericht die Kammer für Handelssachen für den Rechtsstreit zuständig sein. Es finden sich in der ZPO auch verschiedene Regelungen, die entweder ausschließlich oder häufig in Rechtsstreitigkeiten mit handelsrechtlichen Bezügen auftreten. Dieser Bereich wird in § 17 behandelt. **2**

Von den Gerichten werden aber auch die Handelsregister geführt, vgl. § 8 HGB. Das der Führung der Handelsregister zugrunde liegende Verfahren gehört zum Bereich der **Freiwilligen Gerichtsbarkeit**. Die Verfahrensgrundsätze werden in § 18 dargestellt. **3**

Im Handelsrecht spielt aber auch die **Schiedsgerichtsbarkeit** eine große Rolle. Dies gilt nicht nur für Streitigkeiten mit internationalem Bezug, sondern auch für rein nationale Fallgestaltungen. Regelungen zum Schiedsrecht finden sich im 10. Buch der ZPO. Dieser Bereich wird in § 19 behandelt. **4**

§ 17 Der Zivilprozess

I. Grundlagen

1 Eine zivilrechtliche Rechtsstreitigkeit mit handelsrechtlichen Bezügen unterliegt im Grundsatz den allgemeinen Vorschriften der ZPO. Die Fragen der Zulässigkeit und Begründetheit, die allgemeinen Prozessgrundsätze sind hier uneingeschränkt anzuwenden. Es finden sich aber besondere Regelungen, die entweder in jedem Fall oder sehr häufig allein in handelsrechtlichen Streitigkeiten einschlägig sind. Dies betrifft etwa den § 17 Abs. 2 HGB, nach dem der Kaufmann unter seiner Firma klagen und verklagt werden kann, aber auch Gerichtsstandsregelungen. Diese Regelungen werden in Rn 2 ff. behandelt. Darüber hinaus sind bei den Landgerichten häufig Kammern für Handelssachen eingerichtet. Für diese gelten besondere Regelungen. Diese und die Besonderheiten der Kammer für Handelssachen als Spruchkörper werden in Rn 23 ff. dargestellt. Auf einzelne prozessuale Besonderheiten ist bereits in den jeweiligen Abschnitten hingewiesen worden (vgl. etwa § 9 Rn 25, 40, 49; § 12 Rn 25; § 13 Rn 50).

II. Allgemeine Vorschriften mit handelsrechtlichen Bezügen

1. Der Kaufmann im Prozess

2 Bereits oben haben wir gesehen, dass nicht nur die Kapitalgesellschaften als (Form-) Kaufmann anzusehen sind. Den Regelungen des HGB über den Kaufmann liegt in erster Linie der Einzelkaufmann zugrunde. Dieser ist eine natürliche Person. Er kann nach § 17 Abs. 2 HGB unter seiner Firma klagen und verklagt werden. Dies ist etwa für den Rechtsanwalt bei der Abfassung einer Klageschrift, aber auch für das Gericht bei der Erstellung eines Urteils oder eines Beschlusses von Bedeutung. Der Rechtsanwalt muss sich zunächst Gedanken darüber machen, welche Bezeichnung er in das Rubrum seiner Klageschrift aufnimmt.

> *Praxishinweis*
> Es ist zu beachten, dass die Firma nur für den Einzelkaufmann steht. Prozesspartei wird trotz dieser Angabe der hinter der Firma stehende Unternehmensträger.[1] Die Firma selbst ist kein Rechtssubjekt (vgl. dazu § 8 Rn 1). Der Unternehmensträger kann daher auch nicht als Zeuge benannt werden. Als Beweismittel kommt in so einem Fall nur die Parteivernehmung nach den §§ 445 ff. ZPO in Betracht.

3 Da die Firma nicht immer den (richtigen) Schluss darauf zulässt, wer der Einzelkaufmann ist, bietet es sich an, den bürgerlichen Namen des Kaufmanns zusätzlich anzugeben. Notwendig ist dies aber nicht. Der Zweck des § 17 Abs. 2 HGB besteht nämlich darin, die andere Partei von Nachforschungen über den Unternehmensträger freizustellen.

---

1 Zöller/*Vollkommer*, § 50 Rn 25; Thomas/*Putzo*, Vorbem. § 50 Rn 7.

Praxishinweis
Bei mehrdeutigen Parteibezeichnungen (der benannte Inhaber ist zum Zeitpunkt der Klageerhebung nicht (mehr) Unternehmensträger der ebenfalls aufgeführten Firma) ist die Person als Partei anzusehen, die erkennbar durch die Parteibezeichnung betroffen ist.[2] Dies wird im Zweifel der benannte Rechtsträger sein, so dass der als Inhaber Bezeichnete als Partei anzusehen ist.[3]

Als Firma ist der von dem Einzelkaufmann im Geschäftsverkehr benutzte Name maßgebend. Schwierigkeiten ergeben sich dann, wenn die benutzte Bezeichnung nicht in das Handelsregister eingetragen ist.[4] Denn dann kann es sein, dass im Geschäftsverkehr unzulässiger Weise verschiedene Bezeichnungen benutzt werden (zur Führung mehrerer Firmen vgl. § 8 Rn 9 f.). Ein Hinweis auf eine solche Konstellation ergibt sich häufig daraus, dass es an dem notwendigen Rechtsformzusatz nach § 19 Abs. 1 Nr. 1 HGB fehlt. Dies kann aber erhebliche Schwierigkeiten in der Vollstreckung nach sich ziehen. Aus diesem Grund sollte die Firma in der Regel dann herangezogen werden, wenn der Einzelkaufmann im Handelsregister eingetragen ist. Sinnvoll ist deshalb zunächst eine Einsicht oder eine Nachfrage beim zuständigen Registergericht.

Praxishinweis
Ob der Einzelkaufmann mit seiner Firma und in welcher Form eingetragen ist, ergibt sich häufig wegen § 37 a HGB aus den Geschäftsbriefen. Dies gilt auch für die Handelsgesellschaften (vgl. § 125 a HGB, § 35 a GmbHG, § 80 AktG und auch § 25 a GenG, § 7 Abs. 5 PartGG).

Wird in einer Klageschrift allein eine Parteibezeichnung ohne Rechtsformzusatz als Firma angegeben, muss der Richter – zunächst am Besten telefonisch – um schriftlich zu erteilende Aufklärung bitten, bevor eine Zustellung vorgenommen wird. Dies ist schon deshalb erforderlich, um Unklarheiten über eine Parteistellung zu vermeiden.[5] Hinter der Bezeichnung steht aber häufig auch eine Gesellschaft, so dass deren gesetzliche Vertreter in die Klageschrift und in das Rubrum aufzunehmen sind, vgl. §§ 253 Abs. 2 Nr. 1, Abs. 3, 130 Nr. 1, 313 Abs. 1 Nr. 1 ZPO. Dies gilt auch dann, wenn die unzureichende Bezeichnung die Klägerseite betrifft. Denn auch gegen diese kann es aufgrund der abschließenden Entscheidungen zu einer Vollstreckung kommen.

Examenshinweis
Die Regelung des § 17 Abs. 2 HGB gilt nicht für Handelsgesellschaften, weil diese im Rechtsverkehr nur unter ihrer Firma auftreten können. Die Bezeichnung darf daher in der Klageschrift oder dem Urteil nicht lauten „Firma Anton Schmitt GmbH". Es heißt lediglich „Anton Schmitt GmbH". Der Verstoß hat zwar keine unmittelbaren Rechtsfolgen. Er zeigt aber, dass genauere Kenntnisse der Bedeutung der Firma nicht vorhanden sind.

Da auch bei einer Klage unter oder gegen eine Firma der Unternehmensträger Partei ist, gilt bei seiner Insolvenz auch § 240 ZPO.[6] Der Prozess wird damit unterbrochen. Anwendung finden aber etwa auch § 239 ZPO und § 241 ZPO.[7] Auch in diesen

---

2 BGH NJW 1987, 1947; 1988, 1587; NJW-RR 1995, 764.
3 Die Grundsätze des unternehmensbezogenen Geschäfts können hier wegen des Grundsatzes des formellen Parteibegriffs nicht angewandt werden.
4 Existiert die angegebene Firma nicht, ist eine Vollstreckung aus dem Urteil nicht möglich: OLG Köln NJW-RR 1996, 292.
5 Zöller/*Vollkommer*, vor § 50 Rn 6; Thomas/*Putzo*, Vorbem. § 50 Rn 4.
6 Zöller/*Vollkommer*, § 50 Rn 25.
7 Zöller/*Vollkommer*, § 50 Rn 25.

Fällen findet daher eine Unterbrechung statt, wenn die Partei nicht durch einen Anwalt vertreten war, vgl. § 246 ZPO.

7 Wird allein die Firma als Parteibezeichnung gewählt, so ist Prozesspartei die zum Zeitpunkt der Rechtshängigkeit hinter der Firma stehende natürliche Person.[8] Wechselt der Unternehmensträger nach diesem Zeitpunkt, bleibt der ursprüngliche Unternehmensträger Partei.[9] Ist auch der streitbefangene Gegenstand auf den neuen Unternehmensträger übergegangen, so gilt § 265 ZPO: Der Übergang hat daher grundsätzlich keinen Einfluss auf den Prozess, ein Parteiwechsel ist von der Zustimmung der anderen Partei abhängig. Es liegt ein Fall der gesetzlichen Prozessstandschaft vor. Hat der Kläger unter seiner Firma geklagt, so muss er aber den Klageantrag auf Leistung an den neuen Unternehmensträger umstellen[10] oder eine Einwilligung des neuen Unternehmensträgers entsprechend § 185 BGB für eine Leistung an den bisherigen Kläger vorlegen. Sind diese Anforderungen nicht erfüllt, ist die Klage unbegründet, weil materiell-rechtlich kein Forderungsrecht besteht. Im Übrigen kommt eine Anwendung des § 265 Abs. 3 ZPO in Betracht.

> *Praxishinweis*
> Wechselt im Laufe des Prozesses der Unternehmensträger auf der Beklagtenseite, sollte immer geprüft werden, ob dieser nicht nach den §§ 25, 28 HGB ebenfalls haftet. Ist dies der Fall, sollte eine Parteierweiterung auf der Beklagtenseite erwogen werden. Zu der Haftung im Einzelnen vgl. § 9 Rn 3 ff., 41 ff.

8 Ein **Wechsel der Firma** während eines laufenden Prozesses hat auf diesen keinen Einfluss. Insoweit kommt allerdings eine Aufnahme der geänderten Bezeichnung in die nachfolgende Entscheidung in Betracht. Notwendig ist dies aber nicht, wenn sich der Firmenwechsel wenigstens durch einen Handelsregisterauszug belegen lässt.

> *Praxishinweis*
> Hat ein Wechsel des Unternehmensträgers nach Rechtshängigkeit stattgefunden, kommt die Erteilung einer vollstreckbaren Ausfertigung der ergangenen Entscheidung gegen diesen nach § 727 ZPO in Betracht (vgl. dazu § 9 Rn 25, 40, 49).

9 **Die Wahl der Firma als Parteibezeichnung ist unzulässig**, wenn sich der Rechtsstreit nicht erkennbar auf Streitigkeiten bezieht, die mit der unternehmerischen Tätigkeit des Unternehmensträgers zu tun haben. Dies gilt etwa für Familienstreitigkeiten.

10 **Zweigniederlassungen** können zwar eine von der Firma der Hauptniederlassung abweichende Bezeichnung tragen, vgl. § 13 Abs. 4 S. 1 HGB. Diese Firma ist ebenfalls zur Bezeichnung im Prozess geeignet.[11] Wird diese Bezeichnung dann verwandt, führt dies aber auch nur dazu, dass der Unternehmensträger Partei wird. Denn auch die Zweigniederlassung ist kein Rechtssubjekt (vgl. § 8 Rn 1). Insoweit bietet es sich daher an, die Firma der Hauptniederlassung als Parteibezeichnung zu wählen.

---

8 RGZ 86, 65; 157, 375; 159, 350; OLG Köln NJW-RR 1996, 292; OLG Frankfurt BB 1985, 1219.
9 OLG Frankfurt BB 1985, 1219.
10 BGHZ 26, 31, 37 = NJW 1958, 98; NJW-RR 1986, 1182.
11 BGHZ 2, 62, 65 = NJW 1952, 182.

Die Vorschrift des § 17 Abs. 2 HGB gilt auch in den Verfahren der Freiwilligen **11**
Gerichtsbarkeit, insbesondere in den Handelsregisterverfahren. Sie findet auch auf
ausländische Firmen Anwendung.[12]

2. Besondere Gerichtsstände

a) Allgemeiner Gerichtsstand

Die örtliche Zuständigkeit für einen bürgerlichen Rechtsstreit richtet sich in der Regel **12**
nach dem Wohnsitz des Beklagten, vgl. §§ 12, 13 ZPO. Lediglich im Mahnverfahren
gilt eine grundlegende Ausnahme. Dort ist der Sitz des Antragstellers maßgebend,
vgl. § 689 Abs. 2 S. 1 ZPO. Diese Vorschriften gelten auch für den Einzelkaufmann.
Für Handelsgesellschaften ergibt sich der **allgemeine Gerichtsstand** nach § 17 ZPO
aus dem Sitz der Hauptniederlassung. Der Sitz ist dabei in das Handelsregister
einzutragen. Sind für den dort eingetragenen Sitz mehrere Gerichte zuständig, so
gilt § 17 Abs. 1 S. 2 ZPO. Der Sitz ist dort anzunehmen, wo die Verwaltung geführt
wird. Diese Vorschrift gilt auch dann, wenn die Handelsgesellschaft nicht in das
Handelsregister eingetragen ist.

b) Gerichtsstand der Niederlassung

Als besonderer Gerichtsstand kommt für Klagen in Handelssachen der **Gerichtsstand** **13**
der Niederlassung nach § 21 ZPO in Betracht. Als Niederlassung ist jede von
dem Inhaber für eine gewisse Dauer, auf seinen Namen eingerichtete und für seine
Rechnung betriebene Geschäftsstelle anzusehen, die allerdings selbständig sein muss.
Selbständig ist sie dabei nur dann, wenn die Leitung der Niederlassung das Recht
haben muss, aus eigener Entscheidung Geschäfte abzuschließen, deren Abschluss der
Niederlassung auch übertragen worden ist; Agenturen zur bloßen Vermittlung von
Vertragsofferten genügen daher nicht.[13] Eine Anmeldung als Gewerbebetrieb oder
eine Eintragung in das Handelsregister kann insoweit Indizwirkung für das Vorliegen
einer Niederlassung haben.[14] Dies genügt bei ausreichendem Gegenvortrag allein
aber nicht. Dass die Niederlassung zugleich von einem selbständigen Rechtsträger
betrieben wird, schadet beim Vorliegen der weiteren Voraussetzungen nicht.[15] Die
Niederlassung muss zum Zeitpunkt der Rechtshängigkeit der Klage noch bestehen.
Insoweit gilt anderes als bei dem Gerichtsstand nach § 29 ZPO i.V.m. § 269 BGB
(vgl. Rn 15).

Weitere Voraussetzung ist, dass der Rechtsstreit einen **Bezug auf den Geschäftsbe-** **14**
trieb der Niederlassung hat.[16] Es muss sich daher um einen vermögensrechtlichen
Anspruch handeln,[17] der aber nicht notwendiger Weise vertraglicher Natur sein muss.
Auch gesetzliche Ansprüche kommen in Betracht. Nicht erforderlich ist, dass das
jeweilige Geschäft in der Niederlassung oder von ihm abgeschlossen worden ist.[18] Ein

---

12 Baumbach/*Hopt*, § 17 Rn 45.
13 BGH NJW 1987, 3082.
14 BayObLG WM 1989, 871.
15 BGH NJW 1993, 2683.
16 Fallbeispiel: BGH NJW 1995, 1225.
17 BGH NJW 1975, 2142.
18 RGZ 23, 424; 30, 326.

Bezug liegt auch vor, wenn nur ein Zusammenhang mit der Niederlassung besteht, der sich etwa aus § 278 BGB ergeben kann. Besteht ein Bezug zu mehreren Niederlassungen, so greift § 21 ZPO für alle Niederlassungen ein; es besteht dann ein Wahlrecht nach § 35 ZPO.[19]

c) Gerichtsstand des Erfüllungsortes

15 Als weiterer besonderer Gerichtsstand kommt der **Erfüllungsort nach § 29 ZPO** in Betracht. Wo der jeweilige Erfüllungsort liegt, richtet sich nach den Regelungen des BGB. Aus einem Schuldverhältnis können sich für die verschiedenen Verpflichtungen unterschiedliche Erfüllungsorte ergeben.[20] In der Regel liegt der Erfüllungsort nach § 269 Abs. 1 BGB am Wohnort des Schuldners zur Zeit der Entstehung des Schuldverhältnisses. Ist die Verbindlichkeit im Gewerbebetrieb des Schuldners entstanden, so ist dieser Ort maßgebend, wenn er von dem Wohnort verschieden ist, vgl. § 269 Abs. 2 BGB.

> *Praxishinweis*
> § 269 BGB stellt auf den Erfüllungsort zum Zeitpunkt der Entstehung des Schuldverhältnisses ab. Eine Aufgabe des Gewerbebetriebes oder der Niederlassung vor Rechtshängigkeit schadet daher anders als bei § 21 ZPO nicht.

16 Soweit die Parteien eine **vertragliche Vereinbarung über den Erfüllungsort** getroffen haben, der von dem Erfüllungsort nach den Vorschriften des BGB abweicht, so ist diese Vereinbarung nur dann maßgeblich, wenn die besonderen Anforderungen des § 29 Abs. 2 ZPO erfüllt sind. Das ist etwa der Fall, wenn es sich um Kaufleute im Sinne des HGB handelt. § 29 Abs. 2 ZPO gilt nicht bei jeder Vereinbarung über den Erfüllungsort. Denn auch § 269 Abs. 1 S. 1 BGB lässt die Vereinbarung eines Erfüllungsortes zu. Von § 29 Abs. 2 ZPO erfasst werden daher nur solche Vereinbarungen, die keine echte Erfüllungsortvereinbarung im Sinne des BGB darstellen sollen.

d) Weitere Gerichtsstände

17 Besondere Gerichtsstände für Streitigkeiten aus einer Beförderung ergeben sich aus **§ 440 HGB**. Für derartige Klagen kommt auch das Gericht des Ortes der Übernahme des Beförderungsgutes oder der Ablieferung in Betracht. Bei Streitigkeiten unter Frachtführern gilt § 440 Abs. 2 HGB.

18 Ein besonderer Gerichtsstand ergibt sich auch aus **§ 371 Abs. 4 HGB** wegen der Klage auf Gestattung der Befriedigung aus Gegenständen, an denen ein kaufmännisches Zurückbehaltungsrecht besteht (vgl. dazu § 12 Rn 93 ff.).

e) Gerichtsstandsvereinbarungen

19 Eine **Vereinbarung über den Gerichtsstand** ist nach § 38 Abs. 1 ZPO möglich. Auch insoweit kann eine wirksame und bindende Vereinbarung vor dem Entstehen der Strei-

---

19 AG Köln NJW-RR 1993, 1504.
20 Palandt/*Heinrichs*, § 269 Rn 7; Jauernig/*Vollkommer*, § 269 Rn 9.

tigkeit nur dann getroffen werden, wenn diese Vereinbarung durch Kaufleute,[21] juristische Personen des öffentlichen Rechts oder öffentlich-rechtliche Sondervermögen geschlossen wird. Da der Wortlaut der Vorschrift keine Einschränkungen macht, kann eine Vereinbarung durch Kaufleute auch getroffen werden, wenn sich die Vereinbarung auf ein Rechtsverhältnis bezieht, das kein Handelsgeschäft darstellt.[22] Die Kaufmannseigenschaft muss nur zum Zeitpunkt des Abschlusses der Vereinbarung vorliegen.[23] Aber auch eine Vereinbarung nach § 38 Abs. 1 ZPO ist unwirksam, wenn die Voraussetzungen des § 40 ZPO vorliegen. Das ist der Fall, wenn sich die Vereinbarung nicht auf ein bestimmtes Rechtsverhältnis bezieht, vermögensrechtliche Ansprüche betrifft, für die die Amtsgerichte unabhängig vom Streitwert zuständig sind, oder ausschließliche Gerichtsstände vorliegen.

20 Da eine Vereinbarung nach § 38 Abs. 1 ZPO keiner Form bedarf, kommt auch die Vereinbarung eines Gerichtsstands durch einen **Handelsbrauch** oder durch Schweigen auf ein **kaufmännisches Bestätigungsschreiben** in Betracht.[24]

21 Gerichtsstandsvereinbarungen finden sich häufig in **Allgemeinen Geschäftsbedingungen**. Sie sind aus diesem Grund nicht überraschend im Sinne des § 305 c BGB.[25] Einer ausdrücklichen Beschränkung der Klausel auf Kaufleute bedarf es nicht.[26] Die wirksam einbezogene Klausel unterliegt aber der Inhaltskontrolle, die sich bei Kaufleuten nach § 307 BGB richtet, vgl. § 310 Abs. 1 BGB. Eine Gerichtsstandsklausel, die in der Regel zu einer Bevorzugung des Verwenders führt, ist danach in der Regel nicht zu beanstanden, wenn der Wahl des Gerichtsstands ein nachzuvollziehender Gesichtspunkt zugrunde liegt. Insoweit kann auch auf die Wertungen der anderen besonderen Gerichtsstände Bezug genommen werden. Unwirksam ist daher eine Klausel nur, wenn das Rechtsverhältnis keinen Bezug zum Ort des Gerichtsstands aufweist oder ein offensichtlich unsachlicher Grund für die Wahl vorliegt.[27]

22 Keine Besonderheit stellt es dar, dass auch in handelsrechtlichen Streitigkeiten eine Zuständigkeitsbegründung durch **rügelose Einlassung** in Betracht kommt, vgl. § 39 ZPO. Die Hinweispflicht nach § 504 ZPO in Prozessen vor dem Amtsgericht gilt aber auch gegenüber Kaufleuten.

III. Die Kammer für Handelssachen

1. Grundlagen

23 Bei den Landgerichten können nach § 93 GVG auch Kammern für Handelssachen eingerichtet werden. Die Zuständigkeit einer Kammer für Handelssachen setzt zunächst überhaupt die Zuständigkeit des Landgerichts voraus, vgl. § 71 Abs. 1 GVG. Die **sachliche Zuständigkeit** der Amtsgerichte wird durch die Bildung von Kammern

---

21 Zum Streit über die Kaufmannseigenschaft wegen einer Gerichtsstandsvereinbarung: OLG Dresden NJW-RR 2002, 33.
22 Zöller/*Vollkommer*, § 38 Rn 19; Thomas/*Putzo*, § 38 Rn 9.
23 OLG Köln NJW-RR 1992, 571.
24 Vgl. Zöller/*Vollkommer*, § 38 Rn 21; Thomas/*Putzo*, § 38 Rn 25.
25 OLG Hamburg MDR 2000, 170; OLG Hamm NJW 1995, 2499; a.A. LG Bielefeld NJW 1993, 2691.
26 OLG Frankfurt MDR 1998, 664; a.A. LG Karlsruhe MDR 1979, 29.
27 Im Einzelnen Zöller/*Vollkommer*, § 38 Rn 22.

für Handelssachen nicht beeinträchtigt. Es stellt sich damit nicht die Frage, ob das Landgericht oder eine Kammer für Handelssachen zuständig ist. Es bleibt hinsichtlich der sachlichen Zuständigkeit bei der allgemeinen Abgrenzung zwischen Amts- und Landgericht. Bei den Amtsgerichten sind ebenso wenig wie bei den Oberlandesgerichten oder dem Bundesgerichtshof gesetzlich besondere Zuständigkeiten für Handelssachen vorgesehen.

24 Die Verteilung der Geschäfte beim Landgericht zwischen den Zivilkammern und den Kammern für Handelssachen ergibt sich nach § 94 GVG insbesondere aus § 95 GVG. Die Abgrenzung dieser Zuständigkeiten ist ein **Fall der gesetzlich geregelten Geschäftsverteilung**. Eine nicht vor die Kammer für Handelssachen gehörige Sache kann daher nicht als unzulässig abgewiesen werden. Es gilt auch nicht § 281 ZPO für das Verhältnis der Zivilkammer zur Kammer für Handelssachen. Eine nicht vor die Kammer für Handelssachen gehörige Sache ist vielmehr nach Maßgabe der §§ 97 ff. GVG zu verweisen.

> *Examenshinweis*
> Bei der Prüfung der Zulässigkeit einer Klage ist aus diesem Grund nicht zu erörtern, ob die Kammer für Handelssachen zuständig ist. Insoweit kann lediglich vorab gefragt werden, ob die Sache nicht nach den §§ 97, 99 GVG an eine Zivilkammer zu verweisen ist.[28]

25 Die **besondere Bedeutung** der Kammern für Handelssachen besteht zum einen in ihrer Spezialisierung auf die Handelssachen nach § 95 ZPO. Zum anderen sind die Kammern für Handelssachen auch nicht mit drei Berufsrichtern besetzt. Nach § 105 GVG entscheiden vielmehr neben einem Berufsrichter, dem Vorsitzenden der Kammer, zwei ehrenamtliche Richter. Diese bezeichnet das Gesetz als **Handelsrichter**.

26 Die Beteiligung der Handelsrichter soll der Kammer für Handelssachen eine **besondere Sachkunde** vermitteln. Dementsprechend muss der Handelsrichter auch besondere persönliche Anforderungen erfüllen, vgl. §§ 109 f. GVG. Als Folge dieser Beteiligung bedarf es bei der Entscheidung über Gegenstände, für deren Beurteilung eine kaufmännische Begutachtung genügt, sowie über das Bestehen von Handelsbräuchen unter Umständen keiner Beweisaufnahme, vgl. § 114 GVG. Voraussetzung ist aber gleichwohl, dass die Kammer bzw. eines ihrer Mitglieder tatsächlich über die entsprechende Sachkunde verfügt.[29] Dies ist im Urteil darzulegen. Soweit die Kammer von dieser Sachkunde Gebrauch machen möchte, hat sie die Parteien hierüber nach § 139 ZPO zu informieren, damit diese dazu Stellung nehmen können. Auch wenn bei den Oberlandesgerichten keine Beteiligung von Handelsrichtern vorgesehen ist, ergibt sich hieraus keine Bindung an die Feststellungen der Kammer für Handelssachen.[30]

27 Die **Handelsrichter** stehen einem Berufsrichter in jeder Hinsicht gleich. Sie haben daher auch gleiches Stimmrecht und können den Vorsitzenden aus diesem Grund auch überstimmen. Für das Verfahren der Abstimmung gelten die §§ 194 ff. GVG.

28 Nicht in jedem Fall ist eine Entscheidung durch die Kammer für Handelssachen in voller Besetzung notwendig. Es gelten zwar nach § 349 Abs. 4 ZPO nicht die allgemeinen Vorschriften für den **Einzelrichter** beim Landgericht (§§ 348, 348 a ZPO). Besondere Regelungen enthält aber § 349 ZPO. Danach kann der Vorsitzende einer

---

[28] Zöller/*Gummer*, vor § 93 GVG Rn 6.
[29] Zöller/*Gummer*, § 114 GVG Rn 2; Thomas/Putzo/*Hüßtege*, § 114 GVG Rn 1.
[30] RGZ 44, 34.

Kammer für Handelssachen insbesondere dann ohne Beteiligung der Handelsrichter entscheiden, wenn die Parteien hiermit einverstanden sind, vgl. § 349 Abs. 3 ZPO. Die Vorschrift hat wegen dem mit der Einzelentscheidung verbundenen Beschleunigungseffekt erhebliche praktische Bedeutung. Das Einverständnis wird dabei in einem Schriftsatz oder in mündlicher Verhandlung zu Protokoll zu erklären sein. In Betracht kommt aber auch ein stillschweigendes Einverständnis durch Stellen der Anträge nach einer Verhandlung vor dem Vorsitzenden.[31] Im Übrigen ist der Vorsitzende allein für Entscheidungen nach § 349 Abs. 2 ZPO zuständig. Ein Verstoß gegen die Entscheidungskompetenz kann mit einem Rechtsmittel geltend gemacht werden, die betroffene Partei kann ihr Rügerecht aber auch nach § 295 ZPO verlieren.[32]

Neben diesen Sonderbestimmungen sind auf das Verfahren vor der Kammer für Handelssachen die **allgemeinen Vorschriften** für das Verfahren vor dem Landgericht anzuwenden. Auch für die **Rechtsmittel** gelten damit die allgemeinen Vorschriften, vgl. § 350 ZPO. Über eine Berufung oder eine Beschwerde hat damit nicht die Kammer für Handelssachen selbst, sondern das Oberlandesgericht zu entscheiden. Im Rahmen des Beschwerdeverfahrens nach den §§ 567 ff. ZPO ist durch das Zivilprozessreformgesetz der originäre Einzelrichter beim Beschwerdegericht eingeführt worden, vgl. § 568 ZPO. Insoweit ist ein Streit über die Frage entstanden, ob diese Vorschrift auch auf Einzelentscheidungen des Vorsitzenden einer Kammer für Handelssachen Anwendung findet. Dies ist vom BGH mittlerweile verneint worden, obwohl die Norm keine Einschränkungen vorsieht.[33] Auf Entscheidungen des Vorsitzenden einer Zivilkammer ist § 568 ZPO wohl anwendbar.[34]

29

2. Die Zuständigkeit der Kammer für Handelssachen

a) Antragserfordernis

Die Zuständigkeit der Kammer für Handelssachen ergibt sich grundsätzlich aus § 95 GVG. Voraussetzung ist aber unabhängig von dem Vorliegen eines in § 95 GVG aufgeführten Tatbestandes, dass ein **Antrag auf Entscheidung durch die Kammer für Handelssachen** gestellt wird. Dies muss nach § 96 Abs. 1 GVG durch den Kläger in der Klageschrift erfolgen. Ausreichend ist insoweit, dass die Klageschrift an die Kammer für Handelssachen adressiert ist.[35]

30

Ein entsprechender Antrag ist zu stellen, wenn der Rechtsstreit vom **Amtsgericht** nach den §§ 281, 506 ZPO an das Landgericht verwiesen werden soll. Im Rahmen des § 506 ZPO kann der Antrag auf Verweisung zwar auch durch den Beklagten gestellt werden. Die Zuständigkeit der Kammer für Handelssachen wird aber nur begründet, wenn der Kläger in diesem Fall die Verweisung an die Kammer für Handelssachen beantragt.

31

---

31 Vgl. BVerfGE 98, 145, 153; kritisch Zöller/*Greger*, § 349 Rn 19.
32 Zöller/*Greger*, § 349 Rn 18M; Thomas/Putzo/*Reichold*, § 350 Rn 1.
33 BGH-Report 2004, 414.
34 OLG Hamm MDR 2004, 109; Zöller/*Gummer*, § 568 Rn 3; Thomas/Putzo/*Reichold*, § 368 Rn 2.
35 OLG Brandenburg NJW-RR 2001, 429.

b) Der Katalog des § 95 GVG

32 Die Kammern für Handelssachen sind zuständig für Handelssachen. Nach § 95 Abs. 1 Nr. 1 GVG liegt eine Handelssache vor, wenn Ansprüche aus einem **beiderseitigen Handelsgeschäft** geltend gemacht werden. Weitere Voraussetzung ist, dass der Beklagte die genannten Eigenschaften aufweist. Dies ist der Fall, wenn er Kaufmann ist. Er muss allerdings auch in das Handelsregister eingetragen sein. Diese Einschränkung gilt auch für nicht eingetragene Handelsgesellschaften.[36] Damit soll ein Zuständigkeitsstreit wegen der Kaufmannseigenschaft vermieden werden.

33 Einen umfangreichen Katalog enthält auch **§ 95 Abs. 1 Nr. 4 GVG:** Danach sind als Handelssachen anzusehen die Streitigkeiten innerhalb von Handelsgesellschaften, von Genossenschaften oder in einer stillen Gesellschaft nach dem HGB. Erfasst werden weiter Streitigkeiten um den Gebrauch einer Handelsfirma, auch wenn die Ansprüche aus Vertrag hergeleitet werden. Eine Handelssache liegt auch vor, wenn ein Anspruch gegen einen Dritten geltend gemacht wird, der wegen des mangelnden Nachweises der Prokura oder Handlungsvollmacht haftet. Die Anwendung dieser Regelung kommt auch in Betracht, wenn Ansprüche nach § 11 Abs. 2 GmbHG oder § 41 AktG geltend gemacht werden.[37] Als Handelssachen sind schließlich auch Streitigkeiten aus Rechtsverhältnissen nach dem Seerecht sowie nach dem Geschmacksmustergesetz (§ 15 GeschmMG, ausschließliche Zuständigkeit des LG) oder dem Markengesetz (§§ 125 e, 140 MarkenG, ausschließliche Zuständigkeit des LG) anzusehen, nicht aber aus dem Gebrauchsmustergesetz oder dem Patentgesetz.

34 Handelssachen sind nach § 95 Abs. 1 Nr. 2 und 3 GVG auch alle **Wechsel- und Schecksachen** sowie alle Klagen aufgrund des **UWG**, soweit nicht § 13 a UWG einschlägig und damit ein Verbraucher beteiligt ist, vgl. § 95 Abs. 1 Nr. 5 GVG. Auch Streitigkeiten nach den §§ 45 bis 48 **Börsengesetz** sind Handelssachen, vgl. § 95 Abs. 1 Nr. 6 GVG.

35 Von besonderer Bedeutung ist schließlich, dass alle **Anfechtungs- und Nichtigkeitsklagen** nach dem AktG (§§ 246 Abs. 3, 249 Abs. 1 AktG) als Handelssachen anzusehen sind. Damit werden nicht nur aktienrechtliche Streitigkeiten erfasst, sondern auch GmbH-rechtliche Streitigkeiten, weil diese Vorschriften auf die in der GmbH gefassten Beschlüsse ebenfalls Anwendung finden.[38]

c) Verweisungen

36 Ist die Kammer für Handelssachen nicht zuständig, kommt eine **Verweisung an die Zivilkammer** in Betracht. Diese kann auf Antrag des Beklagten erfolgen, vgl. § 97 Abs. 1 GVG. Eine Verweisung ist nach § 97 Abs. 2 GVG aber auch von Amts wegen möglich. Die fehlende Eintragung des Beklagten in das Handelsregister allein reicht als Verweisungsgrund von Amts wegen aber nicht aus. Dies folgt daraus, dass eine Eintragung für die Kaufmannseigenschaft nicht notwendig ist, so dass in der Sache gleichwohl ein beiderseitiges Handelsgeschäft im Sinne des § 95 Abs. 1 Nr. 1 GVG vorliegen kann. Eine Verweisung kommt auch nach Maßgabe des § 99 GVG in Betracht, wenn die zunächst begründete Zuständigkeit durch weitere

---

36 Zöller/*Gummer*, § 95 GVG Rn 3.
37 LG Hannover NJW 1968, 56.
38 BGHZ 104, 66 = NJW 1988, 1844; BGHZ 111, 224 = NJW 1990, 2625.

Streitgegenstände beeinträchtigt wird, die nicht zur Zuständigkeit der Kammer für Handelssachen gehören.

Nach § 98 GVG kann auch die Zivilkammer eine **Verweisung an die Kammer für Handelssachen** aussprechen. Eine solche Verweisung setzt aber immer einen Antrag des Beklagten voraus, vgl. § 98 Abs. 3 GVG. Die Verweisung kann nicht auf die Kaufmannseigenschaft gestützt werden, wenn der Beklagte nicht im Handelsregister eingetragen ist. 37

> *Praxishinweis*
> Für den Zeitpunkt der Stellung des Verweisungsantrags ist § 101 GVG zu beachten. Der Antrag ist innerhalb der Frist zur Klageerwiderung bzw. Berufungserwiderung zu stellen. Eine gewährte Fristverlängerung führt dabei nicht zu einer Verlängerung der Frist nach § 101 Abs. 1 S. 2 GVG.[39] Ist keine Frist gesetzt, ist der Antrag vor der Verhandlung zur Sache zu stellen.

Alle Verweisungen haben durch **Beschluss** zu erfolgen.[40] Dabei hat eine Anhörung der Gegenseite bzw. beider Parteien stattzufinden. Die Entscheidung kann ohne mündliche Verhandlung erfolgen. Die übliche Abgabe innerhalb eines Gerichts wegen einer anderweitigen Zuständigkeit nach dem Geschäftsverteilungsplan durch einfache Verfügung[41] wird damit durch die speziellen Vorschriften des GVG verdrängt. 38

Verweisungsanträge des Klägers außerhalb des § 96 Abs. 2 GVG sind nicht vorgesehen. Denn dieser übt sein Wahlrecht bindend durch die Abfassung seiner Klageschrift oder eine Antragstellung im Rahmen der Verweisung aus, vgl. dazu § 96 GVG. 39

Eine **an sich nicht gegebene Zuständigkeit der Kammer für Handelssachen** kann auch durch eine Verweisung nach § 98 GVG begründet werden. Denn die Verweisungen nach den §§ 97 ff. GVG sind nach § 102 GVG unanfechtbar. Eine Entscheidung durch die Kammer für Handelssachen trotz nicht gegebener Zuständigkeit kann grundsätzlich nicht mit einem Rechtsmittel gerügt werden. Etwas anderes kann nur gelten, wenn die Übernahme willkürlich ist, weil dann ein Verstoß gegen den gesetzlichen Richter vorliegt. 40

Von den Verweisungen nach den §§ 97 ff. GVG streng zu trennen ist eine **Verweisung aufgrund sachlicher oder örtlicher Unzuständigkeit nach § 281 ZPO**. Die Prüfung der sachlichen und örtlichen Zuständigkeit ist nachrangig.[42] Die Kammer für Handelssachen hat daher zunächst die Zuständigkeit nach der Geschäftsverteilung zu prüfen. Die Verweisung nach § 281 ZPO kommt daher nur in Betracht, wenn eine Handelssache oder eine bindende Verweisung nach § 102 GVG vorliegt. 41

---

39 LG Heilbronn MDR 2003, 231 m. Anm. *Willmerdinger*.
40 Zöller/*Gummer*, § 102 GVG Rn 1; Thomas/Putzo/*Hüßtege*, § 101 GVG Rn 2.
41 Zöller/*Gummer*, § 21 e GVG Rn 38 und § 23 b GVG Rn 9.
42 Zöller/*Gummer*, Vor § 93 GVG Rn 6; Thomas/Putzo/*Hüßtege*, vor § 93 Rn 7.

§ 18 Das FGG-Verfahren

I. Die FGG-Handelssachen

1 Der siebte Abschnitt des Gesetzes über die Angelegenheiten der Freiwilligen Gerichtsbarkeit (FGG) befasst sich mit den Handelssachen (§§ 125 bis 158 FGG). Der Schwerpunkt der Regelungen betrifft die **Führung des Handelsregisters**. Als Handelssache im Sinne des FGG ist darüber hinaus nach § 147 FGG auch die Führung des **Genossenschaftsregisters** anzusehen. Insoweit gelten aber im Wesentlichen die gleichen Grundsätze wie bei der Führung des Handelsregisters. Darüber hinaus weist **§ 145 FGG** dem Amtsgericht weitere Verfahren zu. Dabei handelt es sich etwa um die Bestellung und Abberufung von Liquidatoren bei OHG und KG (§§ 146 f. HGB), die Bestimmung der Aufbewahrung der Bücher einer erloschenen Personenhandelsgesellschaft (§ 157 Abs. 2 HGB), die Festlegung der Mitteilung eines Jahresabschlusses oder die Anordnung der Vorlegung der Bücher und Papiere auf Antrag eines Kommanditisten (§ 166 Abs. 3 HGB) oder eines stillen Gesellschafters (§ 233 Abs. 3 HGB) sowie die Bestellung von Prüfern für die Gründung bei der Aktiengesellschaft, die Festsetzung ihrer Vergütung (§§ 33 Abs. 3 AktG, 35 AktG) und die Bestellung anderer Prüfer (§§ 258 Abs. 1, 315 AktG).

2 Die Führung des Handelsregisters wird aber nicht nur durch die Vorschriften des FGG bestimmt. Die genaue Einrichtung und Organisation des Handelsregisters ergibt sich aus der Verordnung über die Einrichtung und Führung des Handelsregisters – **Handelsregisterverordnung (HRV)**. Ermächtigungsgrundlage für dieses Verordnung ist § 125 Abs. 3 FGG.

3 Der Schwerpunkt der folgenden Darstellung wird dabei auf dem Registerverfahren liegen, weil davon auszugehen ist, dass eher aus diesem Bereich Fallgestaltungen Eingang in das Examen finden dürften. Zu in der Praxis mitunter häufiger vorkommenden Verfahren vgl. die folgende Aufstellung:
- Gerichtliche Bestellung und Abberufung von Liquidatoren bei der GmbH, § 66 Abs. 2 GmbHG.[1]
- Gerichtliche Bestellung eines Nachtragsliquidators, § 66 Abs. 5 GmbHG.[2]
- Gerichtliche Bestellung eines Gründungsprüfers bei der Aktiengesellschaft, § 33 Abs. 3 AktG.[3]

II. Das FGG-Verfahren

4 Für die Führung der Handelsregister sind nach § 125 Abs. 1 FGG die **Amtsgerichte** zuständig. Auch aus § 145 FGG ergibt sich eine Zuständigkeit der Amtsgerichte in FGG-Handelssachen. Nur in seltenen Fällen ist eine **sachliche Zuständigkeit** der Landgerichte vorgesehen (vgl. etwa § 143 FGG). Die Zuständigkeit der Amtsgerichte kann durch Rechtsverordnung der jeweiligen Länder auf bestimmte Amtsgerichte

---

1 Näher *Müther*, Handelsregister, § 5 Rn 220 ff.
2 Näher *Müther*, Handelsregister, § 5 Rn 240 ff.
3 Ein Muster für den Antrag auf Bestellung findet sich bei *Müther*, in: Arens, AnwaltFormulare Gesellschaftsrecht, 2. Aufl. 2005, § 34 Rn 26.

konzentriert werden.[4] Die Ermächtigung dient der Minimierung des Aufwandes für die Registerführung, indem die sachlichen und personellen Mittel zusammengefasst werden. Die Konzentration ist dementsprechend nur zulässig, wenn sie einer schnelleren und rationelleren Registerführung dient.

Örtlich zuständig ist immer das Amtsgericht, in dessen Register der betroffene Kaufmann oder die betroffene Gesellschaft bereits eingetragen ist. Dies gilt auch dann, wenn eine Sitzverlegung angemeldet wird oder eine Zweigniederlassung betroffen ist, vgl. §§ 13 h, 13 Abs. 1, Abs. 5, 13 c Abs. 1 HGB. Besteht keine Registereintragung, ist das Amtsgericht an dem Ort zuständig, an dem die tatsächliche Geschäftsführung ausgeübt wird. Bei den Kapitalgesellschaften ist der Sitz im Gesellschaftsvertrag bzw. in der Satzung anzugeben, so dass sich hieraus die Zuständigkeit des Registergerichts ergibt. 5

Neben dem Richter sind Handelsregistersachen häufig vom **Rechtspfleger** zu bearbeiten. Diese Verteilung ist eine Frage der **funktionellen Zuständigkeit**. Sie richtet sich nach dem Rechtspflegergesetz. Nach § 3 Nr. 2 d RPflG sind dabei die Handelsregistersachen dem Rechtspfleger als **Vorbehaltsaufgaben** übertragen. Das bedeutet, dass eine grundsätzlich Zuständigkeit des Rechtspflegers besteht. Diese Zuständigkeit gilt nur dann nicht, wenn eines der in § 17 RPflG aufgeführten Geschäfte betroffen ist.[5] Für diese Geschäfte besteht eine Richterzuständigkeit. Diese Zuständigkeit betrifft im Wesentlichen Kapitalgesellschaften, und zwar deren Ersteintragung, die Eintragung von Satzungsänderungen, die Eintragung von Umwandlungsvorgängen und Unternehmensverträgen. Die Frage der funktionellen Zuständigkeit ist eine Frage der internen Verteilung der Geschäfte im Gericht. Sie kann für den Antragsteller nur im Rahmen eines Rechtsmittels relevant werden, vgl. dazu auch § 8 RPflG. 6

Examenshinweis
Es trifft nicht zu, dass der Rechtspfleger immer dann zuständig wäre, wenn es um deklaratorische Eintragungen ginge, während der Richter die konstitutiven Eintragungen zu bearbeiten hätte. Dies zeigt sich etwa bei der Eintragung der Beendigung eines Unternehmensvertrages nach den §§ 293 ff. AktG. Denn die Eintragung ist deklaratorisch[6] und ist bei den Kapitalgesellschaften gleichwohl vom Richter zu bearbeiten.

Dem Handelsregisterrecht liegt als Grundsatz das **Antragsverfahren** zugrunde. Das Registergericht wird danach in der Regel nur auf entsprechenden Antrag tätig. Der Antrag auf Eintragung eines Umstandes in das Handelsregister wird vom Gesetz als **Anmeldung** bezeichnet (vgl. dazu § 7 Rn 11). 7

Examenshinweis
Eine Anmeldung ist auch dann erforderlich, wenn eine Anmeldepflicht besteht. Dies ist in der Regel bei den sog. deklaratorischen Eintragungen der Fall. Für den Fall einer fehlenden Anmeldung und Eintragung ist hier vor allem § 15 Abs. 1 HGB zu beachten (vgl. dazu § 7 Rn 17 ff., 26 ff.).

---

4 So ist etwa in Berlin nach § 7 der 1. VO zur Konzentration amtsgerichtlicher Zuständigkeiten das Amtsgericht Charlottenburg für ganz Berlin zuständig. In Brandenburg sind die Handelsregister nach § 9 des Brandenburgischen Gerichtsneuordnungsgesetzes bei den Amtsgerichten am Sitz der Landgerichte (Neuruppin, Potsdam und Frankfurt/Oder) konzentriert.
5 Das am 1.9.2004 in Kraft getretene Justizmodernisierungsgesetz vom 24.8.2004 (BGBl I S. 2198, 2300) sieht eine weitergehende Übertragbarkeit der Geschäfte auf den Rechtspfleger vor, § 19 RpflG n.F.
6 *Müther*, Handelsregister, § 11 Rn 41 m.w.N.

8 Das Handeln des Registergerichts und die Eintragung **von Amts wegen** sind die Ausnahme. Ein wichtiges Verfahren, das von Amts wegen durchgeführt wird, ist allerdings das Verfahren wegen unbefugten Firmengebrauchs nach § 37 Abs. 1 HGB, vgl. dazu § 140 FGG. Zu den Voraussetzungen des § 37 HGB vgl. § 8 Rn 39 ff.

9 Auch wenn die meisten Verfahren nur auf Antrag eingeleitet werden, gilt im FGG-Verfahren – anders als im Zivilprozess – der **Amtsermittlungsgrundsatz**. Dies folgt aus **§ 12 FGG**. Das Gericht hat daher die ihm geeignet erscheinenden Beweise zu besorgen und zu erheben. Für das Registereintragungsverfahren gilt dieser Grundsatz ebenfalls.

10 Für das FGG-Verfahren gilt der sog. **Freibeweis**. Das Gericht ist an eine bestimmte Art der Beweisaufnahme nicht gebunden. Im Handelsregisterverfahren ist eine Beweisaufnahme häufig aber nicht notwendig. Denn das Gesetz verlangt mit der Anmeldung meist bestimmte Nachweise über die Richtigkeit der anzumeldenden Tatsache. Diese Nachweise sind oft formalisiert, so dass es keiner weiteren Ermittlung bedarf. So hat etwa ein bestellter GmbH-Geschäftsführer Versicherungen über Umstände abzugeben, die seiner Eignung zum Geschäftsführer entgegenstehen, vgl. § 39 Abs. 3 GmbHG. Die Richtigkeit dieser Versicherungen ist daher vom Registergericht zu unterstellen.[7] Ermittlungen dürfen nur bei begründeten Zweifeln angestellt werden.

11 Das Registergericht verfügt auf die Anmeldung die Eintragung, die keine Entscheidung darstellt und demgemäß auch nicht angreifbar ist. Liegen die Voraussetzungen für eine Eintragung nicht vor, sind die vorhandenen Mängel aber behebbar, so erlässt das Registergericht eine **Zwischenverfügung** nach § 26 S. 2 HRV. Durch diese Zwischenverfügung kann den Beteiligten rechtliches Gehör gewährt werden. Sie ist aber auch selbständig anfechtbar. Bestehen nicht behebbare Mängel oder werden die Beanstandungen nicht behoben, wird die Anmeldung **durch Beschluss zurückgewiesen**. Dieser Beschluss ist nach § 26 S. 1 HRV mit einer Begründung zu versehen. Die Anmelder werden in ihm als „Beteiligte" bezeichnet.

12 Sowohl gegen die Zwischenverfügung als auch gegen den Zurückweisungsbeschluss ist das **Rechtsmittel** der Beschwerde gegeben. Zuständiges Beschwerdegericht ist das Landgericht, vgl. § 19 Abs. 2 FGG. Besteht eine Kammer für Handelssachen, ist diese für die Beschwerde zuständig, vgl. § 30 Abs. 1 S. 2 FGG. Gegen die Entscheidung des Landgerichts ist häufig die weitere Beschwerde möglich, die aber nur auf Gesetzesverletzungen gestützt werden kann, § 27 FGG, § 546 ZPO. Das Gericht der weiteren Beschwerde ist das Oberlandesgericht. Eine Zuständigkeit des BGH kann sich nur durch eine Vorlage des Oberlandesgerichts nach § 28 FGG ergeben.

III. Verfahrensbeispiele

1. Anmeldeverfahren

13 Beispiel für ein Anmeldeverfahren ist die Erstanmeldung des einzelkaufmännischen Handelsgewerbes nach § 29 HGB.[8] Danach ist derjenige, der ein kaufmännisches Handelsgewerbe nach § 1 Abs. 2 HGB betreibt, zur Anmeldung der Firma zum

---

7 *Müther*, Handelsregister, § 1 Rn 38 f.
8 Einzelheiten: *Müther*, Handelsregister, § 9.

zuständigen Handelsregister verpflichtet. In der Anmeldung müssen die in § 29 HGB genannten Angaben enthalten sein. Die Anmeldung muss durch den Einzelkaufmann und in der Form des § 12 Abs. 1 HGB erfolgen. Das Registergericht wird insoweit nicht nur die Einhaltung der Formalien prüfen, sondern auch, ob das angemeldete Geschäft überhaupt als Gewerbe anzusehen ist (siehe dazu § 3 Rn 4 ff.). Darüber hinaus wird die Zulässigkeit der Firma überprüft (siehe dazu § 8 Rn 15 ff.). Häufiger Streitpunkt im Anmeldeverfahren ist die Frage, in welchem Umfang das Registergericht zur Prüfung befugt ist. Der Gesetzgeber hat nur an vereinzelten Stellen genauere Vorgaben gemacht, vgl. § 18 Abs. 2 S. 2 HGB, § 9 c GmbHG, § 38 AktG. Nach § 25 Abs. 1 der Handelsregisterverordnung i.d.F. des Handelsregistergebühren-Neuordnungsgesetzes[9] ist über Anmeldungen nunmehr binnen einen Monats zu entscheiden.

Weitere Anmeldetatbestände finden sich in § 31 HGB, §§ 33 bis 35 HGB, für die Prokura in § 53 HGB und für die Zweigniederlassung in § 13 HGB. Weitere Anmeldetatbestände betreffen vornehmlich das Gesellschaftsrecht, die hier nicht anzusprechen sind.[10]   14

2. Zwangsgeldverfahren

Besteht eine Anmeldepflicht, wird die Anmeldung aber gleichwohl nicht vorgenommen, hat das Registergericht nach § 14 HGB ein **Zwangsgeldverfahren** durchzuführen. Die entsprechenden Verfahrensvorschriften finden sich in den §§ 132 ff. FGG.[11] Für die Durchführung des Verfahrens zuständig ist der Rechtspfleger. Diese Vorschriften finden bei einem Verfahren wegen des unbefugten Gebrauchs einer Firma nach § 37 Abs. 1 FGG entsprechende Anwendung, vgl. § 140 FGG. In diesem Verfahren wird allerdings kein Zwangsgeld, sondern ein **Ordnungsgeld** verhängt.   15

3. Beschwerdeverfahren

Wird eine Anmeldung zurückgewiesen oder ein Zwangsgeld festgesetzt oder der auf die Androhung der Festsetzung erfolgende Einspruch zurückgewiesen, kommt hiergegen die Einlegung einer Beschwerde in Betracht. Insoweit sind vor allem die Statthaftigkeit der Beschwerde, ihre ordnungsgemäße Einlegung und die Beschwerdeberechtigung des Handelnden zu prüfen. Die Beschwerde ist grundsätzlich unbefristet. In einigen Fällen ist die Beschwerde, wie beim Zwangsgeldverfahren oder Firmenmissbrauchverfahren, aber fristgebunden. Insoweit gilt nach § 22 Abs. 1 FGG eine Frist von zwei Wochen, die erst mit der ordnungsgemäßen Zustellung der angefochtenen Entscheidung zu laufen beginnt.   16

---

9 Vom 3.7.2004 (BGBl I S. 1410).
10 Näher: *Müther*, Handelsregister, 2003; *Keidel/Krafka/Willer*, Registerrecht, 6. Aufl. 2003.
11 Einzelheiten: *Müther*, Handelsregister, § 14 Rn 5 ff.

§ 19 Das schiedsrichterliche Verfahren

I. Überblick

1 Dass private Streitigkeiten nicht unbedingt vor den staatlichen Gerichten ausgetragen werden müssen, ergibt sich bereits aus dem 10. Buch der Zivilprozessordnung. Der Sinn der Regelungen besteht darin, Entscheidungen privater Dritter zu ermöglichen, die von staatlichen Gerichten, wenn überhaupt, nur in Teilen überprüfbar sind.

2 Schiedsverfahren haben im Handelsverkehr eine erhebliche Bedeutung. Denn hier können die Parteien die Schiedsrichter frei wählen, so dass diese nach ihrer Sachkunde bestimmt werden können. Darüber hinaus sind Schiedsverfahren häufig schneller, flexibler und bieten mehr Diskretion für die Beteiligten.

II. Einzelheiten

3 Grundlage für die Einleitung eines schiedsrichterlichen Verfahrens ist die **wirksame Vereinbarung der Zuständigkeit eines Schiedsgerichts**. Denn Grundlage der Schiedsgerichtsbarkeit ist die Privatautonomie, so dass nur der übereinstimmende Ausschluss des staatlichen Rechtsschutzsystems die Zuständigkeit des Schiedsgerichts begründen kann.

4 Wann eine **Schiedsvereinbarung** vorliegt, ist in **§ 1029 ZPO** geregelt. Die Schiedsvereinbarung kann danach selbständig getroffen werden. Es handelt sich dann um eine **Schiedsabrede**. Sie kann aber auch Teil eines Vertrags sein. Sie wird dann als **Schiedsklausel** bezeichnet. Die Schiedsvereinbarung muss in der Form des § 1031 ZPO getroffen werden. Eine rein mündliche getroffene Abrede reicht danach nicht. Gegenüber Verbrauchern gelten strengere Anforderungen. Insoweit ist die Schriftform bzw. elektronische Form einzuhalten, neben der Schiedsabrede darf die Vereinbarung keine weiteren Regelungen enthalten, vgl. § 1031 Abs. 5 ZPO. Die Zulässigkeit des Schiedsverfahrens kann aber auch durch rügelose Einlassung begründet werden.

5 Eine wirksame Schiedsvereinbarung kann nur getroffen werden, wenn die Streitigkeit, auf die sich die Vereinbarung bezieht, **schiedsfähig** ist, vgl. § 1030 ZPO. Schiedsfähig sind danach beispielsweise Verfahren über die Auflösung von Gesellschaften nach § 133 HGB oder § 61 GmbHG und auch Verfahren über das Einsichtsrecht nach § 51 a GmbHG,[1] nicht aber die Verfahren auf Nichtigkeitserklärung von Gesellschafterbeschlüssen bei den Kapitalgesellschaften.[2] Denn die hierauf ergehenden Entscheidungen wirken nicht nur zwischen den Parteien, sondern auch gegenüber Dritten, § 248 Abs. 1 AktG.

6 Wird trotz des Vorliegens einer wirksamen Schiedsvereinbarung **Klage vor einem staatlichen Gericht** erhoben, hat dieses die Klage als unzulässig abzuweisen. Dies gilt aber nur, soweit sich der Beklagte auf die Vereinbarung vor dem Beginn der mündlichen Verhandlung beruft, vgl. § 1032 ZPO. Es handelt sich damit um eine echte Einrede.

---

1 OLG Hamm BB 2000, 1159.
2 BGHZ 132, 278 = NJW 1996, 1753.

In der Schiedsvereinbarung werden häufig bereits Vereinbarungen über die Bestellung 7
der **Schiedsrichter** getroffen. Im Übrigen gelten insoweit aber die §§ 1034 ff. ZPO.
Mit den jeweiligen Schiedsrichtern wird sodann ein Schiedsrichtervertrag getroffen.
Die Schiedsrichter können ebenso wie staatliche Richter abgelehnt werden. Soweit
im Rahmen der Schiedsrichterbestellung gerichtliche Entscheidungen zu treffen sind,
ist hierfür das Oberlandesgericht zuständig, vgl. § 1062 ZPO.

Das vor dem Schiedsgericht zu beachtende **Verfahren** können die Parteien der 8
Schiedsvereinbarung grundsätzlich frei bestimmen. Soweit keine Bestimmungen
getroffen sind, gelten die §§ 1042 ff. ZPO. Nicht beschränkbar ist das Recht auf
rechtliches Gehör und das Recht auf Beistand, vgl. § 1042 Abs. 1 und 2 ZPO. Neben
der Vereinbarung der Einzelheiten des Verfahrens werden in der Schiedsvereinbarung
häufig auch Absprachen zu dem anwendbaren Recht getroffen.

Das Verfahren endet mit einem **Schiedsvergleich** (§ 1053 ZPO), mit einem **Schieds-** 9
spruch (§ 1054 ZPO) oder mit einem Beschluss nach § 1056 Abs. 2 ZPO. Der
Schiedsspruch hat die Wirkungen eines rechtskräftigen gerichtlichen Urteils. Er ist
allerdings noch nicht vollstreckbar. Insoweit ist bcim zuständigen Oberlandesgericht
die Vollstreckbarkeitserklärung des Schiedsspruches zu beantragen, vgl. §§ 1060,
1062 Abs. 1 Nr. 4 ZPO.

Ein Schiedsspruch kann nur nach Maßgabe des § 1059 ZPO angegriffen werden. Inso- 10
weit ist ein Antrag auf **Aufhebung des Schiedsspruches** zu stellen. Eine Aufhebung
ist nur unter engen Voraussetzungen zulässig, vgl. § 1059 Abs. 2 ZPO. Der Antrag auf
Aufhebung ist nach § 1059 Abs. 3 ZPO grundsätzlich binnen drei Monaten zu stellen.
Zur Entscheidung ist das örtlich zuständige Oberlandesgericht berufen, vgl. § 1062
Abs. 1 Nr. 4 ZPO.

Stichwortverzeichnis

Fette Zahlen = §§, magere Zahlen = Rn

Ablieferung **14** 30 ff., 46; **15** 9
Absatzsysteme *siehe* Vertriebsformen
Abschlussvertreter **13** 11
Absender **15** 9
Absonderungsrecht **12** 103
Abtretungsverbot **12** 72 ff.
Aliud-Lieferung **14** 48 ff.
Allgemeine deutsche Speditions-
 bedingungen **15** 3, 37
Annahmeverzug
– Handelskauf **14** 5 ff.
Antragsgrundsatz **7** 11
Arthandlungsvollmacht **10** 40
Auftragsbestätigung **12** 49
Ausführungsgeschäft **13** 66, 72 ff.
Ausgleichsanspruch **13** 30 ff., 79 ff.

Bekanntmachung **7** 7, 21, 41, 45, 50
Bestätigungsschreiben *siehe* Kaufmän-
 nisches Bestätigungsschreiben
Bestimmungskauf
– Handelskauf **14** 9 ff.
Betriebliches Rechnungswesen **11** 9
Bezirksprovision
– Handelsvertreter **13** 19
Bilanz
– Eröffnungsbilanz **11** 12
– Jahresbilanz **11** 13
– Steuerbilanz **11** 13
Briefkastengesellschaften **11** 6
Buchauszug
– Handelsvertreter **13** 23 ff.
Bürgschaft **12** 68 f.
Bürgschaftserklärung
– Kaufmann **12** 56

CISG **14** 4

Drittschadensliquidation **15** 32
Durchlieferung **14** 46

Effektenkommission **13** 63
EG-Handelsvertreter-Richtlinie **13** 5
Ehemaklerei **3** 10
Eigengeschäft **13** 71
Einkaufskommission **13** 60
Einlagerer
– Haftung **15** 38

Eintragungswirkungen **7** 14 ff.
Einzelkaufmann **9** 43
Einzelprokura **10** 19
Empfänger **15** 9
Entgeltlichkeit **1** 12
Erbengemeinschaft
– Kaufmannseigenschaft **3** 31
Eröffnungsbilanz **11** 12

Faktische Übernahme **9** 23
FGG-Handelssachen **18** 1 ff.
FGG-Verfahren **18** 4 ff.
Fiktivkaufmann **4** 1 ff.
Firma
– Ansprüche aus MarkenG **8** 47 ff.
– Firmenbildungsrecht **8** 15 ff.
– Firmenschutz **8** 1 ff., 37 f.
– Firmenwahrheit **8** 20 ff.
– Prozess **17** 2 ff.
– Zweigniederlassung **11** 8
Frachtführer **15** 9 f.
– Haftung **15** 18 ff.
Franchisenehmer **3** 30; **13** 82 f.
– Grundsatz der Firmenbeständigkeit
 8 12 ff.
– Grundsatz der Firmeneinheit **8** 9 f.
– Grundsatz der Untrennbarkeit **8** 11
– Irreführungsverbot **8** 20 ff.
– Namensfunktion **8** 16 ff.
– Rufausbeutung und -beschädigung
 8 50
– Schutz vor Verwechslung **8** 48 f.
– Unterscheidbarkeit **8** 30 ff.
– Verletzungshandlungen **8** 56 f.
Firmenbeständigkeit
– Grundsatz der **8** 12 ff.
Firmenbestandteile
– Schutz **8** 55
Firmeneinheit
– Grundsatz der **8** 9 f.
Firmenfortführung
– Anwendungsausschluss **9** 21 ff.
– Begriff **9** 12 ff.
– Forderungsübergang **9** 18 ff.
– Haftung **9** 15 ff.

Stichwortverzeichnis

– Übergang des Handelsgeschäfts
 9 3 ff.
Firmengebrauch
– unzulässiger **8** 40 ff.
Firmenschutz
– Grundlagen **8** 37 f.
Firmenwahrheit
– Grundsatz **8** 20 ff.
Firmenwechsel
– während des Prozesses **17** 8
Fixhandelskauf **14** 12 ff.
Formkaufleute **3** 43 ff.
Frachtbrief **15** 11
Frachtführer **15** 9
– Haftung **15** 18 ff.
Franchisenehmer **13** 82 f.
Freiberufliche Tätigkeiten **3** 11

Gelegenheitskommission **13** 62
Generalhandlungsvollmacht **10** 40
Generalvollmacht **10** 5
Gerichtsstand **17** 12 ff.
– Frachtvertrag **15** 28
– Kammer für Handelssachen **17** 23 ff.
– Vereinbarungen **17** 19 ff.
Gesamtprokura **10** 20 f.
Geschäftsbezeichnung **8** 1, 42
Geschäftsführer
– Kaufmannseigenschaft **3** 48 ff.
Geschäftsverkehr **4** 2, 21; **7** 32 ff.
Gesellschafter
– Kaufmannseigenschaft **3** 48 ff.
Gewährleistungsansprüche, Ausschluss
– Checkliste bei Handelskauf **14** 52
Gewerbebegriff **3** 2 ff.
– Problemfälle **3** 6 f.
Gewinnerzielungsabsicht **3** 8 f.
Gewohnheitsrecht **4** 6; **7** 52 ff.; **12** 25, 40
Girokonto
– Periodenkontokorrent **12** 80
– Pfändung **12** 91 f.
Grundsatz der Maßgeblichkeit **11** 13
Grundstücksgeschäfte **10** 17
Gütertransport **15** 1
Gutgläubiger Eigentumserwerb
 12 105 ff.

Handelsbrauch **12** 18 ff.
– Beispiele **12** 30 f.
– im Prozess **12** 25 ff.
Handelsbücher **11** 9 ff.

Handelsgeschäft
– Einbringung in eine Personengesellschaft **9** 41 ff.
– einseitige und beidseitige **12** 15 ff.
– Erwerb **9** 9 ff.
– Firmenfortführung **9** 3 ff.
– Fortführung **9** 12 ff.
– Fortführung durch die Erben **9** 33 ff.
– Haftungsausschluss durch Einstellung
 9 36 ff.
– mehrere **3** 34 f.
– Übergang **9**
– Übergang von Todes wegen **9** 31 f.
– Übernahme **9** 6 ff.
Handelsgesellschaften **3** 43 ff.
Handelskauf
– Ablieferung **14** 30 ff., 46
– Annahmeverzug **14** 5 ff.
– Bestimmungskauf **14** 9 ff.
– Fixhandelskauf **14** 12 ff.
– Gewährleistungsausschluss **14** 21 ff.
– Installations- und Montagepflicht des Verkäufers **14** 32
– Rügeobliegenheit **14** 26 ff.
– UN-Kaufrecht **14** 4
– Untersuchungspflicht **14** 36 ff.
– verdeckte Mängel **14** 39
Handelsmakler **6** 2, **13** 52 ff.
Handelsrecht
– Abweichungen vom allgemeinen Schuldrecht **12** 62 ff.
– Anwendungsbereich **3** 1 ff.
– Besonderheiten **1** 8 ff.
– Fallbearbeitung **2** 6 ff.
– Merkmale **1** 1 ff.
– objektives System **4** 32 ff.
– Schiedsgerichtsbarkeit **16** 4
– Zivilprozess **17** 1 ff.
Handelsregister
– Anmeldeverfahren **18** 13 f.
– Anmeldungen und Eintragungen
 7 11 ff.
– Beschwerdeverfahren **18** 16
– Einsichtsrecht **7** 6
– Eintragung und Bekanntmachung
 7 21
– eintragungspflichtige Umstände
 7 35 ff.
– Eintragungswirkungen **7** 14 ff.
– Grundlagen **7** 1 ff., 17 ff.

Stichwortverzeichnis

- negative Publizität **7** 26 ff.
- Organisation **7** 9 f.
- positive Publizität **7** 41 ff.
- Publizitätsfunktion **7** 7
- Rosinentheorie **7** 30 f.
- Schonfrist **7** 24 f.
- Sperrwirkung **7** 22 f.
- Voreintragungen **7** 29
- Zuständigkeit **7** 8
- Zwangsgeldverfahren **18** 15
- Zweck und Aufbau **7** 5 ff.

Handelsregisterverfahren
- Irreführung **8** 29, 34 ff.

Handelssachen
- FGG-Verfahren **18** 1 ff.

Handelsstand
- Überblick **6** 1 ff.

Handelsübung **12** 21

Handelsvertreter **6** 2, **13** 3 ff.
- Ausgleichsanspruch nach Beendigung des Vertrages **13** 30 ff.
- Begriff **13** 6 ff.
- Billigkeitsprüfung bei Vertragsbeendigung **13** 44 ff.
- Checkliste für Zahlungsanspruch **13** 51
- Frist für Ausgleichsanspruch **13** 48 f.
- Höchstbetrag bei Vertragsbeendigung **13** 47
- Leistungsklage bei Vertragsbeendigung **13** 50
- Provisionsanspruch **13** 17 ff.
- Provisionsverlust **13** 37 ff.
- Unternehmervorteil **13** 37 ff.

Handlungsgehilfe **6** 3

Handlungslehrling **6** 3

Handlungsvollmacht
- Erteilung und Beendigung **10** 35 ff.
- Überblick **10** 33 ff.

Hinterlegung **14** 6

Insolvenzverwalter
- Kaufmannseigenschaft **3** 33
- Prokura **10** 27
- Unternehmensveräußerung **9** 11

Inventarverzeichnis **11** 11

Istkaufmann **3** 2 ff.

Jahresabschluss **11** 12

Kammer für Handelssachen **17** 23 ff.
- Verweisung an Zivilkammer **17** 36 ff.

Kannkaufmann **3** 36 ff.

Kaufmann
- Begriff **3** 1 ff.
- Betreiber **3** 29 ff.
- Entgeltlichkeit **1** 12
- erlaubte Tätigkeiten **3** 10
- freiberufliche Tätigkeiten **3** 11
- Geltung von Formvorschriften **12** 56 ff.
- Geschäft **12** 7 ff.
- Handelsbücher **11** 9 ff.
- Mischtätigkeiten **3** 12 f
- Problemfälle **3** 6 f.
- Prozess **17** 2 ff.
- Rechtsprechung **3** 14 ff.
- Verjährungsregelungen **12** 61

Kaufmännischer Umfang **3** 18 ff.

Kaufmännisches Bestätigungsschreiben
- Grundlagen **12** 40 ff.
- Voraussetzungen **12** 46 ff.

Kaufmännisches Zurückbehaltungsrecht **12** 93 ff.

Kaufmannseigenschaft
- Checkliste **5** 4
- Prüfung **5** 1 ff.

Kausale Saldoforderung
- Kontokorrent **12** 83

Kombinierter Frachtvertrag **15** 25 ff.

Kombinierter Transport **15** 26

Kommissionär
- mittelbare Stellvertretung **13** 60, 72; **15** 31

Kommissionsagent **13** 76 f.

Kommissionsgeschäft **13** 59 ff.

Kommissionsvertrag
- Rechte und Pflichten **13** 65 ff.

Kontokorrent **12** 76 ff.

Ladeschein **15** 11

Lagerhalter
- Haftung **15** 38
- Pfandrecht **15** 39

Lagerrecht **15** 35 ff.

Lagerschein **15** 40

Lagervertrag **15** 35 ff.
- typische Obhutspflicht **15** 36

Land- und Forstwirtschaft
- Kannkaufmann **3** 38 ff.

Leasinggeschäft **14** 47

Lohnfuhrvertrag **15** 14

203

Stichwortverzeichnis

Maßgeblichkeit
– Grundsatz **11** 13
Mengendifferenz
– bei Lieferung **14** 48 ff.
Mischtätigkeiten **3** 12 f.
Missbrauch der Vertretungsmacht
10 31 f.
Mittelbare Stellvertretung
– Kommissionär **13** 72
Multimodaler Transport **15** 26

Nebengewerbe
– Land- und Forstwirtschaft **3** 41 f.
Negative Publizität
– Handelsregister **7** 26 ff.
Notverkauf **14** 44
Novationstheorie **12** 82

Obhutshaftung **15** 18
Offenkundigkeitsgrundsatz **10** 3

Pacht/Pächter
– Erwerb eines Handelsgeschäfts **9** 10
– Kaufmann **3** 30
Periodenkontokorrent **12** 80
Personenverkehr **15** 1
Pfandrecht **12** 95; **15** 17, 34, 39
Pfändung
– Kontokorrent **12** 86 ff.
Pfandverkauf **12** 112
Positive Publizität
– Handelsregister **7** 41 ff.
Posterioritätsprinzip **15** 17
Privatautonomie
– Grundsatz **1** 4
Prokura
– Arten und Umfang **10** 16 ff.
– Beendigung **10** 22 ff.
– Eintragung in das Handelsregister
10 8
– Erteilung **10** 10 ff.
– Grundlagengeschäfte **10** 16
– Immobiliarklausel **10** 17
– Inhaberwechsel **10** 29
– Insolvenzverfahren **10** 27
– Selbstkontrahierungsverbot **10** 18
– Widerruf **10** 26
– Wirkungen **10** 30 ff.
– Zweigniederlassung **11** 8
Provision
– Ausgleichsanspruch **13** 38

– Handelsvertreter **13** 17 ff.
– Kommissionsvertrag **13** 64, 69
Prozessverkehr **4** 2; **7** 34
Publizität des Handelsregisters
– Allgemein **7** 7
– Negative **7** 26 ff.
– Positive **7** 41 ff.

Rechnungswesen **11** 9
Rechtsschein
– gegen die Registereintragung **4** 24 ff.
Rechtsscheintatbestand
– Zurechnung beim Scheinkaufmann
4 12 ff.
Registereintragung
– Rechtsschein **4** 24 ff.
Registerverfahren
– unzulässiger Firmengebrauch **8** 40 ff.
Rosinentheorie **7** 30 f.
Rügeobliegenheit
– Handelskauf **14** 26 ff.

Saldoanerkenntnisvertrag **12** 82
Saldoklage
– Kontokorrent **12** 81
Scheinkaufmann **4** 5 ff.
– gutgläubiger Eigentumserwerb
12 106
– Lehre vom **4** 9
– Prokura **10** 11
– Rechtsscheintatbestand **4** 10 f.
Scheinsgesellschaft/-er **4** 8
Schiedsgericht **19** 3
Schiedsspruch **19** 10
Schiedsvereinbarung **19** 4
Schiedsvergleich **19** 9
Schweigen im Handelsverkehr **12** 32 ff.
Selbständigkeit
– Handelsvertreter **13** 10
– Kaufmann **3** 4 f.
– mehrerer Handelsgeschäfte **3** 34
Selbsteintritt **13** 71
Selbsthilfeverkauf **14** 7
Sicherheiten
– Kontokorrent **12** 86 ff.
Speditionsvertrag **15** 13, 30 ff.
Spezialhandlungsvollmacht **10** 40
Spezifikationskauf **14** 9 f.
Staffelkontokorrent **12** 80
Streckengeschäft **14** 45 f.

Stichwortverzeichnis

Stufenklage
- Anspruch auf Buchauszug **13** 27
- Kommission **13** 67

Testamenstvollstreckung
- Kaufmannseigenschaft **3** 32
Transportrecht **15** 1 ff.

Umzugsvertrag **15** 25
UN-Kaufrecht **14** 4
Unternehmenskauf
- Grundzüge **9** 50 ff.
Unzulässiger Firmengebrauch
- Anspruch **8** 45 ff.
- Registerverfahren **8** 40 ff.
Urproduktion
- Kannkaufmann **3** 38

Verfügungsbefugnis
- guter Glaube **12** 105 ff.
Vermutungsregel **12** 10
Verrechnung
- Kontokorrent **12** 82 ff.
Versendungskauf **15** 29

Vertragshändler **13** 78 ff.
Vertragsstrafe **12** 65 ff.
Vertriebsformen **13** 75 ff.
Verwahrungsvertrag **15** 35
Vollmacht nach § 56 HGB
- Voraussetzungen **10** 44 ff.
- Wirkungen **10** 49 ff.
Vollmachten
- handelsrechtliche **10** 1 ff.
Voreintragungen
- Handelsregister **7** 29
Vorgesellschaften
- Kaufmannseigenschaft **3** 47

Wertpapier
- gutgläubiger Eigentumserwerb **12** 111

Zinsregelungen **12** 70 ff.
Zweigniederlassung **11** 1 ff.
- Bezeichnung im Prozess **17** 10
Zwischenhändler **14** 45 f.